大学財政

世界の経験と中国の選択

呂　煒 編著
成瀬龍夫 監訳

訳
吉村澄代
斎藤敏康
大西　広

協力
呉　博

東信堂

高等教育財政
by
呂煒
Copyright (c) 2004 by 呂煒
Published by arrangement with Dongbei University of Finance and Economics Press
through Bardon-Chinese Media Agency and The Sakai Agency, Inc.
Japanese translation copyright © 2007 by TOSHINDO
ALL RIGHTS RESERVED

序　言

　　世界の多極化、経済のグローバル化に伴って、人類は知識経済の時代に入った。知力と知識という資源の価値が改めて問い直され、社会と経済の発展の中における教育の位置と役割に対して、より多くの関心が集まっている。とりわけ、人的資源の開発、科学技術の発展に基礎的、全面的、先導的な位置にある高等教育はより重視されなければならない。近年、「科教興国」(用語解説参照) という戦略がより深化するに伴って、わが国の高等教育は著しい発展を遂げている。2002年11月に行われた中国共産党第十六回大会では、全面的に「小康社会」(用語解説参照) を建設するということが目標とされ、同時に教育の発展水準をそれの重要な指標の一つとすることが確認された。これは高等教育にとって強力な牽引力となるものの、また大きなプレッシャーともなっている。

　　高等教育の準公共財としての経済的属性は、政府が高等教育における資源配分に重要かつ不可欠な役割を担うことを決定づけ、それは主に高等教育財政における配分関係と分配作業という基本プロセスを通じて反映される。ゆえに、高等教育財政の機能や政策を調整し、その改革を不断に進めることは、各国政府の回避できない責任である。20世紀後半は高等教育が非常に発展した時期でもあるが、またそれが不均衡な時期でもあった。にもかかわらず、高等教育を促進させることは、先進国を引き続き発展させ、途上国の発展を速める重要なルートであった。各国の経済発展の程度、政治経済システム、高等教育の伝統はそれぞれ異なっているものの、主要な市場経済国家では、高等教育財政とその管理改革モデルには類似性が現れている。即ち、教育経費の財源ルートを拡大し、財政投資の効率と効果を高めることが各国の高等

教育財政改革における一般的な趨勢になっている。このような背景下において、成熟した市場経済国家や途上国における高等教育財政とその管理の改革上の有益な経験を研究することは、中国の高等教育財政改革構想を拡大し、「科教興国」と「人材強国」という戦略を実施する上で財政資金と政策のあり方を明らかにする。またわが国の高等教育事業の発展と国家競争力の引き上げにとって、疑いなく非常に重要で、喫緊なものである。

国内外で高等教育の財政改革が相次いで行われている中、呂煒教授の『大学財政：世界の経験と中国の選択』が上梓された。長年にわたってわが国の財政管理システムと公共支出分野の研究に従事してきた呂教授は、これまで国家自然科学基金、国家社会科学基金、教育部人文社会科学の重大プロジェクト及び財政部のプロジェクト等の責任者を務め、豊富な学術研究の成果を収めてこられた。『大学財政：世界の経験と中国の選択』は、教授が責任者となった教育部の研究課題「高等教育財政の国際比較についての研究」に修正加筆されたものである。

この著書は、高等教育財政の属性と配置方式を明確にした上で、系統的な思考、新しい視角、比類なき見解をもって、国際比較を通じて高等教育財政の改革に有益な経験を提示しており、同時に中国の特殊な国情に基づき、公共財政の枠組内での高等教育財政改革の基本構造を創造的に設計し、実行可能な政策を的確に提言している。また、高等教育財政の多様化した機能の整合性の向上及び中国の高等教育財政システムの改革と整備に対しても重要な理論的、実践的意義を有している。

本書は全体的には、次の3つの特徴がある。

第1は、全面性と系統性という特徴である。全体は6章から構成され、段落分けが明快で、構造が合理的で、論述に重みがある。高等教育財政の属性と配置方式を明確にした上で、基礎理論と課題研究を有機的に結びつけ、高等教育財政の資金支出システム、高等教育財政経費の調達、高等教育のコスト補償メカニズム、及び途上国の高等教育財政の改革に関わる具体的な実践をめぐり、高等教育財政改革についての国際経験を掲示している。さらに中

国の高等教育財政の改革を進める戦略の選択についても論じている。各章の間は密接に繋がりあい、系統性が明らかになっている。

　第2は、普遍性と革新性という特徴である。高等教育財政システムの改革は、不断に模索され、不断に刷新されるある種のプロセスである。本書では、高等教育財政の改革の一般的な趨勢に基づき、成熟した市場経済国家と発展途上国が高等教育財政とその管理改革の面で得た経験や示唆を参考にし、中国の高等教育財政改革の戦略枠組みを開拓的に設計している。中央財政と地方財政の高等教育に対する分権モデルの再構築、高等教育基金制度の実施、高等教育財政の予算管理制度の整備、高等教育経費の財政支給モデルの改革、高等教育経費の多元的な調達モデルの確立、高等教育財政コストの回収政策の科学的な策定等の問題について、重点的に特色ある検討がなされている。

　第3は、理論と現実に対する指導性という特徴である。本書は、中国語、英語による大量の文献を参照した上で、国内外の高等教育財政についての改革経験を比較し、融合、精錬し、かつ刷新を加えたものである。筆者は長年にわたって中国高等教育財政の改革についての理論と実践とを考察、研究してきていることから、本書には理論面でも、現実面でも先導性、実行可能性に溢れたものとなっている。

　総じて言えば、『大学財政：世界の経験と中国の選択』は、まぎれもなく、新しい観点、明晰な構想、透徹した分析による著作である。さらに、今後の中国の高等教育財政改革を促進する上で、比較や参考に値する基本的な考えを提供しているものであり、中国の高等教育財政の改革と発展に大きく貢献するであろうといってよい。

　　　　　　　　　　　　　　寇　　鉄軍
　　　　　　　　　　　　　　　1954年中国遼寧省台安県生まれ
　　　　　　　　　　　　　　　1995年中国人民大学経済学博士
　　　　　　　　　　　　　　　現在　東北財経大学財政税務学院長
　　　　　　　　　　　　　　　中国財政学会常務理事

〈訳者はしがき〉

世界の高等教育改革と中国そして日本

(一) 国立大学の法人化

 本書『大学財政——世界の経験と中国の選択』(原著は『高等教育財政——国際的経験与中国道路進択——』)の翻訳・出版に際して、訳者としての問題意識を披瀝し、合わせて本書の主題である世界の高等教育改革と中国および日本の動向に関してコメントしておきたい。

 わが国では1980年代末以降、高等教育制度に関するさまざまな改革が取り組まれてきた。1987年に大学審議会(2000年に中央教育審議会大学分科会へ再編)が設置され、わが国の高等教育のあり方についての審議が始まった。1990年代になると、「構造改革」「規制緩和」の気運の高まりの中で大学構造改革の議論が展開され、2001年6月、①国立大学の再編・統合を大胆に進める(スクラップ・アンド・ビルドによる活性化)、②国立大学に民間的発想の経営手法を導入する(新しい「国立大学法人」に早期移行)、③大学に第三者評価による競争原理を導入する(国公私大の「トップ30」を世界最高水準に育成)、を柱とする「大学の構造改革の方針——活力に富み国際競争力のある国公私立大学づくりの一環として——」が打ち出された。そして2004年4月、半世紀に一度の大改革といわれる国立大学法人化が実施された。また2005年1月、中央教育審議会から21世紀における高等教育のあり方を提示する『我が国の高等教育の将来像』が答申された。

 以上のような大学構造改革の展開は、高等教育政策そのものの大転換を意味しており、わが国において「高等教育計画の策定と規制の時代」が終焉し、「将来像の提示と政策誘導の時代」に移行したといわれている。この「将来像の提示と政策誘導」を明白に示したのが先の中央教育審議会答申『我が国の

高等教育の将来像』といってよいであろう。

　しかし、わが国の大学改革のプロセスを振り返ってみると、さまざまな弱点や不備を伴ってきたことを痛感せざるを得ない。

　第1に、評価制度の導入や国立大学法人化といったことが、政策的に「行革」や「規制緩和」の色彩に強く彩られたために、その趣旨が充分に理解されなかったきらいがある。とくに、高等教育機関の評価制度や法人化はわが国独自の構想によって推進されたものというよりも、すでに諸外国が着手し推進してきた国際的な背景をもつ改革であったにもかかわらず、そうした国際的な視野のもとでの、情報の提供や比較の議論が大幅に不足していた。法人化の対象となった国立大学の関係者においても、もっぱら将来不安の空気が強まるばかりで、改革の意味と国際的背景を十分に理解し、かつ大学のあり方をめぐる主体的なメッセージを社会に発信しえたかどうかは、かなり疑わしかった。

　第2に、「将来像の提示と政策誘導の時代」を象徴する中教審の『我が国の高等教育の将来像』は、7種類の高等教育組織の種類を示して個々の大学に自主的な選択を迫っている。また、大学の基盤的経費助成と競争的資源配分の組み合わせによる「多元的できめ細やかなファンディング・システム」の構築を呼びかけている。しかしながら、こうした「選択」と「誘導」の方式によって、日本の高等教育の抱えている問題をどのように解決していくのか、人口少子化のもとで多くの大学は経営難や生存競争の激化に直面することが必至であるが、そうした状況に耐えて教育研究の質の向上をはかっていくことが果たして可能なのか、それらに対する抜本的指針を示さないことによって、かえって答申はわが国の高等教育の展望を曖昧にしているという見方もできる。中教審答申が、必ずしも問題解決型ではなく問題発見型であると指摘されるゆえん（天野郁夫「『高等教育の将来像』答申の読み方」『カレッジマネジメント』132号、2005.5-6月号）である。

　国立大学の法人化については、積極的な改革のねらいと期待がある。それまでの国立大学は政府・文部科学省の出先機関のような存在で、大学経費は圧倒的に国費で賄われ、大学に財政自治権はなく経営上の自主性を発揮する

余地などはほとんどなかった。社会に対しては閉鎖的で、社会貢献や地域連携などを自主的に検討したことは少なく、90年代以降評価制度が導入されるようになるまでは、外部から厳しい評価を受けたり、内部で自主的に評価を行うシステムも存在していなかった。法人化前の国立大学においては、経営の自主性の不在、組織としての内発的発展の活力の低さ、社会に対する著しい閉鎖性が蔓延していたといっても過言ではないであろう。それゆえに、国立大学関係者は、法人化に対して、それが国の公的責任や財政負担を弱める「行革」「規制緩和」に矮小化されることや教育研究が一方的に市場競争にさらされることによる弊害の発生をおそれながらも、より本質的な大学の活性化の必要性を認め、経営の自主化と内発的発展の活力の強化、社会に開かれた大学をめざしてきたといえるであろう。

　法人化3年目を迎えた段階で、国立大学法人の大半は、大学運営の自主性が高まり、教職員が教育研究の質の向上や社会貢献に真剣に取り組む傾向が顕著になっている。しかし他方で、国の財政危機のもとで政府の補助金が安定的に供給されるのか、少子化と大学志願者数の逓減のもとで学費等の自己収入を安定的に確保できるのか、寄付や事業収入、競争的外部資金を獲得する方途がどこまで拡大できるのかといったことなど、将来の経営展望はまったく楽観を許さない。

　したがって、改めてわが国の高等教育改革をグローバルな視点から点検し、今後の方向性と課題を探る必要がある、というのが訳者の問題意識である。

　隣国の中国は国立大学の法人化をいち早く実施し、その経験をもつという点ではわれわれ日本の国立大学の先輩である。中国は、1980年代の「改革開放」路線の登場以降、政府の直属機関であった国立大学の法人化を、大学の経営自主化と内発的発展の活力の強化という視点から積極的に推進してきた。またその過程において、他の発展途上国や先進諸国の高等教育改革の動きをにらみながら、自らの改革の方向性を探求してきたといってよい。中国と日本の高等教育制度の間には歴史や仕組みに大きな隔たりがあり、中国を高等教育に関する先進国扱いできるわけでもないが、国立大学の法人化に限っては、その本質的な意義、改革の内容と付随する問題などを考慮すると、

中国の経験はわれわれに先んじており、多くの教訓を有している。

本書は、アメリカ、イギリス、日本、オーストラリアの先進4カ国、及び発展途上国の高等教育改革の歴史的動向を紹介し、中国が今後推進していくべき制度改革の方向と課題を探っている。財政制度面に分析の中心を合わせているが、財政は国家による資源の調達と配分の基本的手段であり、財政分析は国家による社会的ニーズに対応した資源配分の動向を総括的に明らかにするものであるので、高等教育改革の動向や国際比較について財政面から焦点を合わせることは適切かつ有効な方法である。

(二) 「ユニバーサル段階」に向う世界の高等教育

世界の高等教育の流れはどうなっているのか、高等教育の発展に関する仮説、現段階の改革の特徴といったことについても、少し触れておこう。

高等教育は、国によってその歴史的展開に大きな差違が見られる。しかしながら、経済発展とともに高等教育に対する国民的需要が増大し、教育の性格が少数のエリートのためのものから大衆のためのものへと変化する。いわゆる経済発展に伴って大学の大衆化が進展することは1つの客観法則である。そして、改革の内容に関しても、近年になればなるほど、先進国、発展途上国の如何を問わず収斂化の傾向を見せている。

高等教育の発展に関して、今日支配的な仮説になっているといってよいのは、アメリカの社会学者マーチン・トロウの説である。彼は、高等教育の発展段階を大学進学率と関係づけて「エリート段階」「マス段階」「ユニバーサル段階」に分けた。進学率15%以下の段階では、高等教育は少数のエリートが機会を享受しているが、経済発展に伴い進学率が上昇し、大学の数、種類が増え、大衆化が進む。そして、進学率が50%を超えるようになると誰もが高等教育にアクセスできる機会をもつ状態、すなわち「ユニバーサル段階」となる。今日、先進国と発展途上国の多くは進学率が15%から50%までのあいだの「マス段階」にあるが、「ユニバーサル段階」に達した国々も急増している。

近年の高等教育の財政改革については、分権化、多様なルートからの経営

資源の調達、有償化による大学経営コストの回収といった特徴がほぼ共通して見出される。すなわち高等教育制度の中央集権的な管理から地方公共団体や民間への分権化の動き、高等教育への国家資金の支出の抑制と大学経費を賄う財源の種類、ルートの社会的多様化、大学教育経費についての「受益者負担」視点からの学生・保護者の有償負担とその水準の引き上げ、などである。

こうした改革内容の共通性の増大はその背景として、経済グローバリゼーションと国際競争の激化のもとで、各国において高等教育の戦略的地位がかつてなく高まっていることが指摘される。世界経済が知識基盤経済の段階に入っているとの認識から、先端的科学技術分野の人材の育成と競争力の向上を至上命題とする傾向が世界的に強まっている。例えば、圏域内での高等教育改革に積極的に取り組んでいるEUは、リスボン宣言(2000年)で競争力やダイナミズムを有する知識基盤経済の確立を強調している。先進国も途上国も多くの国が、高等教育体制や科学技術体制を急テンポで再編、拡張しなければならない状況に直面してきている。

他方、今日の世界の高等教育は、多くの問題をはらんでいることも見逃せない。世界の高等教育をめぐる近年のトピックスとして、以下のようなことがあげられるであろう。

第1に、わが国でも大学生の学力の低下が問題視されているが、高等教育のマス化、ユニバーサル化の進展とともに大学生の学力水準が低下していることである。高等教育機関の種類や数が拡大することに伴って、一部で優秀な教授陣を擁し優秀な学生を受け入れている大学が存在する一方、他方で教育や学生の学力水準で課題を抱える大学が増えている。その基礎には、研究機能を主とする大学と教育を主とする大学というように大学の機能的分離が進み、研究中心大学は教授陣、学生、資金を充分に確保して競争力を有するが、教育中心大学は競争上不利な状況に置かれやすいという、大学間格差のひろがりがあるといってよい。

第2に、世界の高等教育の潮流の1つとしてプライバタイゼーションが強まっている。ニューヨーク州立大学教授のダニエル・レヴィ等の高等教育の「私学化」論、「コスト回収」論などが有名であるが、もはや高等教育のサー

ビス産業化の進展は、先進国でも発展途上国でもひろく目にする現象となっている。とくに、コスト回収政策による積極的な有償化、あるいは授業料の大幅な値上げの傾向が顕著である。かつての「エリート段階」では、大学の経費は公共資金で賄い、学費は無料とし、さらに優秀にして経済的に貧困な学生に対しては高等教育の機会を公平に保障するために奨学金を与えるということが理想とされた。「マス段階」になると、高等教育を能力に応じてすべての者に等しく開放するというアクセスの公平が重視されるようになった。高等教育費の無償原則をうたっている国際人権規約のような考えや制度は今日も引き継がれており、簡単に否定されてよいわけでもないが、それらは高等教育の大衆化、産業化、コスト回収政策のひろがりのもとで、もはや主流とはいえなくなりつつある。

以上のような事態は、高等教育の公共性の危機を示しているといってもよいが、視点を変えれば、今日「ユニバーサル」段階に近づきつつある世界の高等教育が、公共性のあり方の新たな模索の時代に入っていることを示す状況と考えてもよい。

（三） 中国における大学財政改革の現況

中国では1984年10月共産党中央委員会が『経済体制改革に関する決定』を公表した。そこでは「経済体制改革に伴い、科学技術体制と教育体制の改革はますますさし迫って、解決しなければならない戦略的な任務」であると強調されていた。その後、経済体制及び国家財政システムの大規模な改革が推進され、高等教育制度の枠組みも大幅な再編がなされてきた。（中国の大学改革の推移と財源調達政策の状況については、国立大学財務・経営センター『大学財務経営研究』第2号（2005年8月）に掲載されている熊慶年著・黄梅英訳「中国における国立大学経営の自主化」、陳武元「中国における大学政策と研究大学の資金調達」を参照されたい。）

1970年代末までは、高等教育経費の98％が国家財政支出に拠っていたが、80年代に入ると多くの国立大学の省移管がなされ、また大学の財源調達の多様化や有償化が始まった。この過程を主導した党・政府の高等教育政策を

示すものとしては、高等教育機関の経営自主権を初めて提起した1985年の党中央の『教育体制改革の決定』がまずあげられる。経費の圧倒的部分を国家財政支出に依存する状況下で、国家の財政投入が不足すれば大学の発展、高等教育の拡張を阻害することから、多様な財源ルートを開拓するために大学に経営の自主権を与える必要があること、またそれによって大学の内的活力を呼び起こすことが、現実的な政策選択として認識されることとなった。かくして大学に経営の自主権を与える国立大学法人化政策と、それを媒介とした高等教育の拡張政策を展開する路線が明確になった。

法人化に関する制度化の流れとして、1993年2月の党中央・国務院『中国教育改革と発展綱要』は、高等教育機関の権利と義務を明確にすることによって「高等教育機関が社会的に自主経営を行う本当の法人実態になる」ことを指示した。それを受けて、1995年9月の全国人民代表大会が公表した『中華人民共和国教育法』は学校「法人」の概念を提示した。さらに1998年の『中華人民共和国高等教育法』は「高等教育機関は設置許可を受けた日から法人の資格が取得され、大学の学長は大学の法的代表になる」とし、大学は具体的に7つの自主権を有することを規定して、大学における経営の自主性と責任を明確にした。また上記の『中国教育改革と発展綱要』は教育財政の体制変革を提起した。それは、政府の支出を主としながらも、教育税、事業収入、民間からの寄付、教育基金の設置など財源調達の多様なルートを徐々に確立していこうとするものである。同時にまた、この『綱要』では、国家の財政的教育経費のGDPに占める割合を20世紀末までに4%にするという目標を明らかにした。

1999年には『21世紀に向けての教育振興行動計画』が発表されている。

1990年代後半からの急速な高等教育拡張政策を背景に、中国における高等教育機関在籍者数は2004年現在2000万人に達している。大学進学率はマーチン学説でいう「マス段階」に入っている。

さて、本書では、中国の高等教育の財政体制についての改革が急務とされる理由として、次のような点が指摘されている(第6章参照)。

第1、高等教育経費の基本的な不足。教育投資の優先順位を低く考えてき

〈訳者はしがき〉 世界の高等教育改革と中国そして日本　xi

た中国政府の投資戦略が最近まで続いてきたことによって、深刻な経費不足が解消されていない。

　第2、高等教育財源の構造的不合理。多様なルートで財源調達をはかるシステムに移行しつつあるが、依然として国家財政支出が主要である。学費が主要な財源となるべきであるのに、その水準がコスト水準と比べてきわめて低い。これもまた高等教育経費不足の原因の1つである。

　第3、中国の財政的教育経費の予算管理は、管轄権と財政権が分離され、教育経費の予算が単独項目として扱われず、国家予算項目中二級レベルの「款」級に属し、文化や科学、衛生部門の予算と合わせて財政事業予算や財政基本建設費予算の「類」扱いであった。そのために国家予算における位置づけが低いばかりか、金額の変動が大きく、不安定となっている。

　第4、高等教育財政支出の根拠が教育コストと関連づけられるようになったのは1980年代中頃以降であるが、合理的で効率的な資金利用の観点からより科学的なコスト指標の作成が求められている。学費徴収基準も教育コストとの相関関係を明確にしていく必要がある。

　第5、中国の高等教育機関の社会投資、寄付、外部からの資本調達、あるいは民間の力量を活用した大学設立などは拡大の余地が大きいにもかかわらず、依然として対応できていない。教育資金の多元的調達に対する政府の具体的なサポートが弱い。

　本書では、以上のような現況認識を踏まえて、高等教育の財政改革の枠組みを再設計するための次のような課題提起がなされている。①中央と地方の財政的分権体制の構築、②基金制度の実施、③予算管理制度の改善、④財政支出様式の改革、⑤教育経費の多元的な調達様式の構築、⑥財政コストの回収政策の科学的確立、⑦教育管理体制の効率化、⑧制度と社会環境を適応させる政府の広報、法整備などの措置

　詳細は本書を見てほしいが、上記の事項は、決して目新しい内容ではない。1990年代後半から提起されてきた高等教育財政改革の諸課題を基本的に再確認し、そのいっそうの推進をめざすものとなっている。ただし本書は、それらが中国の単なる国内事情からの発想によるものではなく、国際的な動向

分析を踏まえて世界と共通の課題意識に立っていることを強く示しているといってよい。

「改革開放」による経済体制改革に合わせた高等教育改革がスタートして20年余りを経た中国であるが、解決すべき問題は山積しており、これからなおいっそう努力が求められるであろう。先にあげた論文（熊慶年著・黄梅英訳「中国における国立大学経営の自主化」）では、①中国国立大学における自主経営の尺度と境界が曖昧である、②意志決定とそのプロセスといった法人管理構造が不完全である、③学問の自由に対する保障が欠如している、④資産の不適切運用に由来する潜在的経営リスクが存在する、⑤大学関連の国有資産の管理機能の不明確によって潜在的な資産流出のおそれがある、⑥知的財産権の境界が不明である、⑦効果的な評価の欠如により制度の不健全さが放任されている、といった問題点が指摘されていることを紹介しておこう。

(四) 日本と中国の共通性と相違

中国の高等教育のハイスピードな改革と発展には驚かされるところが少なくないが、わが国と中国について最後に対比しておきたい。

まず、国立大学の法人化をめぐる共通点としては、すでに触れたように、法人化のメリットとして経営の自主性の獲得による大学の内的活力の強化が期待されていることである。他方、中国では、国立大学法人化は、国家資金投入が不足するもとで、財源獲得ルートの多様化による高等教育拡張の切り札のような政策的意味合いがあった。日本においても、政府公共部門の財政危機を背景に、外部資金の獲得など財源獲得ルートの多様化をはかることが国立大学法人化のねらいである。また社会に開かれた大学づくりを進めて高等教育における教育研究の質の向上をはかることが目標の1つであることも疑いない。しかし日本は、高等教育の拡張政策といった意味合いは乏しい。むしろ日本の場合は、質の向上はめざすが量は抑制、すなわち大学間競争によって競争力の強い大学の生き残りと弱い大学の淘汰を進めようとする政策といってよい。

第2に、日本では、長きにわたって高等教育の学生増の受皿になってきた

のは私立大学であった。大学数、学部の在籍学生数において日本は圧倒的に私学の比重が高い。中国は日本のこうした私学依存を評価し、中国における今後の高等教育の量的拡張の1つとして私学の育成を期待する意向が伺える。ただし今日の日本では、人口の少子化と大学志願者数の急激な減少に直面して、いまや何割かの私学で定員割れが始まっており、一部では経営破綻も発生している。これは、少子化が進行してきたにもかかわらず、「規制緩和」で文部科学省が大学の総定員管理政策を放棄し、大学の数が増え続けてきたことに原因があるのは明らかである。これから日本で求められることは、高等教育の総定員管理政策を何らかのかたちで採用し、国公私立を問わず大学経営の安定化をはかっていくことであろう。そのことは、「ユニバーサル段階」の日本の若者たちの高等教育機会へのアクセスを改善し、より質の高いものにしていく道でもあるといってよいであろう。

　第3は、高等教育経費に対する公的資金の投入水準を高めることについて、日本は抜本的な政策を打ち出すべきである。中国は、まだ自らが目標として掲げているGDPの4％水準を達成していないが、日本では、高等教育への公的資金支出はGDP対比でわずか0.5％である。高等教育が「ユニバーサル段階」にある国には、あまりにも似つかわしくない水準である。この点は、中国の意欲的姿勢に学ばなければならない。また、高等教育に対する公的資金投入レベルの大幅な向上を真剣に考えないと、日本は、21世紀の戦略的重要性をもつ知識基盤経済の成長面で他の国々に大きく立ち遅れてしまうことになるであろう。

訳者を代表して
滋賀大学長　成瀬　龍夫

　原著は、成瀬が2005年5月東北財経大学を訪問した際に、同大学の社会・経済発展研究院から寄贈されたものである。邦訳の許可を与えていただいた故于洋校務委員会主席と呂煒院長に感謝したい。

大学財政――世界の経験と中国の選択――／目次

序　　言 …………………………………………………………………… i
〈訳者はしがき〉世界の高等教育改革と中国そして日本 ……………… iv
中国の教育改革：用語解説 ……………………………………………xxii

1 高等教育財政の位置 ………………………………………………… 3

1 高等教育の財としての属性と配置方式 ………………………… 3

1.1　高等教育の属性　4

(1) 財としての属性 (4)
(2) 高等教育の属性 (4)

1.2　高等教育の地位と役割　7

1.3　高等教育資源の配分方式　9

(1) 集中型配分方式 (10)
(2) 分散型配分方式 (10)
(3) 複合型配分方式 (10)

2 高等教育財政の基本モデル ……………………………………12

2.1　高等教育財政の国家コントロールモデル　12

2.2　高等教育財政の多元的モデル　14

(1) 政府支出 (14)
(2) 多様なルートによる調達 (16)
(3) 学生納付金の徴収と援助政策 (18)

2.3　高等教育財政の補償モデル　21

原注 (25)

2 高等教育の財政支出体制の国際比較 ……………………………26

1 アメリカにおける高等教育財政支出体制 ……………………26

1.1　アメリカにおける高等教育財政支出体制の歴史的発展　26

(1) 高等教育財政支出体制の形成 (17世紀－19世紀中期) (26)
(2) 連邦の高等教育財政支出立法の開始 (19世紀中期－同世紀末) (27)
(3) 高等教育財政支出の大発展 (20世紀初－同70年代末) (29)
(4) 高等教育財政支出の調整と改革 (20世紀80年代以降) (33)

1.2　アメリカにおける高等教育財政支出体制の特徴　36
　　(1) 連邦と州の法体系は高等教育支出体制の拠りどころ (36)
　　(2) 連邦と州の両政府の支出の特徴点 (37)
　　(3) アメリカの高等教育支出モデル (44)

1.3　アメリカの高等教育財政支出体制の改革動向　47
　　(1) 政府の財政責任の減少に伴う公立大学の民営化傾向 (47)
　　(2) 連邦政府は高等教育機関の科学研究支援をさらに重視 (48)
　　(3) 高等教育の実績と効率を重視する傾向 (48)

2 イギリスにおける高等教育財政支出体制 …………………49

2.1　イギリスにおける高等教育財政支出の歴史的発展と実践　49
　　(1) 第二次世界大戦前のイギリスの高等教育財政支出 (49)
　　(2) 第二次世界大戦後のイギリスの高等教育財政支出 (51)

2.2　イギリスの高等教育財政支出体制の特徴　56
　　(1) 中央政府の立法の尊重は高等教育財政支出の前提 (56)
　　(2) 高等教育の財政支出の部門、機関及び権限の分割 (56)
　　(3) イギリスの高等教育財政支出の範囲、規模及び構成 (58)
　　(4) イギリスの高等教育財政支出のモデル (58)

2.3　イギリスの高等教育財政支出体制の改革の趨勢　62
　　(1) 政府投入と市場化の合体が高等教育の発展を推進 (62)
　　(2) 政府支出の重点は国家の優先的発展戦略に置く (63)
　　(3) 政府支出の基金制度の改革 (64)
　　(4) 研究創造と基礎研究の支援は政府の科学研究支出の優先的方向 (64)

3 日本における高等教育財政支出体制 ……………………………65

3.1　日本における高等教育財政支出の変遷　65
　　(1) 第二次世界大戦前の高等教育財政支出 (65)
　　(2) 第二次世界大戦後の高等教育財政支出 (65)

3.2　日本における高等教育財政支出体制の特徴　68
　　(1) 法律準拠が日本の高等教育財政支出の明白な特徴 (68)
　　(2) 日本における高等教育財政支出の範囲、支出の規模、構成 (69)
　　(3) 日本政府の私立大学への財政支出 (69)
　　(4) 日本の高等教育の奨学金計画 (71)
　　(5) 国立学校特別会計制度 (71)

3.3　日本における高等教育財政支出体制の改革の趨勢　72

4 オーストラリアにおける高等教育向財政支出体制 ……… 73

 4.1 オーストラリアにおける高等教育財政支出の変遷 73

 4.2 オーストラリアにおける高等教育財政支出体制の特徴 76

  (1) オーストラリアにおける高等教育財政支出の範囲、規模及び構成 (76)
  (2) オーストラリアの科学研究支出 (79)
  (3) オーストラリアにおける高等教育財政支出のモデル (81)

 4.3 オーストラリアにおける高等教育支出体制の改革の動向 83

5 経験と啓示 …………………………………………………… 85

 5.1 高等教育の財政支出の範囲 85

  (1) 高等教育体制が政府の財政支出の範囲に対して有する重要な影響 (85)
  (2) 政府の職能の変化が各時期の高等教育支出の範囲に及ぼす影響 (86)

 5.2 高等教育財政支出の規模と構成 87

  (1) 高等教育財政支出の規模と経済の発展には正の相関関係が存在 (87)
  (2) 高等教育財政支出の構成 (88)

 5.3 高等教育財政支出のモデル 89

原注 (90)

3 高等教育経費調達の国際比較 …………………………………… 92

1 アメリカにおける高等教育の経費調達 ……………………… 92

 1.1 主体となる政府財政支出 94

  (1) 連邦、州政府、地方自治体の財政支出 (94)
  (2) 政府の公立大学への財政支出 (100)
  (3) 政府の私立大学への財政支出 (101)

 1.2 学費は不断の上昇傾向 102

 1.3 営業及びサービス収入 106

  (1) 大学付属企業の収入 (106)
  (2) 産業・大学・研究機関の共同研究による収入 (106)
  (3) 特許収入 (108)

 1.4 教育寄付は経費の逼迫を効果的に緩和する 108

 1.5 宝くじも一つの大規模な資金収集の方法である 111

1.6　外国人留学生の募集を拡大する　112

2　イギリスにおける高等教育の経費調達 ……………………113

2.1　政府の資金支出　113

(1) 政府予算支出の変動と傾向 (113)
(2) 大学ファンド (115)
(3) 政府資金支出の方法 (117)

2.2　産業・大学・研究機関共同研究　118

2.3　学　費　118

2.4　民間の寄付　119

2.5　留学生の募集　120

3　日本の高等教育の経費調達……………………………………121

3.1　政府の財政支出　122

(1) 国と地方自治体の財政支出が高等教育を支えている (122)
(2) 国立、公立、私立の高等教育への政府財政支出 (124)

3.2　学　費　131

3.3　大学事業収入　133

3.4　寄付収入　133

4　オーストラリアにおける高等教育の経費調達 ……………134

4.1　政府の財政支出　134

4.2　学　費　136

4.3　営業とサービス収入　137

4.4　海外からの留学生募集　137

5　高等教育経費調達の経験と教訓 ……………………………138

5.1　高等教育経費の多元的な調達　138

5.2　政府財政による教育経費を主とする　139

5.3　政府の財政に依存しない教育経費の拡大　141

(1) 学　費 (141)
(2) サービスと営業販売収入 (144)
(3) 寄　付 (146)
(4) 留学生の募集 (147)
(5) 銀行貸付資金の利用 (148)

(6) 発展途上国は国際教育基金をめざす (148)

原注 (149)

4 高等教育のコスト補償メカニズムの国際比較……………150
1 コスト補償メカニズム ………………………………………150
1.1 コスト補償メカニズムの提起　150
1.2 コスト補償の原則　152
(1) 応益原則 (152)
(2) 応能原則 (154)
1.3 コストの補償の主体　157
1.4 高等教育のコスト補償（回収）の社会的公平性に対する影響　161
(1) 高等教育のコスト補償（回収）の社会的公平性に対する積極的な影響 (161)
(2) 高等教育コスト補償（回収）の社会的公平性に対するマイナス影響 (167)
2 アメリカの高等教育のコスト補償メカニズム ……………174
3 日本の高等教育のコスト補償メカニズム ………………176
3.1 国立大学、公立大学、私立大学の学費の差が大きく、家庭の負担割合も大きい　176
3.2 学生ローン及びコスト補償と関連する補助制度の整備　178
4 オーストラリアの高等教育のコスト補償メカニズム ……180
4.1 学費の専攻学科別の差異　180
4.2 学費の割引　181
4.3 収入とリンクした貸付　181
5 経験と教訓 ………………………………………………182
5.1 コスト補償の形式の多様化　182
5.2 学費の上昇傾向　183
5.3 徴収基準の差異化　183
5.4 教育コストの合理的計算、適切なコスト補償率の確定　184
5.5 適切な学費徴収と整備された生活補助金制度の結合　185
5.6 コスト回収を進めるための延納制度　185

5.7　教育コストの合理的計算、適切なコスト補償率の確定　186

　原注 (187)

5　発展途上国における高等教育財政の経験と示唆　188

1　支出のシステム　188

　1.1　高等教育財政支出の範囲　189

　1.2　高等教育財政支出の様式と手続き　190

　1.3　高等教育財政支出の金額と構造　192

2　経費の調達　194

　2.1　チリの高等教育経費調達　195

　2.2　インドの高等教育経費調達　196

　2.3　ブラジルの高等教育経費調達　197

3　コストの回収　198

　3.1　コスト回収政策　199

　　(1) 卒業生税 (199)
　　(2) 教育税 (200)
　　(3) 学生納付金 (201)
　　(4) 学生ローン (202)

　3.2　コスト回収が発展途上国の高等教育に与える影響　204

　　(1) コスト回収が高等教育を受ける機会に与える影響 (204)
　　(2) コスト回収が高等教育の公的資源分配の公平性に与える影響 (204)
　　(3) 教育全体での公的資源の公平な配分に対するコスト回収政策の影響 (206)

4　財政管理　209

　4.1　予算の編成と審査・許可　209

　4.2　教育財政の監督と評価　211

　原注 (213)

6　中国における高等教育財政改革推進の戦略的選択　214

1　中国における高等教育の財政体制の推移　214

　1.1　中央統一財政と分割管理 (1949－1980年)　214

　1.2　地方担当と分割管理 (1980－1993年)　215

 1.3　教育財政の新体制 (1993年以後)　216
2　中国の高等教育財政をめぐる諸問題 …………………218
 2.1　財政圧力が大きく高等教育経費が大幅に不足　218
 2.2　高等教育経費の財源不足とその構造の不合理性　220
 2.3　国家財政からの教育経費の「管轄権と財産権の分離」　223
 2.4　高等教育予算の支出根拠と徴収基準の非合理性及び非科学性　224
 2.5　教育資金の多元的調達に対する政府サポートの弱さ　226
3　中国高等教育財政改革の枠組み設計 …………………227
 3.1　高等教育に対する中央財政と地方財政の分権制の再構築　227
 3.2　高等教育基金制度の実施　229
 3.3　高等教育財政予算管理制度の改善　230
 3.4　高等教育経費財政支出様式の改革　231
 3.5　高等教育経費の多元的調達様式　233
 3.6　高等教育財政コスト回収政策の科学的確定　235
 3.7　高等教育管理体制の委託民営化　237
 3.8　制度と環境を適応させる措置　238

(原著) 参考文献 ……………………………………………240
執筆者一覧 …………………………………………………247
訳者一覧 ……………………………………………………248
索　　引 ……………………………………………………249

中国の教育改革：用語解説

中国の大学改革の動向を理解する一助として、本書に登場する用語の解説を行う。○印のついているものは序言において、その他は第6章で使われているものである。

○科教興国　　科教兴国　（kejiao xingguo）

1995年5月、中国共産党中央委員会（以下中共中央と略記）と国務院の『科学技術の進歩を加速することに関する決定』（《中共中央、国务院关于加速科学技术进步的决定》）の中で、初めて提唱されたもので、科学技術と教育に力を入れ、科学技術の資質を高めて、国を発展させる戦略とされている。その理論的基礎は、鄧小平が1978年に行われた全国科学大会でマルクスの「科学技術は生産力である」という言葉を引用し、続いて1988年に「科学技術は第一の生産力である」と述べたことにある。中国政府はそれ以後、科学技術の発展により一層力を入れることになり、1995年に「科教興国」を国策と決定した。

○小康社会　　小康社会　（xiaokang shehui）

「小康」とは、衣食の足りた次の段階とされ、多少は豊かさを実感できる生活水準を指し、「小康社会」とは「いくらかゆとりのある社会」とされる。

2002年11月、中国共産党第16回大会において、この「小康社会を全面的に建設する」という目標が明確に掲げられた。この「小康社会」という概念は、鄧小平の「四つの現代化」の実現を目標に挙げた中で、「我々の目標の第一歩は2000年には小康社会を建設することだ」と述べていることに端を発する。

中国においては、70年代末からの「改革、開放政策」により、国民経済の急速な成長が始まり、人々の生活は貧困からいわゆる衣食の足りる状態（「温飽」）になった。80年代末には、消費構造と生活水準に明確な変化が現れ、都市部住民の衣食消費の割合は縮小し、住宅や文化・教養、サービスなどの消費が拡大し、基本的に小康社会へ踏み出した。

縦割り管理方式（「条塊結合」）　　条块结合　（tiaokuai jiehe）

中国の行財政全般にわたる管理のモデルで、「条」とは中央の各部門の体系、「塊」とは、地方を指す。「条塊結合、以条為主」（「条块结合、以条为主」）とスローガン化され、部門間と地域管理を結合して部門区分を中心に管理する体制のことで、新中国成立以来、高度に集中化された国家の管理システムとなってきた。しかし、1978年12月に開かれた中国共産党第11期中央委員会第3回総会で、「改革、開放」の新方針が確定され、政府間行政関係の再建をめざして管理の体制改革が行われ、行財政全般に分

割管理、責任の請負制が導入された。教育財政に関しては、1980年4月3日に、中共中央、国務院、教育部党組織によって「新財政体制実施後の教育経費配分問題に関する意見」(《关于实行新财政体制后教育经费安排问题的建议》)が出されている。

中央に直属する高等教育機関　　　中央院校　(zhongyang yuanxiao)

中国の高等教育機関には中央政府が設置・主管するもの(中央直属)と、各地方の政府が設置・主管するもの(地方所属)とがある。そのうち国の中央政府の教育部(日本の文部科学省に相当)を初めとする各省庁に直属する高等教育機関のことを「中央院校」という。2006年の統計では、全国における全日制大学1365校のうち中央直属大学は111校で、うち69校が教育部直属大学とされている。

『教育体制改革に関する決定』　　　《关于教育体制改革的决定》
　　　　　　　　　　　　　　　　　　　(guanyu jiaoyutizhigaige de jueding)

1985年5月27日、中国共産党中央委員会によって正式に発表された教育改革の綱領的文書で、建国以来の中国の教育政策を振り返り、教育分野に存在する旧弊を一掃し、根本的に教育体制を改革する方向を打ち出した。「教育は社会主義建設に服務し、社会主義建設は教育に依拠しなければならない」ことを明確に示し、経済の改革・開放政策を進める中で、この決定に基づいて教育分野での改革がスタートした。内容としては、学校運営体制、学校管理体制、教育資金調達、学生の募集制度、卒業生の就職制度、学校運営の自主権の確立とその内部管理体制などの改革と整備が挙げられ、以後順次実施されていった。

培養費　　　培养费　(peiyangfei)

中国においては、かつて高等教育の学生募集で、国家計画生(「公費生」)、雇用単位(企業など)からの委託研修生(「委托培养生」)、若干の自費学生(「自费生」)という3本立ての募集が行われていた。その当時、国家計画生には、国家から学費が支払われ、雇用単位からは委託研修生のために大学に学費が支払われた。これらの費用を「培養費」、「委託培養費」と称した。また、国家計画で外国へ留学する場合も、その諸経費のすべてを研修費として国家が支給し、それも同様に「培养费」と称されていた。
現在では、国家計画生はごく一部の特殊な学科専攻にのみ限られ、学生はすべて学費を支払わねばならなくなったため、従来の意味の「培养费」はなくなっている。それに代わって、さまざまな学校段階で、正規の入学対象者以外の学生が学校に入学するために支払う費用について、「培养费」として総称される。

委託教育　　　委托培养　(weituo peiyang)

高等教育機関(主に大学・大学院や大学院レベルの研究機関)において、雇用単位(企

業など）や部署から委託された人材に研修（「委託培養」）を行うこと。受け入れる定員数は各高等教育機関が計画し、教育部に申請して承認を受けた後に決定される。委託研修生は、全国統一試験を受験したものの中から選ばれ、本科生と同様の扱いとなり、規定の学修を終えれば国家が規定する学歴として承認される。高等教育機関と雇用単位は契約を結び、その費用は雇用単位が支払うため、委託学生は卒業後には必ず元の部署に戻って一定期間所定の仕事に従事しなければならず、就業の自由の権利は失うことになる。

代理教育　　　代培　（daipei）

　公募式の研修制度で、職業技術学校や高等教育機関などで、雇用者側からの委託を受け、本来は雇用者が行うべき研修を代理的に行うこと（「代理培養」）を指す。教育機関側は、国の関連制度と法規に則り、雇用者側と委託契約を結び、有償で専門的な人材を養成する。教育機関の潜在力が生かされ、社会貢献となるとともに、徴収される研修費用は教育機関側の運営経費の資金として役立っている。

私費制度　　　自費制度　（zifei zhidu）

　中国の高等教育は、新中国建国以来、国家の人材養成という使命を帯び、学生は国家計画の下に募集され、それらの学生の授業料、宿舎費などはすべて無償、及び生活費も補助する（「助学金制度」）などの丸抱え措置で行われていた。従来、これら無償の高等教育を受けるのは一部のエリート（計画生）に限られていたが、経済の改革、開放が進む中、高等教育への需要が高まり、大学進学希望者も増加してきた。1985年に出された中共中央の「教育体制改革に関する決定」（《中共中央关于教育体制改革的決定》）において、計画生以外に若干の学生を自費で入学させることが許可された。1990年代に入り、全国すべての高等教育機関において、一部の特殊な教育分野（農業、林業、鉱業、師範系など）を除いて、すべての学生から授業料、宿舎費などの納付金（「学杂費」）を徴収するようになった。

助学金制度　　　助学金制度　（zhuxuejin zhidu）

　学生の生活諸費用を援助する制度。財源は国、地方政府、経済界などからの資金提供による。主として学生生活の維持を目的とするもので、他のことに転用してはならないとされている。本来は、学生が徳育、知育、体育の諸方面で向上し、社会主義現代化建設の人材となることを目指して設置されたものである。しかし、経済の発展と国民の生活水準の向上とともに、奨学金制度を主とし、助学金制度は補助的なものとする方向になりつつある。奨学金制度との違いは、とりわけ非義務教育段階では、品行方正、学力優秀で、かつ家庭の経済状況がきわめて困難な学生に資金援助される点である。これらの貧困学生に高等教育を保証する役割を有する。

公費生と私費生の一本化　　　并轨招生制度　（binggui zhaosheng zhidu）

　中国の高等教育機関の学生募集に従来複数のルートが設定されていたのを、1990年代に入って一本化した制度を指す。

　1985年に出された中共中央の『教育体制改革に関する決定』（《中共中央关于教育体制改革的决定》）において、高等教育の学生募集（「招生」）で、①国家計画生（「国家計画招生」のちに「国家任務招生」）、②雇用単位からの委託研修生（「委託生」）、③若干の自費学生という三本立ての募集が行われることになった。②、③の募集は、経済発展に即した人材養成の急務に応えるための調整的な措置であるといえる。これらの学生は入学の合格ラインが20点分低く設定される優遇措置があった。1992年に、社会主義市場経済体制に移行することが決定されて以降、高等教育における②、③の学生の占める比率は、20％未満（自費生は5％）から30％になり、1994年には40％に上り、沿海部の都市の大学では50％を超えるようになった。このような調整的な措置による入学生が大幅に増加することにより、大学内部でさまざまな矛盾が生じてきたため、学生募集が一本化された。あわせて全国の大学で段階的に学生納付金（「学杂费」）が徴収されるようになった。1997年、すべての大学で学生募集の「一本化」と学生納付金の徴収が行われるようになった。

『中国教育改革発展綱要』　　《中国教育改革和发展纲要》
　　　　　　　　　　　　　　　（zhongguo jiaoyugaige he fazhan gangyao）

　1993年2月13日、中国共産党中央委員会から出された教育改革に関する重要文書で、21世紀を展望した教育の改革と発展を方向づけ、教育をまず優先して発展させる戦略的地位に置くことによって社会主義現代化建設を積極的に推し進めるとした。内容としては、9年制義務教育の全国的普及、高等学校段階の職業技術教育の重視、大学での専門的人材の養成強化、全国的な非識字者の一掃、成人教育のよりいっそうの発展、少数民族教育の重視と援助、情報化教育、基礎教育の充実、高等教育体制の改革、教師の資質向上、教育投資体制の改革と整備など50項目にわたって改革の方針が示されている。

『21世紀に向けての教育振興行動計画』　　《面向21世纪教育振兴行动计划》
　　　　　　　　　　　　　　　　　　　　（mianxiang 21shiji jiaoyu zhenxing xingdong jihua）

　1998年12月24日に教育部から出された改革の具体的行動を示した重要文書。社会主義の現代化を実現するには、科学技術が必要であり、教育がその基礎であると位置づけた。21世紀に向けて国家の総合国力と国際競争力は教育の発展、科学技術と知識の革新で決定されることとした「科教興国」戦略が打ち出された。国民の資質と民族のイノベーション力の向上を目指す「素質教育」、教員の資質向上やキャリアアップのための現職教育や継続教育の実施、高等教育段階におけるハイレベル人材の育成、

大学の科学研究の積極的展開の奨励、大学の国際的地位向上や国際交流、現代的遠隔教育の拡大、生涯学習体系の構築などが50項目にわたって提言されている。

『中華人民共和国高等教育法』　　《中华人民共和国高等教育法》
　　　　　　　　　　　　　　　　　（zhonghua renmin gongheguo gaodeng jiaoyufa）
　1998年8月29日に第9期全国人民代表大会常務委員会で採択され、同日、公布された高等教育に関する基本的な法律。1999年1月1日より施行。科学と教育によって中国を振興させる「科教興国」戦略のもとに高等教育事業を積極的に展開することを法的に保障するものとされた。従来の高等教育関連法規は高等教育機関の設置および運営に関する『高等教育管理職責暫行規定』(1986年)や『普通高等学校設置暫行条例』(1986年)、入学者選抜および学生管理に関する『普通高等学校招生暫行条例』(1987年)や『普通高等教育学生管理規定』等のように、その内部管理のための行政法規が多かったことに対して、この法律では、高等教育の特殊性に基づき、高等教育機関の地位と任務、権利と義務、利益と責任が基本的包括的に定められており、中国の高等教育の発展に重要な意義をもつものとされている。

『社会力量辦学条例』　　《社会力量办学条例》　（shehui liliang banxue tiaoli）
　1997年7月31日に国務院より公布された法律。『中華人民共和国憲法』の第19条の「各社会力量が法律規定に従って教育事業を行うことを国家は奨励する」の規定に沿って、社会力量が教育機構を設立できる法的根拠となった。社会力量とは、条例の第2条で「企業、事業体組織、社会団体、及びその他の社会組織、国民個人」と定義されている。この法律の制定により、新中国建国以来消滅していた国家や地方政府の教育財政によらない学校（私立学校）の設立が可能になった。しかし、その後の急速な社会力量による教育機関の増加に伴い、2002年12月28日に『民弁教育促進法』(《民办教育促进法》)が制定され、この条例は廃棄された。

『中華人民共和国教育法』　　《中华人民共和国教育法》
　　　　　　　　　　　　　　　（zhonghua renmin gongheguo jiaoyufa）
　1995年3月18日に第8期全国人民代表大会第3回会議で採択され、同日、公布された中国の教育に関する最も基本となる法律で、1995年9月1日より施行されている。新中国成立以来、とりわけ改革開放政策以後の中国の教育改革の経験を全面的に総括し、教育の改革と発展の重要原則を規範化したもの。教育の理念、国民の教育を受ける権利と義務、教育の機会均等、教育に対する中央政府及び各級政府の責任などをはじめ、教育の基本制度、学校などの教育機構、教師及び教育事業従事者、教育を受ける者、教育と社会の関係、教育の条件整備とその財政的保障、教育の国際交流などが

規定として盛り込まれた。

希望工程　　希望工程　（xiwang gongcheng）
　1989年、共産主義青年団中央委員会と中国青少年発展基金により始められた社会公益事業で、「希望プロジェクト」と呼ばれる。民間から寄付を集めてそれを資金として、農村貧困地区の教育条件を改善することを目的とする。中国の農村にはまだ、貧困のために学校に通えない児童がおり、彼らのために学校を建設することをはじめ、教材や教具などを調え、教育を受ける権利の保障を支援するものである。希望小学校といわれるこの基金によって立てられた小学校は、現在、全国で5000校以上に上る。近年では、農村部の貧困家庭出身の大学生に、このプロジェクトから多くの資金援助がなされている。

（作成：吉村澄代）

大学財政
──世界の経験と中国の選択──

1　高等教育財政の位置

　1990年代、世界の高等教育財政とその管理の改革には明らかな類似性が存在した。高等教育経費の不足はすでに世界的な課題となっており、その解決に向けて経費のルートを開拓し、財政投資の効率化をはかることが各国の高等教育財政改革の一般的な趨勢となっていた。各国の経済発展の度合い、政治や経済体制、高等教育の伝統はそれぞれ異なっているものの、高等教育財政とその管理の改革のモデルはどの国も同じようなものであった。ユネスコは、1995年に『高等教育の発展変化：指導文書』(『高等教育の改革と発展のための計画書』) を発表し、その中で、高等教育には適切な組織的、集中的な体制が確立される必要があり、教育費用の回収と現有の人的物的な力を十分開発する努力を同時に推し進めなければならないことが指摘された。また、国や社会に対して、「大学予算を財政上の負担とみなさずに、経済競争力を強化し、文化を発展させ、民族の社会的凝集力を強化する長期的な投資としなければならない」ことを求めた。さらに、各国はこれに向けて努力し、高等教育経費をめぐる困難を解決し、高等教育財政の機能と役割が確実に発揮されるようにしなければならない、とした。

1　高等教育の財としての属性と配置方式

　世界の多極化と経済のグローバル化が同時進行する中で、人類は知識経済の時代に入った。知識経済とは、人間の知識を基盤とする経済のことで、そ

の第一の要素は、知的資源と無形資産である。ゆえに知識経済の時代には、高等教育の役割が重視され、高等教育の地位、とくにその基盤的地位、全面的地位、先導的地位が高められなければならない。

1.1　高等教育の属性

(1) 財としての属性

　財はその性質によって、公共財 (public goods)、準公共財 (quasi-public goods)、私的財 (private goods) に分けられる。

　公共財とは、非競合性 (non-rivalrousness)、非排除性 (non-excludability) を持つ財のことである。非競合性とは、ある利用者がその財を消費しても、他の利用者への財の供給が減少しないことを指す。非排除性とは、ある利用者が他の利用者をその財に対する消費から排除できないことを指す[1]。競合性と排除性をともに有するものが私的財であり、私的財と公共財の中間にあるものを準公共財と呼ぶ。準公共財には、主なものが二種類あり、一つは、クラブ財 (club goods) と呼ばれるもので、「その消費は何がしかの公共性を含み、一人あるいは一家族よりは多いが、無限の数よりは小さい特定の集団の中で消費がなされる」、つまり「公共性の範囲が限られている」ものである (排除性)[2]。ただし、この財は、特定の集団内の利用者間に競合性がないものとされている (非競合性)。もう一つは、共有財 (common-pool goods) と呼ばれるもので、誰でも自由に利用できる (非排除性) が、ある臨界点 (クリティカル・ポイント) に達すると、ある人の使用が他の人の利用に影響を与える。すなわち、もう一人の利用者を追加的に受け入れるかあるいは財の供給を増やすかすると、追加的コストはゼロより大きくなるものである (競合性が発生)。

(2) 高等教育の属性

　多くの学者は、公共財理論における公共財の区別に基づき、教育を一種の「準公共財」とみなしている。教育には大きな外部性 (外部利益) があり、それは教育を受ける本人だけがその教育という商品 (サービス) の消費から利益を受けるだけでなく、地域の社会ないし社会全体が、そこに住む人々の資質の向上に伴って、利益を受ける。この意味では高等教育は公共財としての性

質を有している。他方義務教育以上の段階の教育、とりわけ高等教育は、それぞれの国の経済や公共投資の規模によって制約されるので、義務教育の範囲の中に組み込まれず、一面では、消費の競合性を有するとともに、同時に顕著な排除性も有する。このほか、高等教育には人々が消費を求めて殺到する公共財としての特徴もある。このために高等教育は一種の準公共財として、混合方式で提供される。つまり、高等教育が提供される場合、公的部門と私的部門が同時に役割を発揮する。

　高等教育は一種の準公共財として、それへの投資は個人と社会にかなり大きな便益をもたらす。経済公平の原則に基づけば、投資と便益とは互いに対をなすものである。それは、次のいくつかの点に表現できる。まず、高等教育に対する消費は独占することができない（非排除性）。高等教育を受ける人は誰でも、同時に多くの人々と一緒に、同一地点、同一時間において、同様の教育を受けることができる。さらに施設規模が需要を満たしている場合、一人の高等教育に対する消費がその他の人の消費にそれほど大きな影響を与えることはない（非競合性）。よって、高等教育は公共財としての性質を有している。しかし高等教育の資源は非常に限られている。その資源は一定であり、需要が適正な規模を超えた場合には、ある学生が獲得するものが多ければ、別の学生が得るものは必然的に少なくなる。図1-1のaにおいて示されるように、より多くの人が高等教育を受ける行列に加わる場合、規模の経済性により、限界サービスコスト（MSC: Marginal Service Cost）は次第に下降し、同時に限界混雑コスト（MCC: Marginal Congestion Cost）はますます上昇する。限界混雑コストと限界サービスコストを結合させると、図1-1のbのようなU字型の限界コスト曲線が得られる。これは、人的資本の異質性による。人力資本の異質性とは、学生の嗜好の違い、知識の背景や理解能力の差であり、統計的な推定理論によると、かなり高い確率で発生し、かなりの規模の組織内でも、同じ質の個人というのはなかなか出現しないということになる。この人的資本の異質性は、高等教育の供給費用を増大させてしまう。教室を例にとれば、授業時間数が固定されたもとで、学生の理解能力が異なっているにもかかわらず、ある特定の水準の授業をあらゆる学生に対して行うと、損

図1-1　高等教育の属性

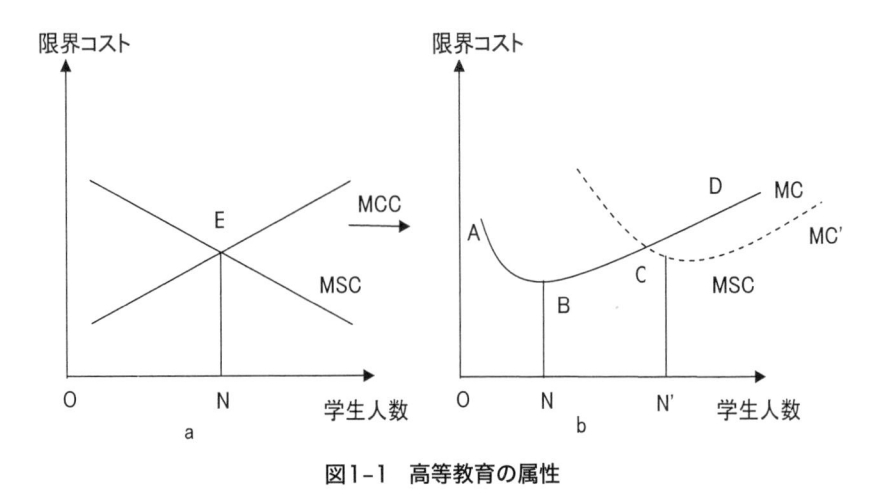

失（落ちこぼれ）が発生する。クラス規模が大きければ大きいほど損失も大きくなるので、損失をさけるためには、クラスの規模を小さくしなければならない。アメリカの非営利教育団体であるETS（Education Testing Service）のデータでは、学生数1〜10人のクラスの評価が最高で、35〜100人では最低としている。一定のクラス規模の教育システムにおいては、最適規模の学生数であっても、需要がこの数量を超えてゆけば、新たに増えた参加者はすでにいた参加者に対して負の効用を与え落ちこぼれは益々増加することになり、もし同等の効用を求めようとすると限界コスト曲線そのものが上昇する。図1-1のbにおいて示されているように、人数が増加し、混雑現象がますます深刻になるに伴い、限界コスト曲線は上昇し、BからCに移っていく。高等教育は重要な社会資源であり、質の高い、特色ある高等教育はより希少資源であり、高等教育に対する需要がさらに増大し、施設規模の限界コストも無限に上昇し、教室の座席は満席になり、他の学生が座れなくなれば、次の新しいクラスを設けなければならず、これにより、元のMC（Marginal Cost）線上にまた新たなMC線ができることになる。このプロセスの積み重なりは、長期的にMCが不断に高まることを意味し、それが極限に至ったとき、システムは崩壊し、新しいシステムが構築されない限り、問題は解決しないということになる。同時に、新たに増えたコストが学費の中に組み込まれることに

より、学費の上昇を引き起こし、いわゆる便乗(ただ乗り)の可能性はなくなる。最後に、高等教育は、競争的な商品として、その価格が市場で決定されるものではない。なぜならば、その価格の上昇や下降が高等教育の市場に対して与える影響はきわめて小さいからである。よって、高等教育の価格は、需要と供給が非常にアンバランスな状況の下で、政府によってのみ、高等教育のコストに対して一定の比率に基づいて、個人が受ける高等教育の価格が確定される。これは、高等教育が単純に公共財あるいは私的財の価格決定方式で価格を決めることができるものではないということを表している。

　高等教育を市場の供給に完全にゆだねてしまい、需給関係によって社会的に望ましい水準を達成しようとすることは不可能である。市場が教育に介入することは、政府の高等教育に対する監督コントロール機能を弱めることを決して意味しない。経済学の研究では、公共財、準公共財のように限界コストがゼロである財は、政府がそれらの供給を集中的に決定する、あるいはサポートする必要があり、自由放任的、分散的な供給方式は効果がないことが明らかになっている(訳者注：他方、混雑現象が発生し、限界コストが正となる場合には、競合性が発生し、高等教育は私的財の性質を帯びる。この場合には市場が一定の機能を果たすことができる)。政府が関与する必要性やその主旨は、市場の不完全性を補い、市場の失敗を矯正することである。実際、高等教育の発展プロセスには、市場と政府のどちらにも失敗の状況はありえるので、両者は、相互補完という関係でなければならない。政府の監督と規制はコストがかかるものであり、政府が関与するコストが市場取引コストよりも小さく、かつそのコストが社会的便益よりも小さい場合のみ効果がある。

1.2　高等教育の地位と役割

　ユネスコは、1993年11月の第27回総会で、高等教育に関する定義を、「高等教育とは、大学または国家の認可により、高等教育機関やその他大学が実施する中等教育後の各種各類型の学習、訓練あるいは研究を指す」と確定した。

　20世紀後半は、高等教育が飛躍的に発展した時期である。大まかな統計

でも、現在全世界の大学生はすでに1億人を超えている。同時に、この時期は高等教育が不均衡に発展した時期でもある。先進工業国と発展途上国との間では、高等教育の発展の機会においても、科学研究のレベルにおいても、高等教育資源の配分においても、その差はますます大きくなっている。それにもかかわらず、高等教育の発展は、依然として先進国のさらなる発展や途上国のより急速な発展のための重要なルートとなっている。適切な大学と科学研究者たちを持たなければ、いかなる国も自国の持続的な発展は実現できない。とくに、途上国や貧困国は先進国との差を縮めることはできない。したがって、高等教育の地位を重視し、高等教育の役割を十分に発揮させる必要がある。

(1) 高等教育の発展は国際競争力の強化に不可欠である。現在、世界では、総合国力の競争が一段と激しくなり、それは経済力、国防力及び民族の結束力で表されるようになってきている。そのうちのどの面が増強されるかにかかわらず、教育は基礎的な地位にある。高等教育は教育事業全体の中で、先頭に位置し、高等教育の発展の程度と質は教育事業全体に影響を与えるだけでなく、国民経済のレベル全体や総合国力の向上に関係し、国家建設の全局面と未来に関係している。高等教育は、その地位と役割の上からいえば、経済や社会の周辺からその中心になりつつある。知識経済の時代において、知識は経済の最も基本的な資源であり、生産の最も核心的要素となっている。知識経済は全世界で主導的地位を占める経済形態となるであろうし、国家の総合力と国際競争力はますます教育発展、科学技術の進歩、知識革新のレベルによって決定されるであろう。

(2) 高等教育は、国民全体の科学や文化の資質を高め、質のよい労働力を作るという重要な責任を担っている。大学は、人材の養成、科学の発展、社会への服務という三大機能を担っており、知識の伝播、生産、応用に直接的な責任を負うもので、ゆえに知識産業の最も核となる部門である。また、大学は現代経済の重要な動力源と持続可能な発展の駆動力となるとともに、その創造的で高度な新知識と訓練された高度な知能を持った人材で社会の発展をリードし推進しなければならない。高等教育は、国家の競争力を確保する

ために世界一流の専門的な人材を養成するだけでなく、国家の指導層の後継者となるにふさわしい人的資源も開発しなければならない。

(3) 高等教育は、研究、創造、知識の伝播を通して、また適切な科学的鑑定を通して、社会のために貢献しなければならない。すなわち文化、社会、経済の発展を促すことであり、科学技術研究の発展、社会における人文科学および芸術の発展を促すことである。

(4) 高等教育は、社会に積極的に参加する機能と道徳的作用を有する。大学は、道徳規範と科学知識を尊重すると同時に、完全に独立してその基本的な職責を発揮し、倫理、文化、社会問題について意見を出し、思慮深い権威を行使することができる。社会が必要とするそのような権威は、社会の思考、理解、行動に貢献するものである。大学及びその教員、学生は、無条件に学術的独立と自由を享有し、全体的な権利と義務として、社会に対する全面的な責任をしっかりと体現しなくてはならない。その思慮深さと道徳的威信を通じて、普遍的に受け入れられる価値観念――とくに、ユネスコの章程にある平和、公正、自由、平等、団結などの理念――を積極的に擁護し伝播する。新しい社会、経済、文化、政治の傾向を常に分析することを通して、その予測と批判の機能を強化し、それによって予測、警告、防備の場を構築する。

1.3 高等教育資源の配分方式

資源もまた社会の産物であるが、生産物の要素として存在して初めて資源と称される。高等教育資源とは、大学における教育や科学研究などの活動の効果的な運営、活用、消耗を確保する人力、物力、財力を指す。それには人的資源、物的資源、財源及び校名などの目に見えない資源を含む。いわゆる資源配分とは、経済の運営プロセスの中で各種の希少資源あるいは有限資源（人力、物力、財力、科学技術などを含めて）が、さまざまな活用面（産業、地域、企業などの方面）で配分されることを指す。資源の配分方式とはつまり経済のシステムとメカニズムのことである。社会経済資源が政府によって配分されるものを計画経済とし、政府によらないで配分されるものを市場経済という。

現在の世界では、各国の政治、経済、文化の歴史的発展や現実の背景はそ

れぞれ異なっていることから、市場の調節と国家の関与という二つの力の緊張と緩和の状態もまた同じでない。したがって、現代では、各国の政治経済体制の各種のモデルが形成され、また市場経済と高等教育の関係にも、各種のモデルがある。高等教育への国家の関与と市場の調節力の違いにより、現代高等教育の資源配分方式は集中型、分散型、複合型という三つのモデルに分かれる。

(1) 集中型配分方式

集中型の資源配分方式では、高等教育の管理と政策決定権は中央政府にある。中央政府の高等教育機関とその他関連機構も含めて、中央政府は、計画、命令、法律、資金配分の監督などの手段を通じて、高等教育を直接的にコントロールし、高等教育資源の配分は政府の計画により進められる。ヨーロッパの資本主義国の高等教育資源配分方式は大体このモデルになる。フランスはその一つである。フランスの高等教育システムでは、最高政策決定権は国民教育・高等教育・研究省にあり、国の高等教育の資源配分は同省により、統一して行われ、大学の大部分の経費は政府から出る。

(2) 分散型配分方式

集中型の対極にあるものとして、分散型モデルがある。この配分方式の下での高等教育の管理や政策決定権は中央政府にはなく、地方政府及びその他の集団の手中にあり、それぞれの自己の意思と方法で高等教育を運営する。高等教育には大きな市場性が現れ、その資源配分も多方面から行われる。現代における関与を伴う市場経済の下では、純粋な分散型はごくまれであるが、アメリカは現在の世界の高等教育体系の中では、分散型の典型とみなすことができる。アメリカでは、国立大学はなく、州立大学か私立大学である。州政府が州立大学の、個人利益集団が私立大学のそれぞれ教育経費の財源の主要なルートである。国の統一した計画・調整がないことから、教育資源配分全体は、市場メカニズムによってなされ、大学そのものまでが市場経済体系の一つの構成部分となってしまっている。

(3) 複合型配分方式

複合型は、集中型と分散型の中間にあり、その特徴は、政策決定と管理の

権限が一部は中央政府にあり、一部がその他の組織や利益集団にあることである。政府と高等教育の間にある種の中間的な緩衝組織や力が働き、それらが政府と高等教育の関係を調整し、計画と市場メカニズムの調和をとり、高等教育の資源配分を協調的なものにしている。当然、総体的な特徴として、その配分方式には多くの特色があり、具体的な実践上では往々にしてまるきり違う場合もある。代表的なものはイギリス、ドイツ、日本である。とりわけ日本は最も典型的な国といえる。イギリスでは、有力な中間段階の組織が国家のコントロールと大学の自主性との間の協調役を果たしていることはよく知られている。この中間組織と分散型配分方式の中間組織の性質や機能は同じではなく、分散型方式では、中央と地方分権との間の橋わたし役として、それを通して高等教育の活動や権限が分散する。イギリスの中間組織には二重の性質と機能がある。一面では、それは国家の高等教育機能を反映し、別の面ではまた大学の自治権の擁護者でもある。それは国家の力と大学の自主性の間の関係を協調させる。それ自体の中に国家の調整と市場の調整の一体となった性質を持つ集中と分散の結合体である。この中間組織としての主要な機構が「大学補助金委員会」(1992年に高等教育財政審議会となる―訳者注)であり、これは、性質上政府に属さない独立した機構であって、メンバーは大学、商工業界関係者からなり、政府と大学補助金委員会の会長との協議によって任命される。その職責は、主に、中央政府の高等教育経費支出金を大学の経常的支出や基本建設支出として配分することである。それ以外にも、政策の各方面について政府や大学に対しコンサルティングや指導をする。政府は資源提供のみに責任を持ち、この資源がどのように各大学で配分されるかは大学補助金委員会と各大学との協議により決定される。

　日本の高等教育資源配分方式は、伝統的に高度に中央集権的なものであったが、第二次世界大戦後はアメリカの影響を受けて分権を実現させた。政府の高等教育への権限は非常に弱められ、地方自治体とその他の各種利益集団の権力権限が強化され、アメリカの高等教育資源配分における中間的組織のようなものを形成している。しかし、よく分析をしてみると、この配分方式とアメリカのそれとの間には実質的な違いがある。アメリカ連邦政府の権限

は非常に制限されているが、日本は依然として政策決定や管理を握る有力な層（つまり国会と文部省＝現文部科学省―訳者注）が存在している。資源配分の面では、学校経費はその設立者が責任を持つ。国立大学は国、公立大学は地方公共団体、私立大学は学校法人によりそれぞれ経費が賄われる。

　ドイツは、日本と非常によく似た経緯を持つ。第二次世界大戦前は、高等教育は中央集権体制下にあり、第二次世界大戦後は同様にアメリカの影響を受け、分権の方向に傾いていった。しかし、日本と比較してみると、ドイツはさらにアメリカ・モデルに近い。ドイツの教育経費は州政府、連邦政府からの資金援助が主要なルートになっている。

2　高等教育財政の基本モデル

　高等教育財政は一種の分配関係であり、また、一種の配分行為でもある。分配関係としては、その性質、特徴、規律を検討することができる。配分行為としてはその管理機能と作用をさらに研究しなければならない。これらの内容は、ある程度、高等教育財政の基本モデルで決定される。

　グローバル化の時代において、多くの大学は財政的に厳しい課題に直面している。スイスのジュネーブ大学の前学長、ルック・E・ウェーバー教授は、次のように指摘する。大学が熾烈な競争の中で優位性を維持しようとするためには、資金源を拡大する必要があり、積極的に政府資金や学費収入以外の財源（例えば、寄付や基金、企業との協力研究費など）の確保の手立てをとらなければならない。同時にまた、大学は、その支出予算を把握し、効果的に資金を配分しなければならない。高等教育資源の危機に対しては、政府や高等教育機関の強力な参与が必要なだけでなく、学生、学生の家庭、教員、専門学問分野の各協会、社会世論などあらゆる受益者がすべて参加することが必要である。高等教育財政には多くのコントロールモデルを採り入れなければならない。

2.1　高等教育財政の国家コントロールモデル

高等教育はまず、教育の公平性を重視しなければならない。教育を受ける機会の平等、教育を受けるスタートの公平とは、どの社会の成員もおおむね平等な条件とルールのもとで平等な教育を受ける機会を享有することを指す。高等教育機関は、教育の公平性を実現するという社会的責任を負っており、この目標に到達しなければならず、客観的にも高等教育機関は社会的責任を履行すべきであり、社会と大衆に責任を負わなければならない。この責任が履行されない場合には、他の社会機構が関与することができ、必要な場合には政府も法規などの手段を借りて関与することができる。

　教育の公平性と教育資源の配分と享受には大きな関連がある。教育資源の配分方式は、歴史的にみて大まかに三つの段階がある。第1は、権力的公平の段階。主に、封建社会や中世のヨーロッパで、教育資源は家父長制的な社会の地位や政治権力に依拠して配分されていた。第2は、能力的公平の段階。教育には社会の生産の発展を促す重要な作用があることを人々が認識するに伴い、各国の教育資源は、学生の能力に依拠して配分されるようになった。第3は、財力的公平の段階。人々は、高等教育も個人投資をすれば社会の声望や経済的利益を獲得する分野の一つだと認識するようになり、教育を受けるものは、高等教育の費用を分担することは当然のこととなった。現在では、能力と財力の要素を結合させて考慮することは、多くの国家の高等教育において採用されている。

　教育資源は限りのあるもので、かつ不均衡性を有する。すなわち地域、学校、時間などその分布が不均衡である。さらにそれらに影響を与える要素として、国家の政策と社会意識の形態及び経済水準、教育人口の変化などがある。

　現在までのところ、公認された教育資源配分の公平原則には次の五つがある。

　第1、資源配分均等の原則 (principle of distribution equality)。これは一斉に開始される横並びの公平の原則で、主に同一の学区や税務区域内のあらゆる学校と児童生徒への基礎教育を保障する財政の公平性である。

　第2、財政中立の原則 (fiscal neutrality)。その基本定義としては、公的な教

育経費支出においてそれぞれの学生に差があるとしても、その学区の富裕度と関係づけることはできない。この原則のもとに、上級政府は、その下級の政府、学校に対してそれぞれに見合った財政支給をし、所轄する学区間、都市間の教育経費の差をなくし、学生に機会の均等を保証する。

第3、特殊なニーズを調整する原則(adjustments for special needs)。少数民族(種族)学生、非母語の学生、僻地および居住地が分散している学生、貧困家庭の学生、女児、心身に障害のある学生などに対しては、より多くの手立てと政府による財政援助を保障する。

第4、コスト分担とコスト補償の原則 (cost sharing and cost recovery)。支払うべきコストは受益者負担の原則によって分担されなければならない。非義務教育段階では、学生に対して一定の教育費用を徴収し、かつ一部の学生には費用の延納などの手立てをとる必要がある。これはある種の垂直的な公平性である。

第5、公共資源は、富めるものから貧困なものに向けて流すという原則 (transmitting the public resource from the rich to the poor)。現段階では、各国の学者はこの原則が教育資源配分における公平性の最終的な基準であるかどうかの判断に逡巡しているが、この原則は、教育財政における公平性の最高目標であり、また教育の機会均等を実現する最も根本的な財政上の要求でもある。

2.2 高等教育財政の多元的モデル

高等教育財政の多元的モデルのもとでは、高等教育経費の財源は主に政府支出、多方面からの調達資金、学生のコスト分担と補償である。財政からの支出には、中央財政と地方財政の2方面がある。多方面からの調達資金には、有償サービス、大学経営企業などを発展させて大学の収入増加をはかるもの、および個人や社会団体の寄付金などがある。多くの国では、学生が費用を納めて高等教育を受けることはすでに人々が認めるところであり、各国は、一部の学生のコスト分担や補償、及びしかるべき学生への資金援助政策を制定している。

(1) 政府支出

政府支出は高等教育経費の主要な財源である。なぜならば、高等教育の最大の受益者は国家と個人であり、政府の支出は実質的に国家の利益のためでもあるからである。ゆえに、各国の高等教育経費の財源では、政府支出が重大な構成部分をなす。

　支出方式についていえば、その政治体制、経済体制、文化背景、教育観などでさまざまな違いがあり、総合的に考察して、大まかに次の何種類かになる。

　①**増分主義モデル**　増分主義支出とは、一種の「基礎数プラス発展」の支出方式であり、その支出増加部分は、主に大学の元の規模に基づいて拡大された部分になる。例えば、新しい専門学科、プロジェクト、あるいは学生募集数の拡大などである。増量部分をどう確定するかは、主に決められた計算式によるもの、経験からの判断によるもの、簡単な増長比率によるものの三種がある。この方式は、90年代以前、とくに70、80年代に世界の多くの国で広く行われた。世界の高等教育大衆化の勢いに乗じて、当時のエリート教育から大衆化教育へと移行する時期にあって、高等教育の急速な発展と大衆のニーズの矛盾に対して政府がとった非常にうまい対処方法であった。しかし、世界各国に経済不況が到来するに伴い、及び高等教育改革とりわけ管理システムの改革が深化するに伴い、この増分支出方式はその欠陥を徐々に露呈し始めた。例えば、型通りであったり、融通が利かないものであったり、教育の質と効率を無視していたり、積極性を正しく調整できないといった欠陥が表面化してきた。その結果、徐々に計算式モデルや契約モデルにとって代わられた。

　②**計算式モデル**　計算式モデルとは、先進工業国で80年代に徐々に出現し、整備されてきたもので、政府が学生一人当たりの平均的なコストに基づいて支出することを指す。学生一人当たりのコストの要素の構成に対して、それぞれの割合を与える。計算式モデルにおいては、その割合が大学の競争的な経費獲得、学生を募集する専門学科の見直し、学籍管理の制定などのバロメーターとなる。多くの国は計算式モデルの中のそれぞれの要素の割合を確定するとき、主に学習時間、専門学科の類型、学習の程度と段階などを考慮し、

平均的な学生一人当たりのコストによって支出額を確定する。例えば、デンマーク、オランダ、ドイツ、ノルウェーなどの国は、支出時に学生の学習年限を限定する。計算式モデルは絶えず整備され、例えば実際の学生一人あたりのコスト支出に対して評価を行い、計算式による支出を学校全体の改革と結合させることなどが行われる。この支出方式の優れたところは、ますます多くの国に認められ、取り入れられるようになっている。

　③契約モデル　契約モデルは、入札募集という形式をとる。この方法は、大学の科学研究費の割当計画に早くから使用されていた。70年代に多くの国で経済が伸び悩み、教育経費が逼迫する局面が出てきたとき、政府やその他の部門は入札募集という方式で大学に経費を提供した。デンマーク、オランダ、イギリス、フランスなどがこの方式を取り入れた。契約支出という形式そのものは、学校内部での評価あるいは政府組織による評価を含むので、契約モデルを使用することは、大学の自主的な経営の積極性を生かし大学の質を向上させることにはプラスとなる。しかし、この支出形式にはいくつかの欠陥がある。例えば、大学の基礎学科や基礎研究、学科の発展や学術の革新、研究成果のスムーズな伝播、学術の自由などの方面にとってはマイナスとなる要素を持つ。

　④学費助成モデル　学費助成モデルとは政府が直接に学生の資金援助のための支出をすることであり、その形式は多種多様である。例えば、直接大学に支給して、増分支出、計算式による支出、契約による支出の一部とされる。学生に対しても直接に支給される。全額支給もあるし、また部分支給もある。さらに、平均的に支給（一律支給）したり、差別支給（傾斜支給）したりする場合もある。学費助成支出には4種類の形式があり、欧州の各福祉国家や一部の社会主義国家の学費の全額助成、オーストラリア、イギリス、ドイツ、マレーシア、シンガポール、台湾などの国や地域で行われている奨学金や貸付金、学生やその父母に直接支給される学生証明プランやクーポン制度などがある。

(2)　多様なルートによる調達

　各国政府は高等教育経費をできる限り多く負担し、かつできる限り学生に

対する援助を提供しようとしているが、国の財力には限りがあり、経費の不足は簡単に解決できるものではない。大学の中にも政府への財政依存を軽減する必要があることを認識するところが出てきており、また、大学生に一律に援助することが公正性に欠けているということも徐々に認識されるようになっている。そこで、明らになりつつあるのは、多様なルートによる財源の調達以外に道はないということである。多くの国の実践もまた、多様なルートからの資金調達は有効な方法であり、長期的に堅持されるべきであることを示している。それは資源の利用率と大学内部の効率を高めることや大学の規模の拡大にプラスとなり、公平性を高めることにもプラスとなっている。多様なルートによる経費調達には、家庭への資金援助の考え方と範囲を広げること、また学生に対するコミュニティからの資金援助や校営産業の収入を増やすことなどいくつかの面が含まれる。

　世界銀行のある研究によると、ラテンアメリカとカリブ海諸国の家庭と個人は、高等教育への負担が増えて35％にまで達し、ラテンアメリカ各国は貸付金制度を広く導入した。チリ、コロンビア、コスタリカなどの国公立大学と私立大学の学生納付金からの収入は全収入の3分の2を占めている。アフリカ各国の大学は、多様なルートで経費を調達する面ではすでに歩み出しており、ケニア、マラウイ、ジンバブエなどの大学も、学生納付金を徴収し始めている。ガーナ大学では情報提供サービスを展開し、アフリカでの英語使用国6カ国では学生ローンを行っている。アジア各国でも大学の経費調達に多元化の傾向が出ており、タイでは1999－2004年の高等教育長期計画で大学の自立が強調され、学生納付金や学生ローンを増加させる実施要領が提案された。シンガポール政府は、すでに学生納付金徴収の長期目標を公布した。それによると、納付金が学校の経常経費の30〜40％に達するようにするもので、同時に学生ローン制度も登場してきている。

　先進工業国も近年、同様に多ルートによる高等教育経費の調達を重視しており、それらの国の主要な方法は次のようなものである。

　①学生納付金収入の学校総収入に占める比率を高める。日本、アメリカ、イギリス、スペインなどは、学生納付金、検定費、食費、寄宿費の徴収基準

を引き上げた。

②貸付金の範囲を拡大し、貸付割合を高める。アメリカの学生ローンは、学生への全援助金の50％以上を占め、イギリスは1990年から新貸付計画を発足させ、日本は学生に対する援助はすべて貸付にしている。

③その他の部門や業界からの科研費支給、資金援助、科学研究の契約による収入を増やす。イギリスでは、科研費支給や契約研究による収入の大学収入に占める割合が、1980年の13％から1999年には20％以上にもなっている。アメリカでは、大学の総経費の中で、連邦や州政府による科研費支給や契約収入が10％、民間の科学研究機構からの科研費及び契約収入が5％を占めている。

④大学のコンサルティング業務や教育科研サービスからの収入を増やす。ドイツのこの面での収入は1985年以前の15年間から比べて50％増加し、工業部門の大学に対するそれらは、80年代全体の2倍以上になっている。

⑤その他のサービスやビジネスの収入を増やす。オランダのこの取組みでの収入は、大学の総収入の8％、ポルトガルのそれは6～8％を占めている。アメリカは、1970年の約17％から1985年には21％以上になっている。その中で、各国が海外からの留学生を呼び込み、学校の収入増にしている傾向は注目に値する。例えば、イギリスでは、留学生の学費収入は年平均120億ポンドになり、大学内に設置された「海外留学生連絡」組織が、1980年から1990年の間、海外からの留学生を通して得た収入は、1.25億ポンドにもなっている。ウォリック大学の海外留学生数は20年前10.4％であったものから1998年には17.3％まで上がっている。

⑥雇用主による一部の学生や研修学生などへの経費提供や、商工業界、慈善団体・機構や校友会メンバーなどの寄付を増やす。

(3) 学生納付金の徴収と援助政策

公的な高等教育経費は世界的に限りなく増加しているが、それが高等教育への公的資金の投入を引き続き増加させることになる。また、受益者に高等教育のコストを分担させることになる。しかし、大学生から納付金を徴収するかどうかや、またその徴収の割合や基準は、国によってまちまちである。

デンマーク、フィンランド、ドイツ、ギリシャ、ノルウェー、ポルトガルなどの国は全日制大学生に対して納付金を徴収しておらず、かつこの政策は引き続き行われている。これとは反対に、日本は、一貫して大学生からの納付金徴収政策をとっている。とくに私立大学では、学費が学校全体の経費収入の67％を占めているが、日本の政府は公的経費の配分では、大学生への各種奨学金、就学援助金の額をまだ減らしたことはなく、かつ私立大学をも国の大学とみなし、援助を行っている。日本の大学生のほぼ80％は私立大学に通っており、このことから日本の学生納付金徴収制度は日本の高等教育経費及び教育発展に対して重要な意味を持つ。

　上述した2種類の国は両極端の代表であり、多くの国はこの二つの中間にある。アメリカが実施しているのは、「緩やか」な徴収政策で、公立大学の徴収基準は一人当たりで経費コストのわずか15％であり、私立大学でも50％にはならない。このほか、アメリカの政府と学校は、さらに学生のためにさまざまな援助金を用意している。オランダは、国の教育経費不足を補うため、1984年に大学生からの学費徴収制度を始めた。1985年の学費収入は、学校の総経費の12％となり、1988年になって、学生納付金がようやく学校の経常的経費の15％を占めるようになった。シンガポールでは、学生納付金徴収政策を実施するとき、就学援助金制度をしいている。実際の学費は、名目学費のわずか15％〜20％ぐらいで、学生が実際に負担する学費も、政府の学生一人当たりの経常支出の3分の1だけである。

　いくつかの国では、学生納付金徴収政策に対して疑問が出されている。学生の入学機会の平等に影響を与え、不公平を生み出すといった批判である。しかし、多くの国の経験では、大学が学生納付金を徴収するのは時代の趨勢であって、徴収政策の必要性が国のその他の財政政策と一致協調したに過ぎない。また、政策の策定と実施には国の経済、政治、文化的伝統と価値観を考慮する必要がある。すなわち、政策を実施するためには適切な環境を整えなければならないのである。国の大学生への直接資金援助政策は、その資金の償還方式により、無償の就学援助金モデル、学生ローンモデル、混合援助モデルという三種類がある。

①**無償就学援助金モデル**　このモデルの出発点は、一般家庭あるいは貧困家庭出身の学生にも同じ様に入学機会と学習条件を与えることであった。最も大きな特徴は、資金を償還する必要がないことである。多くの社会主義国家、旧ソ連、フランス、1983年以前の西ドイツ、1990年代以前のイギリスにおいて行われていた大学生資金援助モデルがこれに属する。この無償就学援助金は、国が規定する支給条件に基づき、学生の家庭状況を調査した後、政府主管部門により、または学校を通じて学生に支給される。一般的にいえば、就学援助金を受ける条件に符合するあらゆる学生はこれを獲得する権利を有し、政府はそれを支援しなければならない。例えば、イギリスとフランスの就学援助金は法的に認められたもので、強制的、義務的であり、かつ、これらの国は奨学金を無償で提供するだけでなく、学費の免除政策もとっている。(イギリスでは、学生から学費を徴収するが、学費は教育当局から学生に払い込まれる。)

②**学生ローンモデル**　日本、コロンビアなどいくつかのラテンアメリカの国々はすべてこの種の学生ローンを導入している。例えば、日本の学生ローンの主要な機関は、日本育英会（2004年4月独立行政法人日本学生支援機構に整理・統合―訳者注）で、1943年から1989年までその資金援助を受けた学生は421万人、貸付総額は1兆6490億円となっている。学生ローンは、学生の申請に基づき、専門機関（政府の責任部門ではない）――例えば、日本では日本育英会、英国ではスチューデント・ローンズ・カンパニー（政府系金融機関）など――を通して、学生に貸与されるもの、あるいは、政府が提供する担保（アメリカのいくつかのローン・プロジェクト）によるものや、一般銀行によるものがある。学生ローンは一般的に約定で期間を定めて償還しなければならず、大多数の国の償還期間は10年であるが、インドネシア、コロンビアが5～7年、スウェーデンや旧西ドイツが20年としているように、国によって差がある。ある国では学生を激励するために、学生ローンの債務の減免制度を行っている。例えば日本では、学業成績の優秀な学生には、一部のローンを減免するし、旧西ドイツでは成績が上位30％以内で、繰上げ卒業するもの、あるいは前倒しでローンを償還するものには、一部債務を免除するという規定

があった。アメリカでも、卒業後、困難な仕事に従事する場合、あるいは軍に服役する場合は一部奨学金を免除している。

　③**混合資金援助モデル**　このモデルは、現在先進国で最も流布している直接援助モデルであり、アメリカ、カナダ、スウェーデンが1990年以後採用している。このモデルの優れたところは、各種の援助方式がすべてその役割を発揮し、かつ相互に補完しあうことである。例えば、生活補助金制度は貧困学生に学費を支給することで基本的な生活水準を維持し、ローン制度は学費の高い学校で学びたいという願いを満足させる。そのほか、援助を受ける学生は一般に生活補助金、ローンなど多種の方式の資金援助を同時に受ける。かつ往々にしてローンを受けることを前提に生活補助金を受けるものとして、カナダ各省と米国の「教育機会均等補助生活援助金」にともによく似た規定がある。例えば、カナダのニューファンドランド州が最初に学生に提供した400カナダドルの生活補助金はローンの形式でなければならないと規定されている。

2.3　高等教育財政の補償モデル

　コスト概念を教育の領域に取り入れたのは、西欧の教育経済学者である。高等教育のコストとは、一般に、一人一人の学生を養成する過程で費やされる一切の費用、いわゆる一単位生産の費用を指す。高等教育のコスト概念には、広義のそれと狭義のそれとがある。広義の高等教育のコストには、高等教育の社会的直接コストと間接コストがあり、教育を受ける者個人の直接コストと間接コストがある。高等教育の社会的直接コスト（社会がそのために直接負担する費用）とは、政府が学生養成のために投入する資源及びその他社会団体、個人の高等教育に対する寄付金、給付金などを指す。また、社会的間接コストとは、高等教育機関が使用する資源が、もし教育にではなく、その他の方面に用いられていれば、獲得が可能であった収益を指す。教育を受ける個人の直接コストとは、学生あるいは家庭が高等教育を受けるために支払うすべての費用すなわち学費、書籍費、文具及び生活費を指す。また、その間接コストとは学生本人が法定就業年齢に達して、高等教育を受けることに

より放棄した就業収入を指す。高等教育のコストの分担と補償の角度から検討すると、高等教育のコストの分担と補償とは、主として高等教育の社会的直接コスト、すなわち、高等教育機関が学生を養成するのに実際に使った費用を分析することであり、これこそ、狭義の高等教育コストである。高等教育のコスト分担は、主に中央と地方の政府が、各自の財力状況に基づいて、高等教育費用に対して合理的な分担をすることである。高等教育のコスト補償とは、高等教育の受益者各方面（政府を除く）が、各自の収益の高低、及び支払い能力の大小により高等教育費用を補償することである。

(1) コスト補償と教育活動が行われる期間との関係で、コスト補償の形式は即時納付制、前納制、延納制の3種になる。

　①**即時納付制**とは、学生が毎学期、または学年当初に一括して学費を支払うことである。以前からあるいは各地で比較的多く実施されているコスト補償形式である。その長所は、学校経費の財源が確保されることで、コスト補償中の不確定要素が軽減される。

　②**前納制**とは、学生が高等教育を受ける前に家長により現行の価格に基づいて学費全額を支払うこと、または子どものために貯蓄という形であらかじめ学費を蓄えることである。この長所は、学費の値上がり、インフレなどの負の要素に影響されることがない。また、あらかじめ用意された資金は、高等教育財政の危機緩和にプラスとなり、かつ高等教育経費の良好な循環となる。欠点としては、まだそれほど実践されておらず、試みの段階にとどまっていることと成功例が少ないことである。

　③**延納制**とは、学生が将来の収入、あるいは服務によって現在の学費を支払う形式である。学生ローン、卒業生税、服務契約、奨学金などの形式がある。

(2) 負担者の特性の違いによって、3種類の補償モデルがある。

　①成績のかんばしくない者が負担する。

　②成績優秀者がコストの分担を主に引き受ける。例：アメリカの私立大学

　③平均的に負担する。例：中国の学生募集一本化（用語解説参照）後の徴収制度

(3) 高等教育のコスト補償を国別にモデル化すると、アメリカ・モデル、日本モデル、オーストラリア・モデルがある。

①**アメリカ・モデル**　アメリカ・モデルはあらゆるコスト補償の形式を持っており、かつ多元的である。1990年代、貸し倒れのリスクを回避するため、クリントン政権は、「国家サービス」プログラムを創設した。それによると、学生は、卒業後の収入がローンを返還するのに十分でない場合、2年の社会サービス業務（例えば、社会の治安維持、教育、困難家庭へのサービスなど）に就くことで、債務の弁済に充てることができる。このようにすると、一方で、大学へ行きたいという青年すべてに卒業後の債務返還への懸念を軽減し、一方では、コミュニティの社会事業に資質の高い人材を提供することができる。アメリカでは、学費の前納制として、学費貯蓄プログラムと州の学費前納プログラムがある。学費貯蓄には、それぞれ州貯蓄、連邦貯蓄そして商業貯蓄などがある。（具体的には、4章2節参照）

②**日本モデル**　日本モデルには、日本以外に、韓国、フィリッピン、ブラジル、台湾なども含まれると考えてよい。このモデルは、即時納付制と延納制をドッキングさせたもので、その特徴は次の二点である。

第1に、国・公立と私立の学費の差が大きく、家庭の負担比率が大きい場合。統計からみると、日本の国公立と私立の学費の差は、1985年の2.45倍から1999年には1.96倍になった。韓国では、1995年の『韓国教育指標』によると、韓国の私立大学の学費は公立大学の約2倍である。これらの数字は、アメリカの数字と比べてみると、それほど驚くべきものでもないが、日本の場合は、私立大学に通う学生が70％から80％以上になることを考慮すると、多数の成績が普通の学生及びその家庭の負担する学費がかなり高いことを意味する。これにより、社会的見地からして、家庭負担の比率は相当に大きい。日本を例にとると、1990年の公立、私立の大学、短期大学合計の家庭の高等教育経費の分担は60％に上っている。

第2に、コスト補償の形式が単一である場合。コスト補償の形式からみれば、この形式を採る国は、一般に延納制のうちの学生ローン方式を採用している。学生ローンは通常、政府の機関が支給と管理の責任を負う。日本では、

日本育英会 (The Japan Scholarship Society)、韓国では韓国奨学基金 (The Korean Scholarship Society) である。貸付の形式は、主に商業抵当貸付で、学生は卒業後定期的に償還しなければならない。日本を例にとると、貸付にはそれぞれ無利子貸付と有利子貸付の2種類がある。無利子貸付は、主に高等学校以上(高校生を含む)の教育機関に就学している家庭の経済が困難な学生に対するものである。無利子貸付にはまた、一般貸付と特別貸付がある。特別貸付は、家族が失業または死亡、病気など、あるいは火災、水害などの自然災害による想定外の家計の危機に面した学生に対して行われる。1984年に特別貸付は廃止され、有利子貸付が創設された。有利子貸付の対象に高校生は含まれず、無利子貸付に比べて、より自由な原則が注目されている。1999年、さらに大きく変化し、貸付を受ける人数の増加、貸付制限の緩和、選択的な貸付月額などが導入された。

③オーストラリア・モデル　オーストラリアでは、1989年に「高等教育費用負担制度」(HECS＝Higher Education Contribution Scheme)が始まった。この制度は、制度見直しの後、即時納付制と延納制をドッキングさせ、高度な柔軟性を持つようになり、教育界から好評を得ている。特徴として次の三点がある。

第1は、学費が専門学科によって異なることである。学生の専攻の違いにより、三つの級に分かれる。第1級の徴収学費は3,521オーストラリアドル。専攻学科は、芸術、人文科学、社会科学、行動科学、教育、視覚／表現芸術、看護、司法と法学研究。第2級の徴収学費は5,015オーストラリアドル。専攻学科は、数学、計算学科、健康科学、農業／再生資源、建築環境／建築学、自然科学、工程／加工、行政管理、商業と経済。第3級の徴収学費は、5,870オーストラリアドル。専攻学科は、法律、医薬学、医学、歯学、歯科学と獣医学[3]。

第2は、学費の割引があることである。学生は学校が始まるとき、一括して学費を納めると割引される。1989年に実施されたHECSは、学生が負担すべきコストを一括払いにすることを選択すると15％の割引を設けた。また、後になって、さらに一括払いを推奨するために連邦政府は割引率を25％にした。

第3は、収入とリンクした貸付であることである。貸付期間を短縮してできるだけ早くHECSの債務を回収するために、償還比率、償還割引などの面で詳細な規定が設けられた。同時に、税務署は債務償還延期と関連する事柄に責任を持つ。例えば、HECSの償還債務の計算方法と物価指数の変更などの措置が取られることである。(具体的に4章4節で詳述)

原注
1 世界銀行:『1997年世界发展报告:变革世界中的政府』、p. 26 北京 中国财政经济出版社 1997。
2 Buchanan, An Economic Theory of Clubs, *Economic*, 1932 p.2.
3 http:www.hecs.gov.au/pubs/becs2001/contents.htm.

2 高等教育の財政支出体制の国際比較

　高等教育への財政支出は、高等教育の財政体制を集中的に表現する。高等教育財政は、当該国の教育体制と財政体制の状況によって決定され、それらの形成と発展は必然的にその国の政治、経済及び歴史文化という背景を強く反映する。同時に、高等教育の財政支出体制の運営はまた教育と財政の両体制に対して絶えず新たな要求を提起する。そして、両者のさらなる改善を促し、政治、経済、歴史文化の発展を推し進める。

　本章では、アメリカ、イギリス、日本、オーストラリア4カ国の高等教育財政支出の歴史、現状、発展の趨勢を紹介し、それらを比較する中で財政支出の体制には共通性と個性とが存在することを提示し、わが国の高等教育財政支出体制を構築し改善する上で有益な示唆となるものを探求する。

1 アメリカにおける高等教育財政支出体制

1.1 アメリカにおける高等教育財政支出体制の歴史的発展

(1) 高等教育財政支出体制の形成 (17世紀－19世紀中期)

　独立戦争前まで、高等教育に関する考え方とモデルはすべてヨーロッパから直接移植され、植民地行政の管轄区域ごとに大学が1つ設立された。アメリカ最初の大学であるハーバード大学、その後に続くイエール大学、プリンストン大学、ペンシルバニア大学、ブラウン大学といった植民地大学の財政

運営はすべて各植民地議会が提供する「土地と金銭の贈与」に頼り、後になっても綿花の売上税収入で資金援助がなされたが、これが政府による高等教育に対する最初の財政支出の形式であった。宝くじ、学生の費用負担及び教会の寄贈も植民地大学の重要な収入源であった。

　独立戦争後、連邦政府はすべての州に土地を贈与することを決定し、各州の神学大学の創設を支援した。これが各州での州立大学の雛形となった。州立大学が最初に取得できた資金は多くはなく、州政府の援助もわずかな額でしかなかった。1801年、民衆の高等教育に対する渇望を満たすために、ノースカロライナ州議会が州立大学に財政資金を援助することを承認した[1]。1819年、バージニア州が州立大学へ資金を毎年度支出することを法律で定めた。こうした支出に法的根拠をもたせるという最初の形式が、現在に至るまで一般に採用されている。

　この時期は、植民地政府はもとより後々の州政府と連邦政府でさえ、高等教育に対する財政支出は規模が小さく、固定したものでもなかった。法律によって支出をしたところもきわめて少なかった。連邦政府は主として各州に土地を贈与することで間接的に財政支出を行った。政府は、財政支出をしても、大学の業務に関与することはきわめて少なかった。

(2) 連邦の高等教育財政支出立法の開始（19世紀中期－同世紀末）

　1789年、アメリカ合衆国憲法第10条修正案の規定は、「本憲法がまだ連邦政府に授与していない事項、または州に禁止を付加していない事項は、すべて各州及びその州の州民の留保権に帰属する」[2]とした。この条項は直ちに教育権に及ぶものではなかったが、憲法が教育は連邦政府の管轄事項とする規定をもたなかったことから、教育権は自ずと各州が行使するものとされた。アメリカの教育体制の分権主義の原則はここで確立された。それ以来、州立の大学が次第に発展し、その他の高等教育も急速に発展した。ただし、教会による学校への関与と経済社会の発展に伴う学校自身の規模の問題は、国家の高等教育に対する関与を喚起した。1862年、バーモント州選出の連邦議会議員モリルは、連邦政府が高等教育に対するコントロールを強めるために大学に土地を提供する法令を議会に提出した。その後、連邦政府は「モリル

大学土地贈与法」を承認したが、同法令の規定は各州に土地を贈与し、そこに大学を建設して、全公民のために農業、機械技術、古典文学等の新課程を開設することによって経済発展のニーズを充足させるとしていた。モリル法は、アメリカ史上初の、国家の法整備と経済的手段をもって高等教育に関与、調整する新たな時代をスタートさせた（王春、2000）。19世紀後期の「ハッチン法」は、政府が資金を提供し、大学等の高等教育機関が農業試験場を開設し一般大衆向けに農業分野の知識の普及を奨励することを定めた。また、政府が大学に対し国家目標の達成を刺激するような支出体制を整備することを求めた。1890年に公布された「第二モリル法」は、高等教育機関が資金援助を得るには必ず政府の求める要求を達成すること、その要求が満たされない場合、政府は支出した資金を回収することができると規定した。政府の求める要求とは、内務長官と財務長官に対し、援助された資金の使用状況と学校経費の統計書類を提出しなければならないこと、同時に、新入生を募集するときに人種差別をしてはならないことであった（陳列、1998）。連邦が公布した一連の法令は、高等教育に対する国家の関与を強化し、主として経済的手段すなわち資金援助を通じて、高等教育を政府が設定した目標に誘導し、発展させた。

　この時期における財政支出は以下のような特徴をもっている。第1は、憲法の発布により連邦と州政府の高等教育に関する責任と権限の分割が明確になったことである。高等教育の管理と直接の財政支出は州政府によって行われ、連邦政府の財政資金援助は依然として間接的なものであった。第2は、連邦の高等教育財政支出の範囲がより拡大されたことである。それは土地の贈与によって各州の新大学建設を支えただけでなく、特別法の制定によって農業技術等の科学知識の普及もはかられた。第3は、連邦の資金援助は基本的に制限や付随的な条件を加えなかったものの、それにより政府法令の政治的な意図を徹底させるという新しい法制化の試みをスタートさせた。例えば、「第二モリル法」においても、人種差別を禁止する規定が盛り込まれていた。第4は、一連の高等教育に関わる法規の公布は、連邦政府が法整備を通じて高等教育の発展の道筋をコントロールし始めたことを示していた。

(3) 高等教育財政支出の大発展（20世紀初－同70年代末）

　1929-1933年の大恐慌はケインズ主義を発生させ、連邦政府は高等教育の発展を誘導する法整備に力を入れた。1947年に発表された「ボーウェン報告」は、公民はすべて高等教育を受ける権利を享有すべきであるとし、家庭の貧富、性別、人種、宗教的信仰あるいは障害の有無にかかわらず差別してはならないとした。この報告は、連邦と州政府が高等教育への財政援助を急ぐことを促した。第二次大戦終了後、連邦政府は「軍人福利法」を制定し、退役軍人の大学進学を資金的に援助することとした。「ボーウェン報告」と軍人福利法の施行により、連邦政府と州政府から大量の資金がアメリカの各種高等教育機関に流れ込んだ。1939-40年度に、アメリカで学位授与権を有する高等教育機関の経常的収入の総額は7億1,520万ドル、そのうち連邦からの財政支出は3,890万ドル、州政府からの支出は1億5,120万ドルで、それぞれ総額の5.4％と21.1％であった。1969-1970年度になると上記に該当する高等教育機関の経常的収入の総額は215億1,520万ドルに達し、連邦からの財政支出は41億3,010万ドル、州政府からの支出は58億7,360万ドルで、1939-40年度と比較すれば連邦支出は105倍、州支出は37倍の伸びで、両者が占める割合は19.2％と27.3％となった[3]。連邦政府の財政支出の増え方が州政府のそれよりもより急激になっていることは、連邦の高等教育に関与する力が一段と強まったことを示している。

　1960年代になると、連邦は立法措置を講じて各種の資金援助方式で高等教育を支えていたものの、いずれもある方面に関わるものであった。1965年公布の「高等教育法」は、アメリカ史上最初の高等教育に関する特別法であり、連邦がアメリカの高等教育の発展の中でこれまで以上に積極的かつ直接的に役割を発揮する意志のあることを表明するものであった。これ以来、従来のようにまず課題を設定した上で支援するかたちを放棄し、高等教育事業の業務に直接的に参与することがますます増えていった。例えば、人種不平等に対して、連邦は1968年「アクション・プラン」を制定し、100万ドル以上の支出を受けている高等教育機関は、教職員を雇うときに人種差別をしてはならない、これに反すれば、連邦はその学校に対する財政援助を撤回

するとした[4]。このように、連邦の資金援助は政治的意図が明らかであった。60年代はまさにアメリカ経済が急速に発展した時期であり、この時期に各州政府の高等教育への財政支出の考え方が統一されるようになるが、高等教育の法的管理においてはさらにこの傾向が現れる。州が公布した高等教育関連の法規は州立の高等教育機関に対して強制的な性格を有した。例えば、カリフォルニア州は高等教育に対する基本支出方針と資金援助計画を初めて法律の形式で確定し、コミュニティ・カレッジの高等教育の中での地位を明確にし、高等教育を公立と私立に区別し、公立高等教育機関をまたカリフォルニア大学系統（研究を主）、カリフォルニア州立大学系統（教育を主）、コミュニティ・カレッジ系統（成人教育を主）という3つの層に分類した[5]。カリフォルニア州の計画は州内の高等教育の発展を全面的に計画するもので、以来、多くの州が類似の計画を採用し、高等教育の長期的発展のガイドラインとするようになった。同時に、設置形態の異なる高等教育機関を明確に区分することも州政府の高等教育支出の政策的重点を具体化したものであり、州立・公立大学が最も多く経費援助を獲得し、受ける監督も最も厳しかった。

　1970年代のアメリカ高等教育は依然としてその前の10年間に続く急速な発展を遂げていたが、経済不況の勃発と就学人口の逓減などが原因で、政府の高等教育財政支出の増加は小幅となった。しかし総額は依然として増えた。1979-1980年度に、学位授与権を有する大学の経常的収入は総額585億1,998万ドル、1969-1970年度の215億1,540万ドルと比べてまさに2倍近くの伸びであったが、そのうち連邦からの支出は89億284万ドルで総収入の15.2％を占め、1969-1970年度の19.2％と比べると4ポイント低くなった。他方、州政府の支出は183億7,829万ドルで、当該年度の31.4％であったが、1969-1970年度に比べると4ポイント伸びた[6]。この分析から明らかなように、連邦支出は総額においては依然として増えているが、高等教育機関の総収入における比重はむしろいくらか低下した。それに対して、州政府からの支出は総額の伸び幅、伸び率のいずれも急速に高まり、さらに州政府の大学財政支出は連邦政府の支出よりいっそう重要性をもつことを示した。高等教育への財政支出は、60年代の州と連邦政府の共同分担から州政府による支

出が主となったといえるが、原因は州が高等教育の発展のなかでさらに重要な役割を発揮しなければならないと認識するようになったこと、また、高等教育の財政支出にいっそう力を入れるようになったことである。この他に、高等教育に対する財政支出と資金補助には法制上の改善がなされたことがあげられる。1972年、ニクソン政権は「高等教育修正案」を通じて基本的教育機会に関する助成金制度を創設して学生への最も基本的な助成金とし、以後、資金補助を必要とする学生に対して直接に資金を提供したが、これは連邦政府が初めて法定形式で直接に学生への資金援助を行ったものであった（それ以前は、連邦からの学生に対する資金支出のかたちは、資金が直接交付されるのは大学であり、大学は実施管理の責任を負った）。1978年、カーター政権は「中所得家庭学生助成法」を制定し、法令に規定する大学生は、家庭収入の状況と必要の如何にかかわらず、すべて基本教育助成金とその他の連邦の奨学貸与金に申請することができるとし、連邦の対学生資金援助の範囲はさらに一歩拡大された。各州もまた、一連の学生援助計画を公表し、連邦補助金とのマッチングを展開した[7]。総じて、70年代末には、アメリカの高等教育財政支出体制は整備が完了したといえる。

　20世紀初頭から1970年代末までの間に、アメリカの高等教育は長足の進歩を遂げ、高等教育への財政支出体制は日を追って整備された。その主要な表れとして以下の諸特徴が指摘される。第1に、高等教育財政支出は国家が全面的に関与する軌道上を歩み始めたことである。連邦は、1929-1933年の大恐慌を契機とし、その後は財政支出を通じてより多くより直接的に高等教育業務に介入した。州政府の高等教育支出における地位もますます重要となった。両政府の共同関与がこの時期の高等教育の一大発展の最も重要な要素であった。第2に、連邦はさまざまな時期に経済社会の発展の需要に応えて高等教育を発展させる法整備を重視し、70年代末までに高等教育を発展させる法体系の構築を基本的に完成させた（**表2-1**参照）。第3に、連邦と州はそれぞれ高等教育業務に参与する有効な体制を形成した。すなわち、連邦政府は主として財政資金支出をもって高等教育に条件付きの支持を与えてその発展を国家目標に合致させ、同時にさまざまな時期に必要に応じて法的な

表2-1　連邦政府が高等教育に関連して公布してきた主要法律

時　期	法　律	目的及び主な内容	備　考
1789年	憲法第10条修正	あらかじめ憲法で連邦に委任されず州に対して禁止されなかった事項として、州は教育の権限を留保	アメリカの高等教育分権確立の意思表明
1862年	モリル大学土地贈与法	各州に土地を贈与して、州が全公民にサービスを提供する高等教育機関を創設することを支出	連邦による初の立法形式での高等教育に対する関与
19世紀後期	ハッチン法	支出によって大学が農業試験場を開設し、農業の科学技術知識を普及することを奨励し、大学を国家経済発展に服務させることを誘導	国家目標に対して大学づくりを行う政策的傾向の現れ
1890年	第2モリル法	政府は支出を行う場合には条件を設定。すなわち、大学は必ず経費の使用状況を報告すること、入学生の人種差別をしてはならない	支出によって高校を政府の政治的意図に合致するように発展を誘導させることが始まる
1944年	軍人福利法	退役軍人で大学に進学する者には学費と生活費を提供	連邦による初の立法形式での進路学生に対する関与
1958年	国防教育法	連邦の高等教育に対する支出は国防義務の一部であることを規定	連邦初の貸与事業—国防学生貸付金を創設
1965年	高等教育法	目的は法律で高等教育の発展における連邦政府の地位と役割を規定	連邦初の高等教育専門の法律。1968, 1972, 1976, 1986年に改定
1978年	中所得家庭学生助成法	家庭の経済状況やニーズの如何を問わず、すべての学生は基本的な教育機会の助成金と貸付金に申請できることを規定	学生に対する連邦の資金支出の範囲をさらに拡大

誘導を行った。ただし連邦法は、その基本的性格として大学に対する強制を伴うものではなかった。州政府は高等教育機関（主として公立学校）に対する全面的責任を負い、自州の高等教育法令の制定と計画を通じて目標を有する各種の大学に対する支出と助成を行い、州の制定した法律は州内の大学には強制を伴った。第4に、60年代以降、各州にはコミュニティ・カレッジが出現したが、これもまたアメリカ経済が一定の段階に発展したことに伴って、高等教育が大衆化に向かう必然的な傾向であった。政府の高等教育財政支出の大幅な増加、また大衆的な高等教育ニーズの拡大はコミュニティ・カレッジの誕生を促したが、コミュニティ・カレッジへの支出は主に州政府を拠り

どころとし、それと対比すれば連邦の支出は少なかった。第5に、カリフォルニア州が大学を公立と私立に分けて支出を計画するようになった。以来、アメリカの高等教育機関は公立と私立の区分をもち、この区分も州政府の大学に対する財政支出に直接に影響した。州政府の高等教育支出の圧倒的な部分は公立大学とコミュニティ・カレッジに向けられ、私立大学が自州から直接に受け取る財政支援は大変少ないか、まったくなかった。

(4) 高等教育財政支出の調整と改革（20世紀80年代以降）

1980年代に入ると、アメリカ経済に衰えが現れた。高等教育の財政支出に関しては、主として以下の特徴がみられる。

第1に、高等教育に対して連邦が担ってきた責任が減退し始めたことである。サプライサイド・エコノミックス学派が国家財政政策を主導し、公立の高等教育に資金を投ずることは公平原則に合致せず、競争の機会を導入すべきこと、公立と私立の高等教育機関は平等な基礎上で競争を通じて連邦の資金支出を獲得すべきであり、連邦はもっぱら貧困家庭に対する資金援助を準備すべきであると主張した。表2-2の示すように、学位授与権を有する公立大学に対する連邦支出の総額は、1980年代の55億4,010万ドルから1990年の97億6,340万ドルへと76.2％の伸び幅であった。同時期の州政府の支出と学費及び大学の販売・サービス収入の伸び幅はそれぞれ94.3％、

表2-2 学位授与権を有する公立学校の経常的収入における財源構成

単位：1000米ドル

年度 源泉	総額			総額に占める割合（％）		
	1980-81	1885-86	1990-91	1980-81	1885-86	1990-91
学費	5,570,404	9,439,177	15,258,024	12.9	14.5	16.1
連邦政府	5,540,101	6,852,370	9,763,427	12.8	10.5	10.3
州政府	19,675,968	29,220,586	38,239,978	45.6	45.0	40.3
地方政府	1,622,938	2,325,844	3,531,714	3.8	3.6	3.7
私人の寄付、就学援助、契約収入	1,100,084	2,109,782	3,651,107	2.5	3.2	3.8
寄付	214,561	398,603	431,235	0.5	0.6	0.5
販売・サービス	8,455,449	12,990,670	21,546,202	19.6	20.0	22.7
その他	1,016,110	1,667,600	2,482,819	2.4	2.6	2.6

資料出所：アメリカ国家教育統計センター（http://www.nces.com）

173.9％、154.8％であった。公立大学の財源構成をみると、1980-1981年度の連邦、州政府の支出及び学費、販売・サービス収入がそれらの公立大学の総収入に占める割合はそれぞれ12.8％、45.6％、12.9％、19.6％であった。1990-1991年度のそれら4項目の比重は、10.3％、40.3％、16.1％、22.7％であった。連邦と州政府の支出が学校の総収入に占める割合はそれぞれ2.5ポイント、5.3ポイント低下し、同時期の学費と販売・サービス収入は3.2ポイントと3.1ポイント上昇した。以上のように、1980-90年の間に連邦と州政府の高等教育支出は依然として伸びてはいたが、その伸び幅はゆるやかで、同時期の学費と販売・サービス収入の伸び幅を下回り、大学の財源構成における比重も下降した。このことは、経済衰退が政府に高等教育責任の軽減を迫ったことを表している。多くの大学では、学生からの学費増徴と、販売・サービス収入の拡大などによって経費不足の補填がなされたが、これは、高等教育の市場調整作用が迅速に強まったことを意味している。

　第2に、高等教育財政支出が質的発展を重視する段階を進み始めたことである。80年代になると、政府支出の減少は、大学に対して大学院教育、経済発展、職業訓練と就職斡旋、少数民族と家庭環境に恵まれない学生の受け入れ、優秀学生の奨励といった方面で、絶えず新たな措置を展開することを促した[8]。州政府もまたこのような新領域での専門的な支出を増やした。同時に、一部の州は「基礎助成プラス特別助成」の新たな資金援助制度を採用し始め、大学は資源の最適配分に努め、その人材育成の目標と成果は必ず州の発展目標に合致させるべきことを強調した。このほかにも、レーガン政権は、学生への資金支出を大幅に削減し、あわせて支出の仕組みを調整したが、支出の範囲は拡大された。1980年の「高等教育法修正案」は2つの貸与奨学金、「学部学生保護者貸付金」と「学生補償貸付金」を設けたが、いずれも政府が担保する資金であった。

　第3に、高等教育財政支出が国家の優先的な戦略に従属するようになったことである。レーガン政権の時期は、連邦の高等教育財政支出が年々低下したが、国防、宇宙、エネルギー、先端科学に対する財政支出はかえって上昇した。例えば、国防総省、国家原子力委員会及び国家航空宇宙局の科学研究

費は、連邦の科学研究費の70%−80%を占めたが、このこととレーガン政権が推進した「スターウォーズ」計画とは密接に関連し、連邦政府の高等教育財政支出の優先政策への取組みを反映していた。

　第4に、高等教育財政支出が、市場化と国家関与の交互作用の中で安定化傾向にあったことである。90年代初めに、連邦の支出は依然として減少しつつあったが、限られた連邦資金をめぐる競争はさらに激しさを加え、このことも州の高等教育支出に影響をもたらした。資金援助の全面的な減少によって、各大学は優先的に力を入れる事業をいっそう重視し、さらに市場の支持を多く求めることを希望した。例えば、いくつかの大学は、少数民族学生の入学率、在校率を高め、さらに就職率の拡大に努力した。貧困家庭の学生にはさらに多くの資金援助を実行した。さらに大学と企業の連携を強め、知的財産権の産業化を通じて、科学技術とコンサルティング・サービスによって、外部資金の入ってくるルートを開拓した。クリントン政権が登場すると、国家は経済生活にもっと関与すべきこと、公共サービスのあり方をもっと改善すべきことが強調された。表2-3が示すように、連邦の財政支出が学位授与権を有する公立大学の収入に占める比重は、1994−95年度は上昇に転じ、11.1%に上昇した。1995−2000年は基本的に11%前後で安定していた。州政府の財政支出が同上の公立大学の収入に占める比重は、1990−1991年度の40.3%から1994−1995年度の35.9%へと低下し、1995−2000年度は基本的に36%前後を上下した。

表2-3　学位授与権を有する公立大学の総収入において主要収入源が占める比重

単位：%

主要収入源	連邦政府	州政府	学　費	販売・サービス収入
1990−1991	10.3	40.3	16.1	22.7
1994−1995	11.1	35.9	18.4	23.1
1995−1996	11.1	35.8	18.8	22.2
1996−1997	11.0	35.6	19.0	22.3
1997−1998	10.6	35.7	18.9	22.2
1998−1999	10.7	36.0	18.9	21.8
1999−2000	10.8	35.8	18.5	21.6

資料出所：アメリカ国家教育統計センター（http://www.nces.com）

1.2 アメリカにおける高等教育財政支出体制の特徴

(1) 連邦と州の法体系は高等教育支出体制の拠りどころ

アメリカは建国以来法治国としての理念を遵守し、憲法が「自由、民主、平等」の基本思想を明確にしたことは、アメリカの高等教育体制が分権的に管理される基礎を定めた。1791年、アメリカ憲法第10条修正案は教育権が州の「保留権」であることを明確にし、この後200年余りの間、連邦は一連の高等教育関連法（表2-1に示す）を通じてさまざまな時期に高等教育の発展に力を注いできた。連邦法は主として次のような特徴をもっている。第1は、広い視点からの指導的意義を備えていることである。大学及び学生に対する高等教育関連法令の多くは非強制的性格をもっているが、条件付きの財政支出の場合に限って大学や学生に対して強制的性格をもつこともある。例えば、人種差別がかなり激しかった状況への対応として、連邦は「第二モリル法」の制定とその後の「アクション・プラン」を通じて、大学が連邦から資金助成を受ける場合、学生の入学許可はもちろん教職員の採用においても人種差別があってはならず、守らない場合連邦は資金助成を削減もしくは撤回できるとした。ただし、連邦の具体的な業務介入はなく、教育に関する管理と資金の運用はいずれも州自らで決定し、ただ連邦から財政支出と資金助成がなされたときの基本政策目標に違反しないこととされた。第2は、連邦の高等教育立法は、しばしば経済的支出を通じて高等教育の発展と国家目標の一致を誘導する。連邦法は強制的役割を備えていないので、高等教育が国家的な政治、経済、社会の発展に対してますます重要性が高まってくると、連邦は何らかの高等教育法の制定を通じて特別な財政資金を拠出し、連邦の条件に合致する高等教育発展の事業を資金助成してきた。第3は、連邦の高等教育立法はさまざまな時期に制定された個別法から成り立っている法体系であり、これらの特別法をベースにして起こされた資金支出事業が多い。例えば、1944年の軍人福利法は、退役軍人の就学助成金制度を設立した。1958年の国防教育法は国防奨学金と国防貸付金の制度を設けた。1965年の高等教育法公布後、教育機会保障の奨学金、基礎的教育の奨学金、国家担保貸付金

が設立され、1980年の「高等教育修正案」の後には学生保護者貸付金と学生補償貸付金制度が設立された。こうした奨学金や貸付金はさまざまな時期の学生の高等教育需要に応えて設立されたもので、アメリカ高等教育の普及のために重要な貢献を果たしてきた。

連邦と比較すると、州の高等教育立法にはさらに大量性、普遍性、具体性という特徴が加わる。高等教育支出は立法によらなければならないこととなり、州の立法は州内大学向けの支出を全面的体系的に規定した。具体的には支出の基準、管理、使途及びその他の関連事項を包括し、州内大学に対して強制的な性格を有した。アメリカの各州は、いずれも独自の政治、歴史、文化、民族的特色をもっており、それによって高等教育立法も千差万別で、それぞれ特色があった。高等教育立法に対する決定権をもつ州議会もある。例えば、フロリダ州議会は高等教育支出に対して3つの面で影響力を示している。1つ目は、高等教育予算を主導することである。毎年州知事が高等教育予算草案を議会に提出するが、その後議会もまた自らの予算案を提出する。しかる後に議会は知事提出の高等教育予算案を協議し、さらに両方の高等教育予算の違いを討論した後知事案を議決する。知事は、議会の議決に基づいて執行する。2つ目は、州立大学とコミュニティ・カレッジが財政支援を獲得するためには州議会が提示した要求を満たさなければならない。3つ目は、議会が決める政策が大学の行動規範となることである。例えば、州の高等教育機関の収容能力、高等教育支出の使用実績と効率、学費の基準といった問題に対して、議会は常に政策面で規範を加えている（王春、2000）。また、州知事に高等教育支出の大きな権限を付与している州議会も少なくない。例えば、カリフォルニア州は、州知事に高等教育予算に対する直接的な拒否権を与えているが、同時に州知事は大学に対して入学者数、支出の伸び、学生の学費などの経常的部分にはあらかじめ注意を払っている。

(2) 連邦と州の両政府の支出の特徴点

第1は、連邦と州政府の支出部門と権限についてである。

アメリカ憲法は、連邦の高等教育に対する義務と権限を規定していない。ただし、連邦は一貫して高等教育への支援を中断したことはない。立法と財

政支出は、連邦政府が高等教育を支援する2つの主要な形式である。連邦の高等教育支出は主要には政府の各職能部門と一部の専門的機関を通じてなされる。それは、主として教育省、国防総省、農務省、エネルギー省、保健社会福祉省、航空宇宙局及び全米科学財団などである。教育省は、大学に対する行政管理の機能を有していないが、コンサルティングやマクロレベルの指導を提供し、また高等教育の発展に関する国家の要求に沿って大学に資金助成を行う。その他の職能部門と機関は高等教育への支出も担当し、教育省と似通ったところがある。高等教育支出は主として以下の何点かにわたっている。1つは、奨学金、就学助成金、貸付金の事業を設立、管理し、貧困学生と少数民族学生に高等教育を受けさせるために資金助成を行う。2つは、特別な資金援助の事業メニューを設けて、各州に対して州内高等教育機関が改革と刷新を進めることを奨励する。少数の研究型大学に対しては科学研究費を提供して科学研究と創造の活動に従事することを奨励する。教育省は、主に大学と学生向けの助成を行い、少額であるが科学研究に助成する。連邦政府のその他の職能部門は主に大学の科学研究開発事業に対して資金助成を推進している。

　各州政府は、直接かつ広範な高等教育管理権限をもっている。州は、高等教育の発展を立法面で標準に合わせるだけでなく、財政支出を通じて調整をはかっている。州の高等教育財政支出の多くは、専門的機関として設置された高等教育管理委員会あるいは調整委員会によって管理されてきたが、これはアメリカの州政府の高等教育財政支出の顕著な特徴である。州の高等教育管理委員会はアメリカの高等教育の発展過程において必然的に生まれた組織形式であり、政府と大学との間で一種の「緩衝器」の作用を果たし、政府が大学内部の事務に関与し過ぎるのを避けることができるようにしてきた。

　第2は、連邦と州政府の支出の範囲、規模、構成についてである。

　連邦の教育予算には主に4方面がある。初中等教育、中等後教育、その他の教育、さらに高等教育・科学研究機関である。高等教育への支出からみていくと、学生就学援助と高等教育機関の科学研究への支出の2方面が顕著である。表2-4のように、1965年の連邦の教育事業への支出の総額は53億

表2-4　連邦政府の教育援助事業の内訳と総額の推移

単位：1000米ドル

内訳＼年	1965	1975	1985	1995	2001	2002
全教育資金援助事業	5,331,016	23,288,120	39,027,876	71,639,520	94,505,551	108,023,643
初中等教育資金援助事業	1,942,577	10,617,195	16,901,334	33,623,809	48,530,061	53,334,560
中等後教育資金援助事業	1,197,511	7,644,037	11,174,379	17,618,137	14,893,501	22,834,064
その他教育資金援助事業	374,652	1,608,478	2,107,588	4,719,655	5,880,007	6,190,490
大学関連機関に対する科研援助事業	1,816,276	3,418,410	8,844,575	15,677,919	25,201,982	25,664,529

資料出所：アメリカ国家教育統計センター（http://www.nces.com）

3,100万ドル、そのうち中等後教育への支出事業は11億9,750万ドル、大学及び関連機関の科学研究助成は18億1,630万ドルとなっており、両者が連邦教育支出事業総額に占める割合はそれぞれ22.5％と34.1％であった。2002年の教育支出事業の資金総額は1,080億2,360万ドル、そのうち中等後教育への教育事業の額と大学部学研究支出の額は228億3,410万ドルと256億6,450万ドル、両事業が占める割合はそれぞれ21.1％、23.8％で、1965年の約19.1倍と14.1倍の伸びである。連邦教育支出の総額は、1965年の約20.3倍、初中等教育は1965年の約27.5倍となっている。ただし、科学研究支出の比重は約10ポイント低下している。その主な原因は、連邦政府が初中等教育事業への支出を拡大したことによる。アメリカ連邦政府の高等教育支出の主要な流れは、少数の研究型大学に向かっている。これらの大学の科学研究の力量は強大であり、国家の科学技術発展の最先端課題の研究を担うことができる。高等教育発展の全体構造に対しては、支出を通じて調整を進め、弱いところは救済し、強いところへも支出し、高等教育領域の新たな成長を育んでいる。大学生に対する就学資金助成を通じて、大学進学者数と高等教育人口の割合が増加するのを促進している。以上のような3つの方向に基づき、連邦政府の大学に対する支出は大変強い適合性を有している。1999-2000年度のアメリカの中等後教育に関する教育機関の数は9,249、学位授与権をもつ高等教育機関の数は4,084、そのうち2年制大学は1,721、4

年制大学は2,363である。1999-2000年度の連邦のすべての大学への経常的性格をもつ資金支出は総額で293億4,290万ドル、120の高等教育機関に対する支出の総額は216億6,610万ドル、連邦の対大学支出総額に占める割合は73.8%に達している。連邦政府から経常的性格をもつ資金支出を獲得している大学の上位10大学を挙げれば、カリフォルニア工科大学、ジョーンズ・ホプキンス大学、シカゴ大学、マサチューセッツ工科大学、スタンフォード大学、ワシントン大学（シアトル）、ペンシルバニア大学、ミシガン大学、カリフォルニア大学（サンディエゴ）、コロンビア大学である。その合計支出額は62億4,930万ドルで、120の高等教育機関に対する連邦支出の28.8%を占めている[9]。連邦政府の対大学支出はその傾向が大変顕著である。

連邦政府の主要な職能的部門と機関は、中等後教育資金援助と大学及び関連機関の科学研究資金援助の2つのいずれにも支出しているが、ただし重点の置き方で区別される。表2-5をみれば、教育省、退役軍人省、保健社会福祉省、国防総省の中等後教育への資金支出額は、170億5,620万ドル、17億9,090万ドル、15億2,400万ドル、13億7,630万ドルで、総額への割合はそれぞれ74.7%、8.7%、6.7%及び6%である。教育省の支出が絶大な割合を占めている。各部門の大学及び大学関連機関に対する科学技術支出の順位は保健社会福祉省、エネルギー省、全米科学財団、アメリカ航空宇宙局、国防総省そして教育省となっており、総額ではそれぞれ137億3,650万ドル、36

表2-5 連邦政府の2002年の高等教育学生就学援助と科学研究支出の状況

単位：1000ドル

項目 部署	中等後教育資金援助	大学及関連機関に対する 科学研究資金援助
教育省	17,056,188	625,156
農務省	40,660	500,900
国防総省	1,376,312	1,887,978
エネルギー省	—	3,625,124
保健社会福祉省	1,524,033	13,736,536
退役軍人省	1,790,867	—
アメリカ航空宇宙局	—	2,060,300
全米科学財団	413,000	2,817,812
合　計	22,834,064	25,664,529

資料出所：アメリカ国家教育統計センター（http://www.nces.com）

億2,510万ドル、28億1,780万ドル、20億6,030万ドル、18億8,790万ドル及び6億2,520万ドル、全体に占める各割合は53.5%、14.1%、10.9%、8%、7.4%及び2.4%である。そのうち保健社会福祉省が全体の半分余りを占めており、教育省はごくわずかである。

各州の分権政治、経済成長、歴史文化、貧富の差はきわめて大きい。これが各州の高等教育支出を多様にする原因となっている。財政力が大きくかつ高等教育の発展を重視する州は一般に支出も相対的に多い。財政力の小さい州は実力相応にならざるを得ない。1995-1996年度の各州の高等教育支出総額は1,195億2,450万ドル、1999-2000年度は1,523億2,490万ドルに達し、27.4%の伸びであった。**表2-6**が示すように、1999-2000年度の高等教育支出の上位5州の支出額合計は521億6,370万ドル、当該年度の総額の34.2%を占めており、うちカリフォルニア州の支出総額は202億440万ドルで、当該年度の総額の13.3%に達している。1999-2000年度の高等教育支出が最も少なかった5州の支出額合計はわずか15億6,220万ドルで、当該年度の総額の1%前後を占めるに過ぎない。1999-2000年度と1995-1996年度を比べて、増加幅が大きいのはルイジアナ州で64.3%も増加し、逆にコロンビア特別区はマイナス20.5%と減少している。遠隔の地区を除いて、高等教育支出は1999-2000年度に比べて30%以上伸びた州が8州、10%以下の伸びであったところが6州であった。以上のことを分析して分かるのは、各州の高等教育支出には総額の上でも比重の上でもはっきりした規則性はなく、州による支出差は大きく、アメリカの高等教育が州によって管理、統括され、支出の

表2-6 アメリカにおける高等教育支出の上位と下位の5州 (1999-2000年ランキング)

単位:1000ドル

支出総額上位5州	年度 1995-1996	年度 1999-2000	伸び率(%)	支出総額下位5州	年度 1995-1996	年度 1999-2000	伸び率(%)
カリフォルニア	14,284,284	20,204,478	41.4	バーモント	329,457	411,271	24.8
テキサス	8,300,915	10,820,078	30.3	アラスカ	352,811	385,553	9.3
ニューヨーク	6,728,593	7,798,717	15.9	南ダコダ	290,868	350,211	20.4
ミシガン	5,653,791	7,329,879	29.6	ワイオミング	291,864	333,127	14.1
オハイオ	4,818,930	6,010,509	24.7	コロンビア特区	103,072	81,990	-20.5

資料出所:アメリカ国家教育統計センター (http://www.nces.com)

分権化という特徴を顕著に反映していることである。

　連邦政府と州政府の高等教育支出の総額と割合も絶えず変化しているが、これは主に国家の経済状況並びに両政府が高等教育に対する責任をどれだけ負担するかの認識の違いによっている。続いて、われわれは州の学位授与権を有する公立大学の経常的財源の状況を用いて、連邦と州の高等教育への支出状況を分析してみよう。1998－1999年度に、各州の学位授与権を有する公立大学の経常的収入の総額は1,449億6,970万ドルに達し、そのうち学生の学費、連邦政府と州政府の支出額はそれぞれ274億2,790万ドル、155億5,440万ドルと521億3,250万ドルで、公立大学の経常的収入の総額の各18.9％、10.7％、35.9％であった。1つの州からみれば、学位授与権を有する公立大学の経常的収入の財源構成はまた大きく変化し、コロラド州では当該年度の学位授与権を有する公立大学の経常的収入の総額は24億980万ドル、その中で学生の学費、連邦と州政府の支出はそれぞれ6億3,120万ドル、4億8,760万ドル、6億4,130万ドル、総額に対する割合は26.2％、20.2％、26.6％であった。これに関する連邦の支出割合は州の平均水準と比べると約10ポイント高い[10]。分析から知られるが、連邦と州政府の高等教育支出は相対的に穏やかな水準を維持しているが、州の高等教育に対する負担はさらに大きくなっている。同時に、連邦の支出は州によってまちまちであり、これもまたアメリカにおける各州の高等教育政策の違いと連邦の支出に対する依存の程度を反映している。

　第3は、連邦と州政府の公私立大学に対する支出についてである。

　アメリカの高等教育機関は数が多く、2000－2001年度の統計によれば、学位授与権を有する大学の数は4,182、そのうち私立の2年制大学は656、4年制大学は1,828となっている。公立の2年制は1,076、4年制は622である。私立大学のほうが公立大学よりも数が多く、これはアメリカの高等教育の顕著な特徴となっている。2000年秋に学位授与権を有する大学の在籍登録している学生は1,531万人、そのうち公立大学の学生は1,175万人で、76.7％を占めている。私立大学の学生は356万人、全体の23.3％である。公私立大学の入学生の数は、連邦政府と州政府が大学支出を考慮するときの重要な要因

表2-7 アメリカの私立非営利高等教育機関の経常的収入の財源とその比重

単位:1000ドル

年度 源泉	1980-1981 総額	比重(%)	1995-1996 総額	比重(%)
学費	7,930,156	35.92	29,988,621	41.49
連邦政府	4,203,605	19.04	10,189,345	14.10
州政府	430,007	1.95	1,336,890	1.85
地方政府	167,266	0.08	524,751	0.73
私人の寄付、就学援助、契約収入	2,072,631	9.39	6,854,515	9.49
販売・サービス	5,198,255	23.54	15,599,719	21.59
寄付収入	1,149,042	5.20	3,849,693	5.33
その他	927,183	4.18	3,920,169	5.42
合計	22,078,144	100	72,263,702	100

資料出所:アメリカ国家教育統計センター (http://www.nces.com)

であって、連邦の高等教育支出の重要な方向は大学生に対する資金支出である[11]。近年では連邦政府の公立大学支出は10%前後、州政府の公立大学支出は基本的に35%前後の水準で維持されている。連邦と州の私立大学に対する支出は同じではなく、表2-7に示されるように、1995-1996年度の私立非営利大学の経常的収入の総額は722億6,370万ドルであったが、学費、販売・サービス収入と連邦政府支出の3つが上位3位までを占め、それぞれ経常的収入総額の41.49%、21.59%、14.10%の割合であった。1980-1981年度と比較すると、連邦と州政府の支出はいずれも減っており、学費が増えて6ポイント上昇している。この両方の年度の州政府の当該大学支出は全体の2%にも達していない。これは州政府の私立大学に対する支出面での目立った特徴であり、さらにいえば、州政府の主要な高等教育支出の流れは公立大学に向けられてきたということである。

連邦の支出は、公立か私立かということには必ずしも基づいていない。表2-7の如く、連邦の対私立非営利大学支出は、両年度において総額の19.04%と14.10%を占めており、連邦の公立大学支出が経常的収入の総額の10%前後の水準をずっと維持していることを上回っている。連邦と州の私立2年制と4年制の大学に対する支出をみると、両政府の4年制大学への支出額は2年制大学への支出額と大きく離れている。例えば、1999-2000年度の私立非営利の学位授与権を有する大学への連邦政府からの支出は121億9,180万ド

ル、そのうち4年制は121億2,520万ドル、2年制は6,670万ドルである。該当年度の州政府からの支出総額は11億1,770万ドル、そのうち4年制は10億9,300万ドル、2年制はわずかに2,470万ドルである。

(3) アメリカの高等教育支出モデル

①連邦と州政府の財政支出の方法。　アメリカの高等教育支出のモデルは多種多様で、高等教育の分権化に対応している。連邦政府の支出は主に大学生への就学助成金（奨学金と貸付金を含む）と大学の科学研究支出からなっている。連邦の学生に対する資金助成は一般に条件設定を行っているが、条件に合致する学生に直接に支出することもあれば、資金を大学に提供し、大学が学生に対する資金支出を統一して管理することもある。科学研究支出に関しては、連邦政府は一般に競争入札方式を採用し、入札できた大学と支出契約を結ぶ。アメリカの高等教育機関（とくに公立）の経費は、主として州レベルの政府の支出に拠っている。連邦政府ばかりでなく州政府も、支出は主に増分支出法、計算公式支出法、契約支出法など何種類かの形式を採用している。

②アメリカの高等教育財政支出のモデル形成の原因。　全体を見れば、アメリカの多元的な政治、経済、歴史文化はアメリカの高等教育支出モデルの多様化の背景をなしている。連邦政府の各部門はいずれも高等教育資金の一部を掌握し、部門・機関毎に国家の発展目標に結びついた事業に取り組み、それに適する支出モデルを採用している。例えば、全米科学財団の高等教育機関に対する支出は主として契約方式を採っている。支出モデルの多様化は州レベルの政府においてはさらに広く現れている。政治面では、州議会と州知事の権力の如何が直接に高等教育支出に影響し、州内居住民の高等教育に対するニーズと態度も支出に影響をもつものとして無視できない。さらに州毎に高等教育機関の状況は違っており、例えば公立と私立、2年制と4年制の大学の数的割合は同じではない。高等教育支出に対する歴史的伝統の影響は主として州住民の高等教育に対する価値判断が高まることに示され、例えば州住民が高等教育を重視すれば、それは政策上に必然的に反映する。経済発展の全体状況、税収入と高等教育支出に対する予算の調節は決定的な役割を果たす。例えば、経済が低迷しているときには、人数をベースとした計算公式

による支出法は重要性が疑問視され、高等教育の質を強調する実績・効率支出モデルが重視されるようになる。

③いくつかの主要な支出モデルの特徴　アメリカの高等教育支出は主として3つの部分を包括している。教育の経常的経費、資本的性格をもつ経費及び特別事業経費である。教育の経常的経費の支出には主として増分支出法、計算公式支出法、契約支出法及び協議支出法という4種類がある。特別事業経費の多くは、契約支出と実績・効率支出の2種類の形式をとっている。

第1、増分支出法。この方法は高等教育機関の前年度の教育、科学研究等の活動、予算収支を合理的で参考に値するものと仮定する。この前提のもとに政府の財政状況と高等教育の発展要求に基づいて経費の伸びを示す増分係数を提供するものである。増加させる経費支出は主に大学の規模の拡大を考慮した部分で、例えば、募集人数の拡大、新たに学部専攻を増設したり新しい教育事業に取り組んだりする場合である。このモデルは主として三種類の確実な増分方法を採用している。すなわち、支出公式による算定、経験的判断、及び簡単な比例的増分方法である。このようなモデルは、アメリカの20世紀の60、70年代の高等教育大発展の時期にかなり流行し、当時の高等教育の公的支出ニーズに適合するものであった。しかし、80年代になってアメリカ経済の成長が緩慢となり、甚だしい場合には低下するという状況になると、その内在的な限界が顕現し、危機的な財政状況は簡単な増分支出の要求を満たすことが難しくなった。財源に限りある高等教育支出はいっそう効率的な活用を重視するようになった。

第2、計算式による支出法。現在、30を超える州がこの方法を採用しているが、主要な形式は学生一人当たりの教育コストの計算に基づく方法である。公式は専門領域、事業項目、学校の類型などによってウエイトがつけられ、各州の支出の公式には重点を置く要素に特徴があり、式の複雑さの程度も一様ではない。例えば、ジョージア州の支出は機能別に5つの部分に分かれている。教育と研究、公共サービスの普及、一般行政管理、設備の運営と維持補修、図書である。どの部分にも対応する具体的な支出の公式があり、関連係数を入力することによって大学のそれぞれの機能面での経費の必要量

を算出することが可能となっている。テキサス州の支出方式はもう少し複雑になっており、機能別の経費を次のような14項目に分けている。学校行政管理と学生サービスの経費、一般校務経費、各学部の行政経費、一般教育経費、教育行政経費、図書館経費、科学研究補助経費、教育設備経費、キャンパス治安費、学校建築維持費、福利厚生サービス費、土地代、教員人件費、教務機会費。どの項目にもそれぞれ具体的な公式があり、計算を通じて各項目が必要とする経費の額を知ることができる。支出の公式は、状況の変化によって調整することが可能である。その優れた点として、1つは、州政府と高等教育機関の支出上の食い違いを少なくすることができ、公式に基づいた資金をより客観的なものとし、支出決定者への外部からの圧力を軽減することができる。2つ目は、予算過程での不確実性を減らすことができる。高等教育委員会は、まず公式に基づき今後1年間のだいたいの需要額を予測することができ、同時にまた決定の過程を簡素化できる。3つ目は、式の設計自体において大学の学部、学部等の規模の要素が考慮されており、このことは政府が大学の運営規模の調整をはかることに対して積極的な作用を有する。ただし、公式による支出方法の欠点もまた大変顕著である。まず、公式は平均人数、学生一人当たりの教育コストなどの指標を用いるが、支出の限度額までは考慮されていない。したがって、大学の経営効率の向上には役立たない。次に、支出の公式は歴史的なデータを用いるが、大学の展開しようとする事業項目、あるいはその後の事業項目の変更については考慮していない。そのほか、公式が仮定する支出は明確な目標と選択をもつことに対する指針ではあるが、支出決定者が調整能力を発揮することを制限してしまうことになる。

　第3、契約による方法。契約による支出は、主として高等教育機関と契約を締結し、対象の事業項目をめぐる入札を通じて高等教育機関への支出を完成させていく方式である。この方法は、最初は科学研究経費に用いられたが、必ずしもそれに限る必要はないので、高等教育機関の教育、基本建物などの項目に対してもこの方法を採用することが可能となっている。契約による方法は、1970年代後半にアメリカ経済が麻痺し、経費が一般的に厳しい規制を受けるようになると、大学とくに研究型の高等教育機関において、連邦と

州政府の資金を獲得する主要な道の一つとなった。この方法は、高等教育機関の間の学術競争を促し、それによって高等教育機関の運営の水準と科学研究の質を引き上げる効果がある。高等教育機関が政府の資金を獲得しようとすれば、学内の各種資源を最適に配置し、かつ有効な評価体系を形成して、もって政府支出を競争的に獲得するようにしなければならないからである。同時に、この方法は高等教育機関の自主権を拡大する点で有利であり、また政府に支出項目を効果的に管理させ、高等教育機関の異なった目標との協調をはからせることが可能である。ただし、この方法はまた高等教育機関側を安易に成功と利益の追求に走らせ、競争してより多くの援助資金を得ようとするので、基礎学部と基礎研究項目に関する企画と設置を軽視する可能性があり、各学部の協調的発展にとっては不利である。

1.3 アメリカの高等教育財政支出体制の改革動向

分権を特徴とする高等教育の財政支出体制を高等教育の発展に適合させるには、不断の調整をはかる必要がある。近年の変化の主な現れとして以下の点があげられる。

(1) 政府の財政責任の減少に伴う公立大学の民営化傾向

連邦政府はもちろん、州政府もまた高等教育への資金投入の絶対量は依然増加しているが、投入の伸びの速度は明らかに緩慢になってきており、さらに公的資金の投入総量の中での比重も下がっている。例えば、国立高等教育機関協会所属の大学に対する連邦の支出は、1988年の学校収入の50.6%を占めていたが、1998年には40.9%に低下した。低下した部分は主として学費収入の増大によって補填されている。国家の財政責任の減少は、必然的に市場の力量を増強させる。アメリカの各種の高等教育機関は近年、経営資金の不足を補うべく次々と学費を値上げしてきたが、それによって大学運営の質は直接に資金の影響を受けている。統計によれば、アメリカのトップ50大学はまた、集める資金が最も多い大学である。このような大学は学校経営の水準と知名度を高めるために、次々と資金集めのルートを開拓しているが、そのことはさらに一段と高等教育に対する市場の力の影響を増強させてい

る。これもまた大学、とくに公立大学の民営化傾向をますます顕著にさせている。

(2) 連邦政府は高等教育機関の科学研究支援をさらに重視

　科学研究が高等教育機関において占める地位は日増しに重要となっている。アメリカの高等教育機関の総支出に研究支出が占める割合は、1930年には3.55％に過ぎなかったが、1940年4.04％、1950年10％、1960年に18％に達したが、1970年には反落して10％、1980年に9％、90年代においては12％前後の水準を基本的に維持している。さらに、大学の科学研究支出の圧倒的部分は連邦の資金を財源としている。数値をみれば明らかであるが、科学研究が連邦支出の中で占めている戦略的地位はますます重要となっている。連邦の科学研究支出の重点は国防、衛生、エネルギー等の領域である。2000年、科学研究方面での政府支出が380億ドルを越えたが、そのうち、国家衛生研究院（保健社会福祉省付属）は170億ドルほど、国防総省は50億ドルほど、エネルギー省と航空宇宙局はそれぞれ40億ドルほどを占め、他方全米科学財団会はわずか27億ドル、全体の7％である。

(3) 高等教育の実績と効率を重視する傾向

　高等教育の実績・効率の問題は、政府財政が厳しくなり、高等教育の生産的効果が低下していることに伴って生じた。アメリカでは1960年代になってから高等教育の実績・効率についての検討が始められたが、評価の考え方と基準を制定することが難しいので、実績・効率を重視した改革の進展は緩慢であった。支出の実績・効率問題は、必要な評価基準を確立することを前提とする。例えば、高等教育の産出の確実性、比較可能性、及び対象を独立して評価できること、これらのことはいずれも解決を必要とする問題である。実績・効率の指標を確定する上で、各州が採用した具体的な指標も異なるので、比較が不可能である。ケンタッキー州は教育の質、機会の平等、経済発展と生活の質など5つの方面で25の実績・効率の評価指標を作成し、一定の成果を上げている。そのほか、ニュージャージー州の設立した競争・挑戦型の支出項目、オハイオ州の選択性と卓越性に富む支出項目は、実績・効率重視の資金支出にかかわる有益な試みである。総じて、連邦、とくに州政府の

高等教育に関する実績・効率問題は、近年強い関心が注がれるようになっており、一定の成果が得られている。高等教育の実績・効率に基づく支出は、今後いっそう重視されていくであろう。

2 イギリスにおける高等教育財政支出体制

2.1 イギリスにおける高等教育財政支出の歴史的発展と実践

(1) 第二次世界大戦前のイギリスの高等教育財政支出

　高等教育の起源は12世紀であるが、19世紀初頭までの700年余りは主として社会の寄付、大学の不動産、学生の学費、その他の収入によって維持され、したがってその発展は緩慢であった。1889年、イギリス政府はすべての大学に15,000ポンド（1980年の物価水準で計算すると約50万ポンドに相当）の資金助成を行うことに同意したが、これはイギリス中央政府の高等教育に対する初めての正式な支出であった[12]。その後、資金に関する顧問委員会が成立し、政府の高等教育支出を専門的に担当するようになった。1919年、財務省は「大学補助金委員会」（訳者注：University Grants Committee、UGC）という機関の設立を公表し、高等教育への財政支出の統一的な管理を行うこととした。この委員会は成立当初2つの機能を有していた。1つは、大学の財政需要を政府に報告し、合わせて支出の状況への議会からの質問を受けることであった。もう1つは、大学に対する政府支出を具体的に配分することであった（汪利兵、1994）。委員会は決められた資金総額の枠内で各大学に対する支出を具体的に実施したが、ただし資金の使い方は規定せず、大学の自主的な決定に任された。委員会の委員は主として各大学の学術関係者から構成されており、財務省の管理下にあるとはいえ、かなり大きな独立性を有した。このことは一面で高等教育機関に対して有力な財政的支持を提供したいという政府の希望を表し、他面ではまた高等教育機関自身の学術的独立性にあまり干渉したくないという政府の思惑を示していた。したがって、大学補助金委員会は、当時においてはあたかも政府と大学間の緩衝器の役割を果たし、政府が大学に

対して提供する支出についての一種の安定化装置となった。さらに大学の学術自治をいっそう保持するために、政府は1925年に「5カ年支出制度」を開始した。大学補助金委員会がまず5年ごとに支出の全体に関するガイドラインを発表し、今後5年間の大学及び学部の定員、目標実現のために必要な教職員の数、大学の新たな発展事項等の計画を提示する。その後、各大学に各自の計画の提出を求め、大学補助金委員会は再度大学の計画に基づいて今後5年間の支出の総額を政府に提示する。政府が支出総額を確定した後、大学補助金委員会によって今後5年間の支出額の給付が各大学に一括してなされる。支出の中には、大学の経常的経費、施設設備、特別項目への支出が含まれていた。

大学の科学研究に対する政府支出は20世紀初めに始まった。政府は当時、医学と農業の研究基金を発足させており、それによって大学の関連科学研究への資金助成を進めていた。1915年に専門的な科学工業研究省を発足させたが、そこの重要な任務の一つは、大学教員と大学院生の科学研究及び養成訓練に対する資金助成を担当することであった。しかし、第二次大戦以前、イギリスには適当でかつ体系的な科学研究資金の支出制度は形成されなかった。

大学生に対しては、19世紀の70年代中期に当時の科学芸術省は科学と工学を学ぶ学生に対する奨学金を開始したが、量はごくわずかであった。1902年、「教育法」が公布され、各級地方政府は地方税収入中から適当な量の資金を初等教育以外の教育の助成に充てる権限を有することになった。この法律に基づいて、地方政府は学生支援を開始し、とくに貧困学生に奨学金を提供した。1944年の新「教育法」では、教育大臣は条例を制定して、地方当局が生活困難な学生を資金援助し、学生が自分に適した学校に進学できるようにする権限を与えることができることになった。教育大臣は奨学金、手当、その他各種の奨励あるいは補助のかたちで義務教育の就学年齢以上の学生及び師範学校生に対して全額もしくは一部の生活費と学費を支給した(張民選、1998)。これらの法律はいずれも貧困学生に対する支出の拡大を明確に求めるものであったので、イギリス政府が優秀な学生にのみ資金援助を行っ

ていた状況が変化し、またイギリス政府は大学生への資金援助を主導する仕事に取り組み始めた。

この時期は、イギリスの高等教育支出の特徴がいくつかの面で示される。第1は、大学補助金委員会が成立して政府の高等教育支出が強化されたことである。この委員会が設けた制度は、政府がその後に高等教育の経常的経費を支出する基礎となった。第2に、政府は科学研究への支出をかなり重視し、高等教育機関の科学研究に対する資金の支出を推進する専門部門を設置した。第3に、政府は学生への資金援助を強化し、貧困学生に対する傾斜的な支援政策を開始した、第4に、政府は高等教育支出に関する重要な改革を行う際にはすべて立法措置を講じて推進したので、政府の高等教育に対する財政支出の安定性が法律上で保証されることとなった。

(2) 第二次世界大戦後のイギリスの高等教育財政支出

第二次世界大戦後、大学補助金委員会の職責は逐次拡大され、さらに多くの国家的目標が考慮されるようになった。1946年、大学補助金委員会はその職責の範囲に次のような一条を増やした。「大学及びその他の関連する機関と協議し、(委員会は)国家の需要を満足させるために必要な発展計画を大学が十分に準備し実行することを支援すべきである」[13]。この一条は、大学補助金委員会の職能と活動目標が国家の高等教育に対する発展要求にさらに多くの点で対応することを意味しており、同時に委員会が積極的に大学の発展計画に参与し計画の執行を監督することを意味していた。このように、政府は大学補助金委員会を通じて高等教育への関与をさらに一段と進めた。1963年、この委員会が発表した「ロビンズ報告」(Robbins Report)は、将来におけるイギリスの高等教育の発展の原則(ロビンズ原則)を提起したが、それはすなわち「能力と成績の上で入学資格を備えかつ高等教育を受けることを希望する青年はすべて高等教育に接する機会を獲得することができるようにすべきである」[14]というものであった。高等教育の発展は需要を満たすとともに、合わせて公平を実現すべきことが強調された。大学補助金委員会は高等教育機関に対する支出を主として需要によって決定したが、これによって、一部の貧困学生も政府の資金で高等教育に接する機会を有するようになっ

た。これ以来、イギリスの高等教育は空前の拡大と発展を迎えることとなる。「ロビンズ報告」はまた、イギリスのその他の高等教育モデルの出現を促した。すなわち、多学部の高等技術専門学校(訳者注:ポリテクニク)とその他のカレッジ(また「公立」と称される高等教育系統)である。1965年、教育大臣のクロスランド(Crosland, C.A.R. 1918-1977)は高等教育発展の二元制(Dual Systems)の原則(大学と高等技術専門学校という2種類の機関が並存する高等教育制度)を提起した。さらに1967年の白書『多学部の高等技術専門学校とその他の大学の発展計画』において、正式にこの体制を確立していくことが確認された。この計画の要点は、現在の大学は数を増やさないようにしながら、既存の高等技術専門学校は将来大学に昇格させ、また従来の芸術、教育、技術の学校については統合を通じて30余の多学部高等技術専門学校を新たに設立し、それらは地方教育当局の管理に属させ、経費の大部分は中央政府が提供するというものであった。

　70年代の経済危機は、政府の高等教育支出に影響した。最も顕著なことは、1972-1977年の5カ年支出計画が、初めて財政難によって困難となり、継続実施も無理な状況となったことで、代わりに回転方式の3カ年支出制度となった。すなわち、大学補助金委員会は大学に対する当年度以外の支出を確定する際、その後の2年間の支出はあくまで臨時的なものとした。1979年、登場したサッチャー内閣は、大学補助金委員会に対して高等教育機関の経費削減がもたらす影響を検討するよう明確に要求した。最初の3カ年支出期間(1980/1981-1983/1984)に、高等教育機関の経常的経費に対する支出は8％削減された(実際の物価水準で計算すれば15％に達する)[15]。これはイギリス高等教育発展史上、経費削減としては最大規模のもので、また「ロビンズ報告」が発表されて以来、高等教育の経費支出と高等教育事業が同じ歩みで発展してきた状況の終結をも告げるものであった。これと同時に、政府はますます高等教育機関に支出された資金の使い方と効果に関心をもった。1986年、大学補助金委員会は大学に対する経常的経費の支出を教育支出と科学研究支出の2つの部分に分けて、各大学がこの両面でどうなっているのかに基づいて支出を行うことにした。同時に、委員会は、大学の経常的経費を査定する際

に客観的な計算式による方法を採り始めた。この計算式は教育支出、科学研究支出及び特別支出の3つの部分を包括しており、公式支出法の導入は政府支出の透明度と公平性、操作可能性を高めるものであった。政府支出は教育と科学研究とに大きく分けられたが、このことも高等教育機関が支出を効率的に使用しているかどうかを政府が評価するのを助けた。1988年、イギリス議会が公布した「教育改革法」は、政府の高等教育支出についての重大な改革をもたらした。その1つは、大学補助金委員会の廃止を決め、政府の大学に対する資金支出の事務を統括する大学財政審議会（訳者注：Universities Funding Council、UFC）を設立したことである。財政審議会の性格は法人組織で、メンバー構成は大学補助金委員会と異なり、以前の委員会が大学の学術的メンバーによってほとんどを占められていたのに対し、企業と商工業界の代表の人数が増え、政府に対して高等教育の発展目標を市場での価値判断とかかわらせることを顕著に示した。財政審議会は資金の支出を行う際には大学と協議し契約を結ぶが、このことはかつての大学補助金委員会と大学の行政支出との関係とは異なり、政府が市場メカニズムを導入して大学の高等教育経費をめぐる競争意識を強める意思を示すものであった。その2は、「公立」の高等教育系統への支出について、これに専門的に対応する「高等技術専門学校・大学に関する財政審議会」が成立したことである。その性格は、大学財政審議会と似ており、これまた独立した法人団体である。支出の面では大学とも契約関係をもつ。その3は、先の法律は、教育科学省が上記の2つの財政審議会の管理を統一することを定めたことである。教育科学省は、政府を代表して両財政審議会に基金の配分と使用状況を指導する通達を交付することができ、財政審議会は定められた基金の運用条件を必ず守らなければならないとされた。「教育改革法」の公布と実施は、イギリスの伝統的な大学と「公立」高等教育系統に対する政府の統一的な管理が始まったこと、政府の高等教育に対する広範なコントロールが一段と強まったことを意味した。その4は、いかなる高等教育機関も必ず国の会計検査委員会による帳簿審査を受けるべきことを規定した（汪利兵、1994）。それによって政府は、政府支出の使用状況を効果的に把握できる。1991年に公布された「継続教育及び高等教育

に関する法律」は、大学財政審議会と高等技術専門学校の財政審議会の統合を推進し、新たに高等教育財政審議会（Higher Education Funding Council、HEFC）が成立した。これは、大学への資金援助と大学の教育の質に関する評価を統一し、イングランド、スコットランド、ウエールズに事務所を設立し、地方における財政審議会の具体的な業務を管理するものである[16]。高等教育財政審議会の設立は、もとからあった大学と高等技術専門学校に対する政府の資金援助業務を完全に統一した。大学等の高等教育機関にほぼ同じ支出基準と質の評価の方法が採用されたことは、必然的に大学と高等技術専門学校の公平な競争と共同の発展を促進し、また大学に対して政府が統一的マクロ的な調整政策を決定することも容易となった。それをきっかけに政府の高等教育管理はさらに一段と強化された。

　科学研究支出では、1963年に政府が発表した「トレント報告」は、科学研究がますます重要性を増しているとし、その費用は急激に増加し、経費の不足は大学の科学研究能力が問われることにつながるため、各大学の研究基金会からの資金助成の要望は不断に増大するであろうと指摘した。かくして、イギリス政府の対大学支出の2つのルートが形成されることとなった。1965年、イギリス議会は「科学技術法」を通過させ、政府による大学の科学研究に対する二階建ての支出体制を正式に確立した。すなわち、大学補助金委員会によって各大学には一部の科学研究費が支給されるが、その主たる使用は科学研究の基本施設の建設と研究所所属のスタッフの経費など必要最低限の支出のためである。同時に、政府によって特別に認められた5つの研究基金は各自の領域での研究の重点によって区別され、研究項目を確定し、しかる後に条件に符合する大学に対して専門的な科学研究経費が支給されるが、この科学研究経費は大学支出の教育経費とは関連がない。1972年、イギリス政府は研究基金会に対する管理を強化するために、専門的な研究基金会諮問委員会を成立させた。その主たる職責は次の通りである。1つは、民生用の科学研究、とくに研究基金会の仕組みのあり方（例えば、財政審議会と大学の連携、大学院生への資金援助、科学研究活動の国内国外のバランス）について、教育科学大臣の諮問に答えることである。2つ目は、国家の年度科学予算に関

して、大学研究基金その他の団体間での配分について教育科学大臣の諮問に答えることである。3つ目は、各研究基金とそこが支出している研究単位間の密接な連携を促進することである。研究基金諮問委員会の成立は、研究基金制度をさらに一段と強固にし、諮問委員会が提出する科学研究面に関係する提言はイギリス政府が政策決定を行う重要な参考資料となっている（王利兵、1994）。イギリス政府は、公共サービス科学センターを設立したが、これはもともと教育科学省が管理していた国家科学研究にかかわる仕事を移管したものであり、教育科学省は教育省に改名された。公共サービス科学センターの設立は、政府の国家的な科学研究重視を示すもので、教育と科学研究の職能はさらに明瞭になった。研究基金制度と二階建ての科学研究支出体制は、イギリス科学研究支出体制の二大特徴点であり、発足以来イギリスの大学の科学研究活動の展開を有効に推進して今日に至っている。

　第二次大戦後、イギリス政府の大学生に対する資金援助は、かつてないレベルの高さに達した。1960年に発表された「アンダーソン報告」に基づき、「学費免除プラス奨学金」という学生資金援助のモデルが提示され、「1962年教育法」発布後に正式に実施された。「学費免除プラス奨学金」モデルの要点は次のようであった。まず、政策目標に到達することが必要とされたことである。政府が提供する寛大な支出は国家の必要を充足するためである。資金支出の機会の均等と社会的公平のために、政府はあらゆる学生に学費を免除した大学教育を提供するだけでなく、家庭の経済状況を問わず、一律に奨学金を支給する必要がある。資金を援助される学生には男女の平等と教育に対する自由な選択権を保障する。資金支出の方法を簡素化し、国家の奨学金制度を廃止し、中央によって定められた支出基準を採用しながら、各地方教育当局が地元の学生に対して金を出すという方法にした。次は、資金支出の類型と対象についてである。政府の資金支出は義務的な性質をもつ支出（つまり地方教育当局は法律によって条件が適合する学生に中央政府が定めている資金を提供しなければならない）と選択的な性質の支出（つまり地方教育当局は個々の支出対象に対して支出を拒否したり額を変更したりすることができる）に分かれ、両種類の方式はそれぞれ別々に支出の要件を定めている。最後に、資金支出の仕組

みと水準についてである。政府の学生援助は学費関係と生活費関係の2種類に分けられ、学費関係は地方政府が学生の在籍する学校に直接交付する。生活費関係は、学生の経済状況を精査し、その後各地の標準生活費に基づいて学生に提供する[17]。この「学費免除プラス奨学金」政策は実施されてから30年になり、政府による膨大な資金の支出は納税者の負担を重くしてきたが、購買力の低下によって学生が実際に受け取る額は少なくなっている。そのため、この政策は大学における貧困学生の入学割合を引き上げることにはなっていない。1988年、政府は「有限貸与金法令」を公布し、1990年から正式に実施することとした。同法令は、政府は1990年以後就学援助資金の総額を増加させないが、就学援助政策は維持していくことを決め、貸与金を増設して、政府の生活資金関係の援助低下に伴う学生の損失を補うこととした。貸与金には最高限度額があるが、政府が定める基本生活費が標準となる。

2.2 イギリスの高等教育財政支出体制の特徴

(1) 中央政府の立法の尊重は高等教育財政支出の前提

イギリスの政治体制は中央集権型である。このために高等教育の財政体制においても中央集権的特徴が顕著である。中央は高等教育立法には一般に原則的部分でかかわりをもつだけである（歴史上、イギリスはわずかに「オックスフォード法」と「ケンブリッジ法」の2つの特別法を公布しただけ）。ただし、高等教育系統に対して具体的な強制的性格をもっており、例えばイギリス議会が1902年、1944年、1962年、1988年、1990年、1991年及び1992年に通過させた「（高等）教育法」は、適宜全国の高等教育改革とその発展を誘導し、高等教育の具体的な法整備は地方議会が法を制定し、執行してきた。

(2) 高等教育の財政支出の部門、機関及び権限の分割

高等教育に財政支出する政府の部門と機関は頻繁に変わったが、いずれも最初の変化は高等教育に対する政府の関与が強化されるかたちで現れ、最後には現在のような顕著な中央集権的管理の特徴を備えた部門と機関が形成された。大学に対する支出は4つの段階に分かれている。議会、政府主管部門、大学への資金交付機関及び大学である。議会は国の最高の立法機関で、全国

的な性格をもつ高等教育立法と大学系統に対する支出は必ず議会を経てから執行されなければならない。同時に議会は全国検査局と首席検査員を設置し、検査局は政府支出を受けた大学に対する検査と支出項目に関わる評価を行う権限を有し、それによって高等教育支出の有効な使用を政府に保証する。

議会が承認する高等教育支出は、教育雇用訓練省と公共サービス科学センターに関するものである。教育雇用訓練省は会計主管を設けて高等教育財政審議会の支出を管理し、合わせて支出の使用状況を議会に報告する責任をもつ。同時に、同省は高等教育財政審議会の支出に対する検査業務を通じて審査する権限を有しているが、大学自体に対する調査は行わない。

高等教育財政審議会は政府機関ではない。政府が大学に資金を交付する最終段階の機関である。高等教育財政審議会は主として大学の教育の経常的経費への支出と一部の科学研究支出を管理し、この委員会は支出するときには支出を受ける大学と覚書を締結する必要がある。覚書は、大学が政府資金を獲得し使用するときに遵守しなければならない条件を規定しているが、ただし覚書の規定は大学の学問の自治と独立性に干渉してはならない。高等教育財政審議会はまた議会に対して責任を負い、資金を受ける大学の規定遵守と資金使用等の状況を把握し明らかにする。

高等教育財政審議会の活動の年度行程は次のようである。毎年4-11月にその年度の高等教育資金需要の状況と将来の動向について教育雇用訓練省と協議する。11月に教育雇用訓練大臣は高等教育支出を宣布する。12月に一般の大学と継続教育を行う大学（訳者注：社会人教育に従事する大学）は、高等教育財政審議会に当年度の学生の学部別分布の資料を提供し、その情報資料は大学の教育に対して交付する資金の計算時に必要となる。大学はさらに当該年度の科学研究活動の状況を示す資料を提供する必要があり、それはその年度の科学研究資金を支出する額を計算するときに役に立つ。1月に高等教育財政審議会は教育関係の支出、科学研究及びその他の支出の総額を発表する。2月に高等教育財政審議会は大学と高等教育機関への分配を決定する。3月に大学と高等教育機関への支出内容を正式に発表する[18]。

大学には、財政覚書の枠組みのもとで受け取った政府資金の正当な使用を

保証しなければならない管理責任がある。各大学は必ず会計主管を任命し、政府からもらった資金の使用状況を大学管理者に定期的に報告させなければならない。会計主管は、ときには高等教育財政審議会の主管と共に議会下院に対しても資金の分配と使用の状況を報告するよう要求されることもある。

公共サービス科学センターが主管する科学研究項目の支出スケジュール及び各機関の権限の範囲は、教育雇用訓練省の大学支出管理と類似しているが、違うのは科学研究項目の配分が研究基金会諮問委員会を経由してそれぞれの主要な財政審議会になされ、そこから再び各大学に届くことである。研究基金会諮問委員会の職責は前に述べたので、繰り返さない。

(3) イギリスの高等教育財政支出の範囲、規模及び構成

イギリスは、政府からの支出を受けない放送大学とバッキンガム大学を除いて、政府は高等教育財政審議会と各大学の研究基金を通じてすべての大学に支出する。高等教育財政審議会は、高等教育課程を設置する132の高等教育機関と継続教育を行う170の大学を支援する。政府の大学への支出は主として3つの大きな部分、教育関係、科学研究関係及び特定事業からなっている。2003-2004年度は、高等教育財政審議会の大学への支出総額は54億8,100万ポンド、そのうち教育関係の額は33億9,900万ポンドで、支出総額の62.0％を占めている。科学研究関係は10億4,200万ポンド（支出総額の19.0％）、特定は8億6,200万ポンド（同15.7％）である。大学の教職員への支援は1億7,800万ポンド（同3.3％）である[19]。

(4) イギリスの高等教育財政支出のモデル

政府の高等教育財政支出には主に3つの面がある。教育の経常的経費の支出、科学研究及び学生への援助である。採用されている支出モデルは、主に計算公式に基づく方法と契約による方法である。時期は同じではないが、計算公式に基づく方法、入札による方法、基礎数による支出とそれに発展を加味する方法、基本支出と補正を加える方法、特定項目の支出方法など幾種類かの具体的な形式が採用されたことがある。

①計算の公式に基づく方法　1986年、大学補助金委員会はそれまでの総額支出の方法を廃止し、教育の経常的経費の支出分を教育支出と科学研究支出に

区別し、計算式に基づく支出方法の採用を始めた。その支出は、全国の大学にある37の学部類型を基礎とする学生募集人数に基づいて計算され決定された。

以下では、科学研究支出を例として計算式による支出の変遷を紹介しよう。

科学研究への支出は研究者の人件費、直接的な支出、科学研究の契約に関連する付加的支出、評価による支出という4つの部分に分かれている。そのうち直接的な支出は、大学の37の学部類型を基礎とする学生数と教員数に基づいており、基本的な科学研究活動を確保するものである。直接的な支出は、大学が各研究基金会と寄付団体から獲得しようとしている資金計画をもとに、資金を獲得した科学研究機関に対して相当額の補充資金を提供するものである。科学研究の契約に関連する付加的支出は、主に大学が商工団体と政府部門から獲得した契約収入に基づいて支出を計画する。評価による科研支出が設けられた趣旨は、政府の重点研究領域の確定を通じて大学間競争を推進し研究者の意識を高め、それによって高等教育機関が使用する援助資金に対する監督を強化しようとするものである。評価による支出は、政府の科学研究支出における選択性を増大させ、大学における科学研究の質の重視を促進した。科学研究の実力と成果は、大学補助金委員会の下に属する学部委員会が評価するが、この時同時に各研究基金会とその他の関連機関から出された意見を考慮する。1992年の高等教育財政審議会の成立後、科学研究支出に対する公式モデルの改良が進められ、科研支出は科研の質に関する支出、科研契約付加支出、科研発展支出の3つの部分に分かれた。科研の質に関する支出は5点制を採用し、5点が最高、1点が最低である。大学のある学部が1点と評価されると、その学部は科学研究の質に関するどんな支援も受けることができなくなる。科研契約付加支出は大学が獲得した契約収入に基づいて資金援助を計画するもので、資金の支出は高等教育機関が経費を分配する単位の獲得した科研契約付加支出に比例して行われ、大学がヨーロッパ共同体からの科研契約収入を獲得することを奨励している。科研発展支出は、大学に昇格した高等技術専門大学の科学研究を支えるためのもので、その支出は、各経費が分配された単位で研究に活躍した学術スタッフの人数に基づい

て、比例配分される。

②**入札による方法** 教育と科学研究に対する政府の支出は、いずれも入札制度を採用したことがあった。1988年大学財政審議会がスタートすると教育関連支出に入札モデルが導入されたが、その目的は、政府支出が大学で有効に配分され使用されるためであった。この方法は、学部類型を基礎とする支出計画の概算に基づいて、主要な1人当たり全日制学生にかかる経費を概算し、全日制学生経費中の教育経費の割合を確定し、しかる後にインフレ率と学部レベルの経費学生1人当たり額を結合して、20の学部にグループ分けし、グループごとに基準価格を計算する。この過程は、公式を通じて計算する方法である。大学財政審議会は、確定後の各学部の基準価格に基づいて高等教育機関に入札を募集し、その後高等教育機関は競争入札を行う。一般に、基準価格よりも低い入札価格の可能性が多い。しかし、実際の運営から見ると、科学技術専門大学は大学に比べて効果がある。大学は自分自身の利益を維持するために同盟を結び、入札価格を統一するので、大学財政審議会が基準価格より低い入札価格に出会うことはきわめて少ない。

③**基礎数に発展要素を加える方法** 大学財政審議会は、1992－1993年度から教育支出について基礎数に発展要素を加えるモデルの採用を始めた。その方法は主に次の通りである。まず、大学の学生募集人員を確定する。それは、1991－1992年度募集の国家資金助成を受けた学生を基礎に調整して得られた人員数を基礎数とする。この部分への支出は国内のインフレ指数と効率指数を考慮して計算する。次に、基礎数とする募集人員以外の部分は、大学を拡充する発展要素として超過人員数を設定するが、それは大学が競争によって獲得する。最後に、定員拡大計画は5つの学部グループに分配し、合わせて高等教育機関の競争資格（主要には募集定員と実員の数）と高等教育機関の教育の質に対する評価を考慮する。基礎数に発展を加える方法の実行は、分配支出時における競争規制を導入し、それによって競争を通じて大学に学生1人当たりの支出を削減させ、支出した資金の使用効率を高めるものである。

④**基本支出に補正支出を加える方法** この方法は、基礎数に発展を加える方法にさらに競争的性格を備えたものである。基本支出は、まず政府による国

内総生産とインフレ率の予測及び政府が定める一般的な効率指数に基づき、高等教育機関が前年度に獲得した支出の額を基礎に計算を確定する。高等教育機関の学生募集人員は不変であるとの前提のもとに、基本支出は高等教育機関が基本的に獲得した前年度の教育支出を基礎数として確保される。補正は主に高等教育機関が募集人員を増やした人数によって提供するものである。基本支出と補正支出は11の学部類型別に配分し、いずれの学部も若干の支出単位に別れている。もちろん基本支出も補正支出も、すべて高等教育機関の近年の経費使用効率に基づく競争を通じて確定する。競争的な性格をもつ要素は、主として各高等教育機関の学生1人当たりの国家支出であるが、一般的には高等教育財政審議会による大学教育に対する支出総額を前年度の本国及びヨーロッパ共同体の学生の在籍人数分で割った額である。基本支出についていえば、もしある高等教育機関への国家支出が少ないと、それに応じて教育支出が増加する部分もまた少なくなる。高等教育機関の財政的安定を保持するために、高等教育財政審議会は高等教育機関の基本支出に関する減少幅を規定し、各支出単位の最高減少幅は3％とし、最低幅は0.5％としている。基本支出に比べて、補正支出の金額は非常に少ない[20]。表2-8に示されるように、1993-1995年、教育支出総額における基本支出の割合は85.3％、69.9％及び98.2％であった。補正支出は、1993-1994年度の4,500万ポンドから1995-1996年度の7,550,489ポンドに低下しているが、これは補正支出が高等教育機関に対して有する効率を示すという説明に対応していない。1996-1997年度からは補正支出が廃止されたが、基本支出はずっと維持されている。以後、高等教育財政審議会は高等教育機関が経費の使用効率を高めることを奨励している。また基本支出以外に基本付加支出、基本調整

表2-8　1993-1996年度のイギリス高等教育財政審議会の教育支出の状況

単位：英ポンド

年　度	教育支出の総額	中心的支出	周辺支出
1993-1994	1,555,000,000	1,327,000,000	45,000,000
1994-1995	2,290,000,000	1,600,000,000	11,667,035
1995-1996	2,220,000,000	2,180,000,000	7,550,489

資料出所：イギリス高等教育財政審議会 (http://www.hefce.com)

支出、付加支出を採用し、参与支出などの具体的形式を拡大してきた。これによって基本支出に補正支出を加える方法の改善がはかられているということができる。

⑤**特定項目に支出する方法。** この方法を採用するのは、主として公式によって支出を計算するのが不便な教育、科学研究と関連する活動に対応するためである。高等教育財政審議会は、特定項目支出の項目に対する定期的な評価を行い、資金が適当に使用されているか、支出項目の積極的意味合いがどうかを理解するようにしている。活動結果が求めるものに達しないものについては、審議会は特定項目への支出あるいはその項目を逐次減らし、公式に基づく方法を基礎的な支出項目に導入している。特定項目に支出する方法は主に以下の方面に利用される。国家戦略優先領域では、例えば教育の発展と最良の教育実践活動の採用を支援し、高等教育の進学率を高めて大学を経済社会の発展要求に適応させることや大学の戦略的な発展に協力すること、などである。全国的な性格をもつ基本施設の建設では、全国的なIT系統と大学キャンパスのネットワークを包括的に構築する。用途を指定する基本建設投資の項目では、例えば、過去の投資の後続投資及び継承性のある資本的投資項目などである[21]。

2.3 イギリスの高等教育財政支出体制の改革の趨勢

イギリスの高等教育は、「ロビンズ報告」以来、長足の発展があるが、近年の高等教育財政支出体制の改革の動きは主として以下のいくつかの点に現れている。

(1) 政府投入と市場化の合体が高等教育の発展を推進

1996年の「デアリング報告 (The Dearing Report)」(『学習社会における高等教育』)は、将来のイギリスは学習型社会となり、グローバリゼーションと知識経済の迅速な発展が必ず社会各層の高等教育に対する広範な需要を促し、国民により多くの学習機会を保証するために、政府は高等教育にいっそう大きな財政力を投入しなければならないことを予測した。現在のイギリスの高等教育への入学率はアメリカ、オーストラリアなどの発達した国よりも低く、高等

教育の入学率を高めることは政府にとって重要な関心事であり、報告は現在の32％の入学率を45％に高めること、このために大学の規模の拡大が必要となるので、政府は高等教育支出の伸び率をGNPの伸びに比例させることが必要であると、以下のように提言している。貧困地区の青年のためにより多くの資金を提供し、彼らが高等教育のより多くの機会を享受するようにさせる。そうすることによって高等教育財政支出を逐次最適なものとし、高等教育への入学の機会均等を促進する。高等教育財政支出は、学生数の伸びと学生1人当たりの費用とのバランスを考慮しなければならない。高等教育財政支出は、教育と科学研究の質が支出の金額とどのような関係にあるのか考慮することが必要であり、それによって高等教育支出の実績・効率を評価する有効な方法の確立を探求する。高等教育においては今後さらに市場の調整作用が発揮されるべきである。学生が授業料を免除されて高等教育を受ける状況を改め、応益負担の原則に基づき、大学が直接学生から学費を取ることが認められるべきである。高等教育の国際化をさらに一段と拡大することは、大学の経営資金不足を補うことにもなる。政府は関連政策を策定し、それによって工業界の資金を吸い上げて大学に投入し、産学協同を推進する。このように、政府の財政的投入の増加と同時に、市場による調整はイギリスの高等教育の発展過程でますます重要な役割を発揮していくであろう。

(2) 政府支出の重点は国家の優先的発展戦略に置く

　高等教育の機会の公平は政府支出が力点を置くところの一つである。政府支出の政策は経済的に困難な学生と経済的に遅れた地区に優先的に向けられ、それによって高等教育の機会の最大限の公平を保証しなければならない。支出は大学の通信情報技術の高度化に優先的に用いられ、支出する機関は大学が通信情報技術発展戦略を策定することに協力し、それによって情報社会の高等教育に対する今後の要求に適切に対応しなければならない。高等教育の質を保証するために、政府は質の標準を定め、それを支出の拠りどころとし、標準に達することができない大学に対しては、支出を減らさなければならない。教育の領域においては、ますます多面的に実績・効率を考慮するようになっているが、このこともまた政府支出について注目される点の一つで

ある。

(3) 政府支出の基金制度の改革

政府の財政投入を拡大し、それによって大学基金づくりを推進してきたことは、基金の支出制度としての効率を高めてきた。最近、イギリスの教育雇用訓練省は声明を出し、2005-2006年までに政府の支出12億ポンドが基金制度の改革を担う資金として投入されるとした。この一括した支出は政府支出の総額を19%増加させ、各高等教育機関の学生1人当たりの基金の額を700ポンド以上増加させ、さらに支出の分配は各高等教育機関の業績に基づいて行い、政府が定める高等教育目標に到達すれば、2.5%の枠外支出を獲得でき、目標を超過達成すると3.5%の枠外支出を獲得できる。このように、イギリスの高等教育財政審議会の支出は、支出の配分をめぐる競争的性格と選択的性格にさらに重点を置いている。

(4) 研究創造と基礎研究の支援は政府の科学研究支出の優先的方向

高等教育財政審議会は、2003-2008年の戦略計画において科学研究支出の目標を提起した。イギリスは世界の科学研究の先端領域において強大な実力をもち、経済と国富の増大に貢献し、同時に知識の伝達と普及を拡大させなければならない。このためには、次のことが必要である。世界の先端的地位にある科学研究を支援、奨励すること、科学研究部門間の効果的な連携を強化して研究水準と効率を高めること、また、新しい科学研究領域を振興するためにさらに多くの資金を提供し研究創造能力を培養すること、科学研究支出の選択的、競争的なメカニズムを構築して、科学研究の成果を有効に評価し、大学の科学研究をめぐる競争意識を高め、科学研究支出が大学間に有効に配置されるよう保証すること、科学研究支出の2つのルートを十分に利用して、大学の科学研究が国家目標の達成を優先するよう誘導すること、科学研究資金の政府以外の提供者との提携・協力を強め、それによってさまざまな科学研究目標が国家の科学研究に対する長期的な計画方向から乖離しないことを保証すること、さまざまな学部領域の科学研究の成果の評価は、グローバルな科学研究の背景に基づき、科学研究支出の公平を体現しなければならないこと、科学研究に従事する人材の養成と学生の科学研究能力の増強は科

学研究の先端を保持することであるので、とくに博士のためにより多くの科学研究の訓練機会を提供しなければならない。以上にのべた措置は、イギリスの科学研究支出が明確に国家の優先的戦略目標に従っていることを示している。

3 日本における高等教育財政支出体制

3.1 日本における高等教育財政支出の変遷

(1) 第二次世界大戦前の高等教育財政支出

　日本において高等教育が始まるのは明治時代からである。1872年、日本政府は教育に関する初めての法令である「学制」を公布した。この法令では大学の性格、役割、授業料の基準などが定められ、かつ大学の運営資金は主として政府の財政支出によるものとされた。日本における高等教育は、このように初めから政府主導型であった。1886年、天皇勅令のかたちで帝国大学令が公布された。この法令は大学の本質が国家服務にあることを強調し、同時に帝国大学の壟断的地位を保証するため、政府は帝国大学に対して傾斜的に投資し、帝国大学の建設を財政上優先的に保証しなければならない、とした。これは、日本政府が最初から法令の形式でもって大学に対する支出を行うことを明確に規定するものであった。1918年の新「大学令」は、高等教育の国家主義的観念を一段と強調したが、同時にこの法令は、地方及び民間団体が私立大学を設立することを許した。これをきっかけに、日本の高等教育は迅速に発展することとなったが、政府支出は依然として帝国大学の発展を優先するものであった。

(2) 第二次世界大戦後の高等教育財政支出

　戦前に実施された高等教育の国家エリート制度は、結局、日本を軍国主義に押しやった。そのために終戦後、高等教育体制の改革は必至であった。1946年に発表された『アメリカ教育使節団報告書』では、日本の高等教育の将来発展についての主要原則を確立した。すなわち民主、自由、大衆化及び

国際主義をもって高等教育の将来発展の目標とするものである[22]。この原則に従って、1947年、日本の国会は教育基本法と学校教育法を採択、公布した。以前は教育に関わる条例は勅令によって定められたが、この2つの法律は勅令主義を放棄し、現代の法治精神に基づいたものである。ゆえに、日本の戦後高等教育の発展を支える法的な拠りどころとなった。学校教育法は、学校設置者は学校を管理し、法令に特別の定めがある場合を除いて、その学校の経費を負担する、と明確に定めている。これは、国立学校の経費は政府の財政支出によることを表明したものである。1949年、日本政府はわざわざ国立学校設置法を制定した。当時、国立学校は全国に69校あったが、中には格上げして大学とされたものが少なくなかったため、教育施設や教員配置には政府の財政支出がかなり必要で、このような学校経費の確保は大いに国家予算によって解決された。それと同時に、私立学校法も公布された。この法律の要点は2つある。1つは私立学校の自治に高度の関心を注ぎ、もう1つは私立大学が公共性を有することを明確にしていることである。つまり、私立大学の自主経営のもとで、国家や地方政府は憲法に触れない限り、私立大学の経費不足を補うため必要な資金を提供することができる。かつ、提供された資金は必ず政府の管理下で使うこととなる[23]。『私立学校法』は、私立大学の地位と政府の私立大学に対する財政援助について初めて規定し、政府は財政援助を通して私立大学を国家のマクロ的な管理の範囲内に置き始めた。

　1950年代半ばから1970年代にかけては、日本経済の飛躍と急速な成長期に当たる。1957年に日本政府は「新長期経済計画」を打ち出し、教育政策とその目標が初めて国民経済発展計画に組み入れられた。1962年に発表された『日本経済の発展と教育』と題した経済白書は、初めて教育投資の視点を叙述した。すなわち、教育投資は、高等教育を受ける人を比例的に増やすのみならず、国家に巨大な経済的利益をもたらすことができるというものである。ところが、この時期に、日本政府の高等教育への財政支出で重視されたのは量ではなく質であった。そのために、財政支出の対象を数少ない国立大学に限ることによって、質の高い人材を育成した。財政資金の有効利用を図り、特定の資金を特定の支出に充てるために、1964年から国立大学の特別

会計制度が実施された。国立学校特別会計は、企業や独立法人のような自主的な運営・運用の権利を持たず、政府が国立大学に支出する主要な支援方法とし、一般会計と合わせて国家予算を完成するものであった。この時期に高等教育への需要は飛躍的に増大したが、それは私立大学の発展を強く推し進めた。1955年に日本では国立、地方公立、私立の大学は各々72校、34校、122校であったが、1970年には75校、33校、274校へと増えた。ところが、この時期に国立大学は3校のみ増え、公立大学は1つ減った。逆に私立大学は152校増え、大学総数の70％以上を占めることとなった[24]。政府が国立大学に優先的に財政支出する政策によって、国立大学は教育の質が良い代わりに、数のほうは私立大学が上回った。これは日本における財政支出の偏りによる特徴でもある。

　1970年代以降、日本政府が一般会計から国立学校の特別会計へ繰り入れた資金（すなわち政府の国立大学向けの直接支出）は緩やかに増えたが、私立大学への支出は依然として少なかった。こうした状況が続くと、教育の機会均等などの目標実現が難しくなるため、政府は1970年から、私立大学に対して振興助成策を実施することを決定した。そして1975年に私立学校振興助成法が公布され、法律に基づく私立大学向け財政支出が確保された。この法律は、国及び地方公共団体が行う私立学校に対する助成の措置について規定し、私立学校の教育条件の維持、向上並びに私立学校に在学する児童、生徒、学生又は幼児にかかる修学上の経済的負担の軽減をはかるとともに私立学校の経営の健全性を高め、もって私立学校の健全な発達に資する、と定められた。経常的経費に関しては、政府は支出することができるが、支出金は経常的経費の2分の1を超えてはならないとした。また、政府が予算化した支出金は私学振興財団に交付し、各私立大学は私学振興財団に申請すると規定された。日本私学振興財団は、私立学校の教育の充実、向上、その経営の安定並びに私立学校教職員の福利厚生をはかるため、支出金の交付、資金の貸付けその他私立学校教育に対する支出に必要な業務を総合的かつ効率的に行うとともに、私立学校教職員共済組合法の規定による共済制度を運営し、もって私立学校教育の振興に資することを目的とするものである。私立学校振興

表2-9　1970－1997年日本政府の私立大学向け支出金の増加率と経常的経費に占める割合

年度	年増加率（％）	支出金が経常的経費に占める割合（％）
1970	—	7.2
1971	50.1	9.6
1975	57.4	20.6
1980	10.6	29.5
1982	0	26.6
1984	－12	20.3
1994	2.9	12.4
1997	2.6	12.1

出所：(日) 大学審議会：『21世紀の大学像と今後の改革方向について』、p.179、1998

助成法の公布、実施は、政府の私立大学向け支出を著しく増加させ、私立高等教育の発展を促進した。**表2-9**で示すように、1970年の政府の私立大への財政支出額は132.2億円、この年度の私立大学の総経費の7.2％を占めていた。71年と75年は各前年度に比べて50.1％、57.4％と増加した。1980年の支出額は2,605億円、当該年度の私立大学経費の29.5％に達した。80年代以降、日本経済の停滞によって支出も影響を受け、1984年に12％のマイナスとなった。90年代に経済が回復したのに伴って政府の支出も回復し、1997年は前年度に比べて2.9％上昇し、総額は2,950.5億円、当該年度の経費の12.1％に達した。70年代から90年代末にかけて、日本政府は私立大学に対して膨大な財政支出を行い、経済停滞の80年代においても政府補助は常に私立大学の経常的経費の10％以上に及んでいる。

3.2　日本における高等教育財政支出体制の特徴

(1) 法律準拠が日本の高等教育財政支出の明白な特徴

第二次大戦後、民主、自由及び国民が平等に教育を受ける権利を重視する憲法に基づいて、教育基本法、学校教育法が公布された。この二つの法律は日本において現代の高等教育の主要な法的根拠となっている。日本の高等教育は政府主導型で中央と地方の管理が実施されている。中央・地方の高等教

育機関は国家の制定している関連法規と政策に従わなければならない。高等教育の行政管理に関して、文部省（訳注：現在は文部科学省）設置法、学校教育法等の法律には、国及び地方公共団体が教育機関に行政管理の権限と責任をもつとしている。中央における高等教育財政支出に関しては、私立学校法、国立学校特別会計法、私立学校振興財団法、私立学校振興助成法等の専門の法律が規定を設けている。高等教育の財政管理においては、関連した法律をもって指導がなされている。例えば、財政法、地方財政法、地方交付税法などは、高等教育の財政管理にも及ぶ法律である[25]。一言でいえば、日本の高等教育の発展は、最初から最後まで各方面で法律の強固な影響を受けている。

(2) 日本における高等教育財政支出の範囲、支出の規模、構成

日本では、政府、都道府県及び市が高等教育向けの財政支出を分担している。そのうち政府の支出は主に国家教育活動に関わる直接的な支出であって、国立大学への支出がその例である。もちろん、政府は公立や私立の大学に対しても支出しており、文部科学省によって実施されている。地方公共団体は公立大学に財政責任を負い、私立大学への支出は主に中央、各地方公共団体による補助金である。2003年度の国家予算（一般会計）は81兆7,890億円、うち文部科学省への予算配分額は6兆3,220億円、国の予算全体の7.7％であった。国立学校の特別会計予算は2兆8,050億円、一般会計からの受入は1兆5,260億円であった。2003年度の文部科学省予算は高等教育に関してはおおむね次のような方面に使われている。第1は、国立高等教育機関への投入。文部科学省予算総額の24.0％、1兆5,190億円が国立学校特別会計に繰り入れられた。第2は、私立大学の経常的経費への補助。総額は3,216億円、予算総額の5.1％を占めている。第3は、科学研究、国家戦略及び開発研究促進計画等の競争的性格を有する支出。これらの予算額が2,714億円、総額の4.3％である。第4は、育英奨学金計画への支出。この計画に1,154億円、総額の1.8％を配分している[26]。

(3) 日本政府の私立大学への財政支出

日本では、私立高等教育の発展が迅速であり、私立高等教育は日本の高等教育において重要な地位を占めている。2000年の日本の4年制大学649校の

うち、国立99校、公立72校、私立は478校で、私立が73.7％の割合を占めている。また、572校の短期大学においては、国立20校、公立55校、私立497校と、私立大学が86.9％を占めている。在学生数では、2000年に247万1,750人の大学学部生のうち、国立47万1,630人、公立9万3,060人、私立190万7,060人となっており、私立大が77.2％の学生数を有する。全国の各種短期大学をトータルした在学生数は2000年に31万8,250人であるが、国立7万4,100人、公立2万180万人、私立が29万670人で、私立は91.3％を占めている[27]。以上のように、大学の数であれ在学生の数であれ、私立大学は絶対的優位に立っている。換言すれば、世界の上位に置かれる日本の高等教育を語る場合、私立大学が迅速に発展してきたことと切っても切れない関係にあるのである。私立大学の発展には政府の財政支出が巨大な貢献をしている。政府の対私立大学支出は、文部科学省に付属する私立大学振興財団を通じて実施される。私立大学の教育、研究条件を維持・改善するため、私立大学に補助金計画などのさまざまな措置を執行するよう、政府は奨励する。補助金計画とは、私立大学の経営コスト増、施設の維持、補充が原因で経費が不足する場合に補助するものである。また、政府は私立大学の経営状況を改善するため、長期低利のローンを提供する。さらに、2003年に文部科学省は、「私立大学教育研究高度化推進特別補助」の施策を打ち出したが、こ

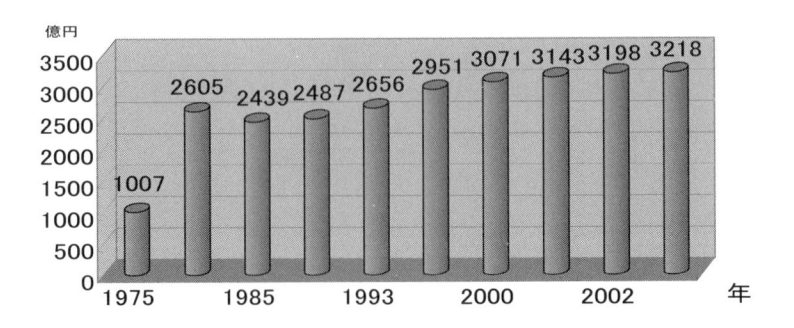

図2-1　1975-2003年における日本政府の私立大学への財政援助

資料出所：日本文部科学省（http://www.mext.com）

の計画をもって世界レベルの私立大学を養成しようとしている。**図2-1**のように、1975年の私立大学向け財政支出は1,007億円であったが、2003年に3,218億円に達し、1975年の3.2倍となっている。政府の私立大学に対する支出の伸びはかなりスピードが速い。

(4) 日本の高等教育の奨学金計画

奨学金計画は日本育英会（訳注：2004年4月独立行政法人日本学生支援機構に整理・統合）によって執行されている。育英会資金は主に中央政府、地方公共団体、公益団体、学校等からのものである。育英会奨学金は実際には貸与金である。これには2種類ある。1つは無利息の貸与奨学金。主に経済状態の困難な学生向けのものとなる。もう1つは低利息の奨学金。無利息でなくても奨学金を必要としている学生に対するものである。2003年、政府は奨学金に5,790億円を措置し、その中で文部科学省には1,154億円を配分した。これは育英会の総予算の約20％に達する。この奨学金を受給する学生は86万6,000人である。学生が無利息で受給する月額標準額は次のようである。①国立大学と公立大学では、自宅通学生は44,000円、自宅外学生は50,000円。②私立大学では、自宅通学生は53,000円、その他は63,000円。③私立短期大学では、自宅通学生は52,000円、その他は59,000円。④国公立の専門学校では、自宅通学生は21,000円、その他22,500円。⑤私立専門学校では、自宅通学生は32,000円、その他35,000円。

低利息奨学金については、大学、各種専修学校、または専門学校の学生はその学生自身の実情によって、月額30,000円、50,000円、80,000円、100,000円の4つの基準がある[28]。日本育英会の奨学金貸与は「受益者負担」を原則としている。その目的は一時的に経済困難な学生を援助して大学に進学、勉強できるようにさせるものであり、かつこうした援助方式は社会の個人への援助と個人の社会への還元を結びつけるものである。実際、貸与奨学金は日本の高等教育を発展させるのに有効な役割を果たしてきた。

(5) 国立学校特別会計制度

日本政府は歴史的に国立大学に対する優先的支出を重視してきたが、それを最も顕著に体現しているのが国立学校特別会計制度である。この特別会計

は、文部科学大臣が歳入歳出の予算案を作成して財務大臣へ提出し、そして、内閣の一般会計予算案とともに国会へ提出され、審議・可決される。この制度によると、国立高等教育機関の収入は、一般会計からの繰入金(すなわち政府の各種の財政支出)以外に、学費、入学金、病院収入、借金、寄付金、その他の収入によって構成される。これらの収入はすべて国立学校特別会計に集められてから再配分される。国立大学は、政府からの財政支出を得られるとはいえ、財政管理は非常に厳格になされている。一方では、国立学校特別会計制度は、国立大学に教育と科学研究のための資金をより多く積極的に調達させるための融通性のある条項も設けている。例をあげると、歳入が予算を超える場合、超過部分は大学の事業の発展に使用し得ること、国立大学の付属病院、あるいは他の施設を建設するための長期ローンが設けられること、委任会計制度、つまり寄付金は会計年度の制約にかかわらず学長によって使途の制限なしに使用できること、事業費は経費の枠内に限り実情によって自由に使用できること、等々である(柯佑祥、1998)。国立学校特別会計制度は、国立大学にとって正常な教育・研究活動を確保するのに必要な資金を効果的に保障してきた。国立大学の数が少ないため、政府は有限の財政資金を数少ない国立大学に投資することによって、国立大学の教育の質、科学研究の質の大幅な向上をはかることができる。日本国内において有名大学というのは基本的には国立大学であり、また日本の高等教育の国際的な地位が大きく向上してきたこともそのほとんどが国立大学の貢献であるといって過言ではない。これもまた、国立学校特別会計制度の成功の証明でもある。

3.3 日本における高等教育財政支出体制の改革の趨勢

OECDや他の国々に比較して、日本政府は相対的に少なめの資金で何十年にもわたって高等教育の高度な発展を促進してきた。とはいえ、日本の高等教育財政支出も、改革に直面せざるを得なくなっている。

①**国立大学の再編と統合** 政府は、世界一流の大学を築こうとして、国公立か私立かを問わず30の大学に対して重点的に財政支出をしようとしている。以前は、政府は国立大学に優先的に支出したが、現在に至っては、国立大学

の法人化を推進し、国立大学の改革に市場メカニズムを導入し、大学間競争を重視し、それによって政府の財政支出を大学間に有効に配分しようとしている。

②政府は、大学がハイテクパークを設立することを資金面や政策上で奨励し、大学の科学研究の成果をなるべく速く産業化させようとしている。かつては、日本では基礎研究を偏重した大学が多く、研究結果の応用には余り力を入れなかった。大学ハイテクパークの設立は、即時に研究結果が生産力に影響し、経済の成長を促すことにつながる。この政策の提起と日本の近年来の経済の継続的低迷は密接に関係があり、経済の発展状況が財政支出の体制と政策にも影響を及ぼすことを反映している。

③国立大学を法人化するに当たって、国立学校特別会計制度も改革に直面した。国立大学はもとは文部科学省に直属していたが、改革後、各大学は独立した法人組織となる。それに伴って、大学予算などへの政府の制限が緩められ、政府の支出金の使用は大学の自主的な決定によることとなり、それに関する責任を大学はもつことになった。国立大学法人の運営に必要な経費は、学生からの授業料等の収入と、国の予算に計上され国民の共同負担である租税で賄われる運営費交付金とから支弁される。国から交付される運営費交付金には標準運営費交付金と特定運営費交付金の2種類があり、いずれも大学が自由に使えるものである。また、国立学校特別会計の歳入費目であった学費は、国立大学の法人化後は、国立大学の法人収入となる。日本における国立大学法人化の改革もまた、市場経済の発展は必然的に高等教育の領域に達するということの反映である。各種大学、とくに国立大学がより積極的に市場メカニズムを導入するということが趨勢となっている。

4 オーストラリアにおける高等教育向財政支出体制

4.1 オーストラリアにおける高等教育財政支出の変遷

オーストラリアでの高等教育の始まりは19世紀である。第二次大戦以前、

オーストラリアの6つの州には大学が1つずつ設けられていた。オーストラリアは立憲制連邦国家なので、政府は高等教育機関に対する立法統制の権限をほとんどもっておらず、大学に関する立法権は各州、または地方政府に帰属していた。したがって、州政府は高等教育の立法権を有し、かつ大学に財政支出する責任も負っていた。ただし、1900年に公布された『オーストラリア憲法』第96条は、ある特定の目的、または連邦政府の高等教育に関する政策目標のために、政府が州を経て大学への財政支出を行うことができるとした[29]。

　第二次大戦後、連邦政府は高等教育の発展を促進するためにより重い責任を負うようになり、大学に対して直接に資金を投入し始めた。政府によって科学技術の社会的価値が重視されるようになるにつれ、国の科学研究と大学院教育のレベル向上を目的とするオーストラリア国立大学が創立された。その後、ニューイングランド大学 (The University of New England) などの新しい大学が相次いで成立した。1964-1965年の「マーティン報告」(Martin Report) は、高等教育を担う学校をその役割によって大学と大学院に区分することを提起した。つまり、職業教育と教養教育を中心とする大学及び学術研究を重視する大学という区分である。「マーティン報告」はハイレベルな教育機関の成立を促進する契機となり、その後、州教育省によって管轄されていた師範学校も高等教育機関に編入された。それは、連邦政府が高等教育機関へ資金提供を始めたことに大きな原因があった。さらに、60年代になると連邦政府は学生支援を政策的に重視し、1964年の全国的な大学生向け支援策の目標として、「資金援助を通じて、国家が必要とする社会的精鋭と小中学校の教師を育成する」ことを掲げた。その基本的内容は、「学費を値下げすること及び学費を負担する学生の割合を減少させること」、合わせて大学生に競争型の「連邦政府奨学金」と「師範教育奨学金」を提供することであった (陳国良、2000)。とはいえ、州政府も依然として高等教育に関わる相当大きな財政権を握っていた。

　1970年代になると、オーストラリア政府は高等教育に一段と介入の度合いを強めた。高等教育に対する連邦資金の提供は、連邦政府の目標を実現す

る主要な手段となった。このために、3つの分野にわたって改革が行われた。1つは、学費の免除である。それまでの連邦による学生援助計画に代わって、すべての在学生に対して「無償の高等教育」を実施することとした。2つ目は、それまでの「連邦政府奨学金」を非競争的な就学援助金(「第三級教育資金助成法令」といわれる)に変更したことである。これによって50％以上の学生が基本生活の維持可能な「教育資金助成」を与えられるようになった。同時に、師範大学の学生に対しては「師範教育奨学金」の額が継続的に引き上げられた。これによって、在学生は無料教育を受けられる上に、さらに80％以上の学生は連邦から助成金をもらうことになった。3つ目は、連邦政府は、教育支出、建設支出、科学研究支出、及び学生向け支出なども含めて高等教育のほとんどに資金負担責任を担うことになった[30]。改革を通じて、連邦政府は高等教育における最大の資金供給者となり、高等教育に関わる財政責任は州政府から連邦政府に移転した。

　80年代初頭、連邦政府は就学助成金に関する政策を調整し、主に受給条件の変更を行った。変更によって受給できる学生は40％以下に割り込み、半分以上の学生が受給できなくなった。同時に、この就学助成金は「オーストラリア学生就学助成金」に名前を改めた。1986年、連邦政府は、学生に対する学費無料を継続するという前提のもとで、学生から毎年263オーストラリアドルの「入学管理費」を徴収することを大学に要求した。このことは実質的に学生向け無償教育政策の改革を準備する試みであり、オーストラリアにおける無償高等教育政策の終焉でもあった。1987・88年に、オーストラリア政府は『高等教育：政策についての討論』という緑書と『高等教育：政策提言』という白書を発表したが、そこには未来の高等教育の発展についての青写真が描かれていた。それは、すなわち、経済をいっそう発展させるためには高等教育の世界的な競争上の地位を確保しなければならない、というものである。そのために、政府は、入学率を高める10カ年計画を立て、同時に全国の大学の再編・統合を行った。大学その他の高等教育機関はそれまでの44校から35校に再編され、国家の高等教育機関として統一された。そのことで、オーストラリアにおいて20年余りにわたった高等教育の「二階建

て制度」が終焉を告げた。ボンド大学(Bond University)のような少数の私立大学を除いて、高等教育機関はすべて公立とされ、これらの大学の経費も連邦政府の支出によることとなった。また、連邦政府は高等教育向けの財政支出を行う際には、一様に大学の教育目的がどうかを出発点とし、教育機関の名称ではなくそれぞれの教育状況に基づいて支出金額を決定するようにした。かくして、高等教育機関の間での公平な競争を進めるのに有利な連邦財政支出が形成された。

4.2 オーストラリアにおける高等教育財政支出体制の特徴

(1) オーストラリアにおける高等教育財政支出の範囲、規模及び構成

高等教育への財政支出は主に連邦政府に由来し、州政府は州ごとの高等教育に対する立法管理に責任をもつが、大学への支出は少額である。連邦政府の支出は、政府の下にある教育職業訓練省によって行われる。この部署は、専門の財政支出部門を設けて大学の教育、科学研究、学生支援等への支出がなされている。

1994年から、連邦政府は以前の経常的支出と基本建設支出を統合して、「一括支出」に改めた。その内容は教育支出、一部の科学研究支出及び学生費用負担計画への支出に分けられる。連邦政府の教育支出には、大学の基本運営支出と一部の特定支出(例えば公平性の配慮、教育研究環境の改善、大学付属病院及び特定基本建設支出等々)の2つがある。

大学の基本運営支出は主に教育、基本建設、郷土支援の3つの項目より構成される。教育支出はその基礎が歴史的に確定されたものである。基本建設支出は1994年から大学の基本運営支出の一部になった。この支出においては、大学は政府から支出された資金を管理できる。つまり、大学が自分の発展、維持、及び資本ストックに、自分なりの計画と手配ができるのである。2002年に、この支出に約2.82億オーストラリアドルが支出された。郷土支援基金計画は、オーストラリアの本土学生の特殊なニーズ、あるいは国によって実施されている原住民とトッレス・ストレイト島の住民に対する教育政策の目標を達成するためのものであり、基金の配分は「実績と効率を基礎にし

た公式」に基づくものである。その中では、学生の出席状況、学生の成績、奨学金を受けた課程の履修状況が係数となっており、それぞれのウエイトは50％、35％と15％である。

　基本運営支出以外の教育支出基金の中身は、下記のようである。第1は、高等教育公平計画。この計画に基金（2002年約5.9億オーストラリアドル）が設けられたのは、特殊学生に関わる国の高等教育戦略を果たすように大学を奨励するためのものである。特殊学生とは主に身体不自由者、低収入者、農村地区、または英語を主な言語としない地区に住む学生のことである。大学への支出は「実績と効率を基礎にした公式」で計算され、大学は政府から基本的支出と付加的支出の基金を獲得する。第2は、教育研究環境の改善計画。大学が教育管理においてより効果的で活力ある措置を採用し、日々高まっている学生、教職員、地域社会の要求に応えるためのものである。2002年にこの計画に2.59億オーストラリアドルが配分された。第3は、大学付属病院への支出。この支出は主に医療の研究教育を提供する大学向けのもので、大学に基本的な医療条件とサービスに必要な経費を提供する。2002年、5.3億オーストラリアドルがこの支出に充てられた。第4に、その他、例えば政府からの補足的な財政支出、基本建設の拡充、高等教育革新計画等といったものである。2002年に、上記の3種の項目に各1.126億、0.41億、0.162億オーストラリアドルが配分された[31]。

　連邦政府が1974年に高等教育支出に責任を負い始めて以来、州政府からの支出が大学の総収入に占める割合は激減した。2002年には大学の運営収入総額のわずか1.5％に過ぎない[32]。当然、州政府は他の方式で高等教育を支援している。例えば、クイーンズランド州では、より多くの応募学生を集めるために、州内の大学の新しいキャンパスづくりに土地を供給し、州内からの応募学生が多ければ供給する土地も大きくなるようにはからっている。州政府の支出は、通常はすべて目標指向で、主要なものは地域のイノベーション、大学のインフラ建設、または特殊科学研究である。クイーンズランド州は2002年からの5年間、大学に対して1億オーストラリアドルの「ベンチャー研究施設基金」を提供しているが、その目的は州の科学研究力を刺激

するものである。また、ウエスタン・オーストラリア州 (Western Australia) では、自州の学生の入学率を上昇させるために州内の大学への直接の融資と支出というかたちで資金を提供している。州内のウエスタン・オーストラリア大学 (The University of Western Australia) に対して50万オーストラリアドルの低利融資を行い、アルバニーに研究センターを作らせた上に、さらに将来4年間にわたってベンチャー研究基礎施設の建設運営に80万オーストラリアドルを提供することにしている。

連邦政府の支出総額は、**表2-10**のようになっている。1980年に政府は各級の教育に総額6.899億オーストラリアドルを支出したが、そのうち第三級教育への支出は1.560億オーストラリアドル、総額の22.6％であった。1995年に各級の教育へ24.780億オーストラリアドルを支出し、第三級教育への支出は7.548億オーストラリアドル、30.5％である。1980年に比べて8％近く増加した。絶対規模にせよ相対規模にせよ、いずれにしても連邦政府が高等教育資金を投入してきたスピードは速い。

高等教育機関の資金源から見ると、2002年度の経常的収入は総額116.141億オーストラリアドル（高等教育活動による経常的収入額が112.237億オーストラリアドル）である。そのうち、連邦政府の支出と高等教育費用負担計画による支出の総額は各々47.516億、18.336億オーストラリアドル、高等教育機関の当該年の経常的収入の40.91％と15.79％、合わせて56.7％となる。また、この年の州政府の支出総額は4.658億オーストラリアドル、当該年の総額の4.01％を占めている。1995年と比較して、連邦政府の支出、高等教育費用

表2-10 オーストラリア政府の第三級教育向け支出、及び教育支出総額に占める割合

単位：10万オーストラリアドル

年	連邦政府の教育支出総額	連邦政府の第三級教育への支出額	第三級教育の支出額が教育支出総額に占める割合（％）
1980	6,899.0	1,560.0	22.6
1985	11,848.0	3,616.0	30.5
1990	17,889.0	5,720.0	32.0
1995	24,780.5	7,548.0	30.5

資料出所：国際連合教育科学文化機関 (http://www.unesco.org)

負担計画、州政府の支出は各々4.481億、9.310億、3.621億オーストラリアドル増加した。そのうち、高等教育費用負担計画の増加が一番速く、総量において6％増加である。さらに州政府の支出も増えた。反対に、連邦政府の支出については量的には依然として増えているが、高等教育機関の経常的収入においては比重が下がる傾向が現れ、1995年の57.2％から2002年の40.91％へと16％減った。ただし、学費の割合は1995年の11.7％から2002年の21.20％に上昇した[33]。高等教育への支出において連邦政府は依然絶対的地位にあるが、近年において支出の増加幅は明らかに減少しており、政府が財政上の責任の軽減をはかり、大学は自己資金確保に乗り出したことを意味している。高等教育費用負担計画による支出と州政府からの支出の増加は、高等教育機関の経常的収入源の構成が合理化され、とくに連邦政府が学生向け支出を強化していることを意味している。学費の増加は、オーストラリアの高等教育の市場化がさらに強まったことを示している。

(2) オーストラリアの科学研究支出

オーストラリア政府は科学研究を重視しており、政府が研究開発に投入した経費は、他の欧米諸国に比べればより多い。連邦政府は研究開発支出の半分を高等教育機関に与えている。連邦は立法権を利用して高等教育機関との交流組織の創設、廃止を直接行うことができる。例えば、かつてのオーストラリア研究審議会は後には教育職業訓練省に属し、それまでの大学研究支出計画は変更された。また、学術研究に関する法律に基づいていくつかの基金が成立し、それは高等教育機関の資金源の拡大をもたらした。一般的な大学の科学研究経費は、すべて同業の第三者の評議を経て、競争的に獲得される。このことは、大学の科学研究の質の向上を促進する役割を果たしてきた。

科学研究の国際競争力を向上するために、90年代以降、連邦政府は大学の中に重要あるいは特殊な科学研究センターを創設することに力を入れ、巨額の資金を投入して国が優先する研究課題を推進することを希望してきた。共同研究センターの設立は、こうした連邦政府の財政的支援の一例であり、国の科学研究目標の実現を促し、商工業と科学研究の連携、さらに大学の卒業生が主要な研究計画に参加することによって、高等教育の発展をはか

ろうとするものである。共同研究センターの設立には連邦からの支援がなされたが、ただし連邦はセンターの建設と運営費の一部（例えば50％）を負担しただけで、その他の費用はセンターに参加する大学や組織が負担した[34]。

連邦政府の科学研究支出は、応用研究領域、純基礎研究領域、戦略基礎研究領域、及び実験室建設に分類される。2002年の連邦科学研究支出の総額は27.746億オーストラリアドルであるが、その中で、応用研究に10.477億オーストラリアドル、純基礎研究に8.474億オーストラリアドル、戦略基礎研究に6.658億オーストラリアドル、実験室建設に2.137億オーストラリアドルが配分され、その年の支出総額に対して各々37.8％、30.5％、24.0％、7.7％の割合を占めた。応用研究は1998年度の8.922億オーストラリアドルに比べて、1.555億オーストラリアドル増加し、増加率は17％である。また、科学研究支出の総額に占める割合も1998年度の34.9％より3％ほど増えた。これは、連邦政府がますます応用領域の科学研究を重視していることを示している。科学研究の資金源に目を向けると、大学の科学研究に対する連邦の支出、連邦計画、連邦政府のその他の支援、商工業界からの援助及び州と地方政府の支出が主要なものである。2002年における連邦政府の大学向け科研支出と連邦計画は各々17.457億オーストラリアドルと4.834億オーストラリアドル、62.9％と17.4％、トータルで80.3％となる。これを見るなら、連邦政府が大学向けの直接支出を非常に重視していることが分かる。60％以上の支出は、いずれも直接大学に支給されてきた。支出の類型から見ると、科学研究費は主に研究員の給料、またその他の経常的な研究支出に使われる。2002年度のその2つの支出は12.140億オーストラリアドルと11.635億オーストラリアドル、43.8％と41.9％となっている[35]。連邦政府が大学の科学研究へ支出する方式を見れば、主に科学研究一括支出と競争型支出の2つの方式がある。大学の科学研究活動は、連邦基金の3つの特別な支出計画によって支えられている。1つは教育機関への支出計画。この計画は、高等教育機関の科学研究と研究者養成の活動、大学自身の科学研究の発展戦略に関わる活動に対して支援するものである。基金の分配は「実績と効率を基礎とする公式」というモデルに従う。2002年に、この計画に2.713億オーストラリア

ドルの連邦資金が支出された。もう1つは研究基礎施設一括支出。この支出は、高等教育機関の科学研究基礎施設を維持・発展させるために支出するもので、大学の科学研究の質と水準を保つことを目的とする。2002年にこの支出に1.137億オーストラリアドルが投入された。3つ目は研究部門の基礎的仕組みを刷新するための支援。連邦政府は2002年から5年間にわたって2.46億オーストラリアドルの支出を計画している。高等教育の科学研究部門が研究の基礎施設を改善することによって研究の評価可能性を高め、重要な全国的性格をもつ特殊科学研究機関の専門的な資金需要に対応し、これらの部門の科学研究創造を促進しようとしている。

(3) オーストラリアにおける高等教育財政支出のモデル

オーストラリアにおける高等教育支出の方法は、総じていえば一種の計算公式による方法である。近年、政府は、実績という要素も考慮に入れるようにしている。支出の具体的な対象、性質、目標に応じた計算式で支出金額が計算される。主要な方法を簡単に紹介しておこう。

①**一括支出** 個別の大学に対して採用している主要な方法である。これは最初、政府と大学との間での協議、諒解を基礎に生まれたものである。第二次大戦前、州政府による各州の大学への支出においては、大学の事務にあまり干渉がなされなかった。理由は、州政府の支出が大学の収入に対して3分の1にも達していなかったからである。連邦政府はまだ財政投入を行っていなかった。第二次大戦後、連邦政府は大学財政に対する主導権を握るようになった。一括支出の内容も以前の州政府の支出と異なり、大学の教育のみならず、一部の科学研究及び基本的なインフラの整備も支出対象となり、さらに学生の就学を支援する高等教育費用負担計画という支出項目もその中に含まれるようになった。この方法では、3年に一度全日制の在学生数を計算し、それを基準に毎年、各大学に支出金が交付される。

②**用途指定支出** この方法は第二次大戦後に利用されるようになった。連邦政府の高等教育への参与に適した方法である。しかし、この方法はあまり広がっていない。オーストラリア大学委員会は、支出金の使い道の指定は大学自治と矛盾しがちで、かつ大学が自主的に使用を決定できないので大学の

有効管理にもメリットがないことを認めている。そのために、1988年以降、国の優先発展目標を支持する項目に限り、自由な使用を認めることとしているが、それに関連する支出はそんなに多くない。高等教育の政策討論文書によると、経常的支出の2%が選択的な性格の配分に充てられ、連邦政府の特定の教育科学研究目標に対応している。

　③相対的支出モデル　1988年以来、教育に関わる高等教育活動への支出は、教育職業訓練科学省が担当している。この省は、高等教育のコストを幅広く調査、検討し、支出金の計算式を発表した。この式では、大学ごとに支出金の変動幅がつけられるので、相対的支出モデルと呼ばれる。このモデルに基づいて、教育部分（基本的な建設支出を含め）に関わる支出額は普通、経常的総支出の94％前後に達している。支出標準は一般学生の負担水準を参考にして定められている。学生の負担水準は教育コストの影響を受け、学部と課程の違いもまた教育コストに影響する。学生の負担水準の決定は多様な要素の影響を受け、最終的な支出予算は政府と大学との間での交渉結果ともいえる。相対支出モデルでは、約6％の経常的支出が科学研究関連の活動に分配されるが、分配の根拠は確定している指数によるものである。指数の大小は、大学が連邦の競争的研究支出を引き出す能力を反映する。さらに、1994年から連邦は複合指数を使用し始めた。複合指数とは大学の出版物、大学院の入学と卒業の状況、及び競争的な支出を引き出す大学の能力といった要素を含んだものである。

　④実績支出モデル　オーストラリアでは、科学研究支出はますます実績を重視するようになっている。しかし、長い間実績支出モデルは教育支出には使用されていない。ちなみに、実績支出の方法は、公式による方法の補助的手段であるといってよい。実績支出の方法は、大学に教育・科学研究の実績の向上に努力させ、競争的に資金を獲得させる方法である。経常的支出中の科学研究を例として説明しよう。大学は、科学研究の競争力の向上、教師の学術出版物の増加、あるいはより多くの博士の育成などが実現できれば、それに従い支出金も増える。実績支出モデルには、特定の変数に厳格な定義がつけられている。これは、消極的な結果をもたらさないためである。例えば、

経常的支出の分配は、在学生の人数でなく、試験に合格した学生の人数によって決められる。また、科学研究向けの支出を決める場合、単純に学術出版物のみを考慮する。そうしないと大学の教育と科学研究活動にマイナスの影響を与える可能性があるからである。

4.3 オーストラリアにおける高等教育支出体制の改革の動向

連邦政府主導の高等教育支出体制は、オーストラリアの高等教育の発展を推進してきた。しかし、近年、多くの問題がみられるようになっている。例えば規模の拡大が適切かどうか、発展速度と質の向上のジレンマ、科学研究のイノベーション、高等教育の部門間部門内の構造改革と支出の具体的モデルの見直し、といったことである。このために、連邦政府に新たな財政的要求が出されている。

高等教育部門の規模は、政府支出全体の水準と国の給付能力における核心的な問題である。オーストラリアは、学生の入学率と卒業率では他のOECD諸国をやや上回っているが、オーストラリア大学学長委員会の統計によると、2002年に約10,600～17,450人が入学資格をもちながら大学に進学できなかった。そのために、この委員会の提出したレポートでは、2020年までに高等教育に対する総投資の目標をGDPの2%にすべきだと提言している。しかし、今現在はまだ1.4%前後にとどまっている。規模とともに、質もまた政府が支出を行うときに必ず考慮すべき事柄である。政府の支出総額は限定されていると仮定すれば、高等教育の規模のみを拡大しようとするなら、教育の質に相反する効果をもたらす。近年、連邦政府は、支出を受けるすべての高等教育機関に対して「品質保証枠組み」という政策を提起している。高等教育機関の教育、科学研究、研究者育成等の品質を評価、監督し、その結果はすべて「品質保証枠組み」に記録するのである。それは、政府が高等教育の規模の拡大だけではなく、同時に連邦資金を利用して教育の質の保障にも力を入れようとするものである。

近年、私立の高等教育部門が急スピードで発展しつつある。これは、政府の高等教育に対する財政政策の変化と無関係ではない。連邦政府が高等教育

部門へ支出を行うとき、以前ほど公私立を問わないようになっている。例えば、7つの私立高等教育機関は特殊な事業項目で連邦政府から資金援助を受けている。反対に、公立高等教育機関にとって、公共支出が大学の収入の50％以下になることが珍しくはない[36]。このような傾向がますます顕著になっているが、これもまた、政府による私立高等教育向けの財政政策の転換を反映したものである。高等教育部門内の構造改革できわめて重要なのは、大学の科学研究創造能力を向上させるための支出の増加である。このために、国は「国家精鋭戦略支援」を実施したが、オーストラリア研究審議会は「ネットワーク」と「開発」という項目に対して支出を増加し、かつ科学研究や大学院生の育成のため「連邦奨学金」も設立した。また、科学研究に関わる環境を改善するため、政府は大学に対して科学研究施設、図書館及び実験室の整備にも支出を増加させている。

　オーストラリアの現在の高等教育に対する支出モデルは比較的単純で、固定化されている。各大学に支出するとき、学生の専攻別の人数、地域差、学習方法といった要素には基本的に配慮していない。これまでの支出モデルは、学校が多様化や優秀な学生の獲得に先頭に立って努力することを制限してきた。近年の報告によれば、高等教育支出モデルについての討論にはおおむね2つある。1つは、効果を重視する支出モデルである。政府は、援助モデルを選択するときには、大学が自分自身の目標を追及する場合の弾力性、学生の高等教育機会の公平性、課程や学校、学習方式に対する学生の選択可能性、高等教育生産の質の保証と支出モデルの選択が長期にわたる経験で試されてきていることなどを充分に考慮すべき、とするものである。もう1つは、選択を重視する支出モデルである。これについては、学部を基礎とする支出方式、自主的な料金徴収方式、一律の学習費用を支出するモデル、可変的な学習費用の支出モデルという4つのモデルが議論されている[37]。それらはそれぞれに特徴を持ち、活用の条件は同じではない。政府は具体的状況によってその中の1つあるいはいくつかのモデルを採用して高等教育機関に対する支出を進めることになる。

5 経験と啓示

5.1 高等教育の財政支出の範囲

(1) 高等教育体制が政府の財政支出の範囲に対して有する重要な影響

　アメリカは典型的な市場経済国であり、高等教育管理体制は分権管理である。これは憲法により定められ、歴史的に形成されたものである。アメリカの分権管理の特徴は、連邦政府の高等教育に関わる法律が指導的役割に限定され、高等教育機関に対して強制力をもっていないことである。ちなみに、アメリカには国立大学は存在していない。実際の高等教育権は州ごとに分権化され、州立大学はすべて公立である。高等教育の分権管理はまた、アメリカに数多くの私立大学を成立させてきた。このような高等教育の特徴によって、高等教育向けの支出範囲の境界線が設けられてきた。連邦政府は高等教育に対する実際的な管理権をもっていないので、行政や立法では高等教育機関に対して直接に管理することは不可能である。そこで、経済的手段を用いて、高等教育に関する政府のマクロ的目標を達成することが現実的かつ有効的な選択である。連邦政府は、主に学生への援助と科学研究に支出しているが、大学が公立か私立かを問わない。州政府は主に大学の教育を中心に、それと一部の科学研究、少額であるが学生援助に支出している。州政府は、立法と行政等を通じて、財政支出の監督を厳しくしている。

　イギリスの高等教育体制は複合的な性質があり、政府の干渉と市場の調節と2つの特徴を兼ね備えている。イギリスの政治体制は中央集権制であるため、中央は高等教育機関への財政支出の主要な提供者となる。高等教育機関はすべて中央で統一管理され、地方政府は支出をほとんど行わない。イギリス政府の支出は、主に3つの分野にわたって行われる。すなわち、教育、科学研究、学生支援である。また、支出の種類によって経路や方式も違う。例えば、イギリス高等教育財政審議会の支出は、主に教育と一部分の科学研究に限られている。そして6つの専門財政審議会は自分達の発展目標によって、競争入札方式で各大学へ支出する。

日本の高等教育体制は複合性もあるが、私立の高等教育が非常に発達しており、大学の数にせよ在学生の数にせよ、絶対の優勢を保っている。中央政府は主に国立大学に優先的に支出し、この支出は専門的な国立学校特別会計予算に繰り入れられてきた。公立大学は主に地方公共団体により支出されるが、中央政府からも補助を受ける。私立大学は財源の自己調達を中心としているが、近年中央と地方行政の支援が拡大される傾向が強まっている。政府の私学への支出は、専門機関である私学振興財団を通じてなされる。学生向けの支援は主に専門的機関で民間的性質をもつ育英会で実施されるが、政府がまずこの機関に資金を交付し、その後に具体的な分配が育英会によってなされる。

　オーストラリアの体制は、イギリスと類似性がある。連邦は大部分の財政支出を担っている。現行の一括支出は教育、基本建設、一部分の科学研究、及び高等教育費用負担計画を包括している。また、オーストラリアの教育職業訓練省の下に専門の研究審議会が設けられ、高等教育機関の科学研究に対する支出が管理されている。学生には多種類の奨学金と就学援助金計画があるが、同じく教育職業訓練省によって統一して管理されている。

　要するに、高等教育体制は国によってさまざまであり、各国の高等教育支出もその具体的な範囲は異なっている。ただし、各国政府の高等教育に対する支出は基本的には教育支出、科学研究支出、学生支援支出の3つに分けられ、この3種類の支出ではいろいろな経路や形式によって支出金の監督、管理がなされている。

(2) 政府の職能の変化が各時期の高等教育支出の範囲に及ぼす影響

　歴史的時期が異なると、政府の具体的な職能は変化し、拡大したり縮小したりする。例えば、アメリカでは20世紀1930年代の大恐慌後、政府は高等教育に対してより多く、深く、幅広く支出することを求められた。第二次大戦後、退役の兵士及び彼らの子弟の入学希望が高まるにつれ、このような学生向け支援を充実するために、連邦は一連の法令を公布した。高等教育に対する連邦政府の職能の目立った変化は立法にも現れ、法律で連邦の高等教育支出の方向と重点が明確に定められた。イギリスでは、大学補助金委員会の

後期に至ってようやく教育支出と科学研究支出が区分されたが、これも、この委員会の職能改革の結果であった。日本の中央政府は前から国立高等教育機関への支出を優先し、国立大学は質、私立大学は量を重視する特徴が形成されてきた。国立、公立、私立の高等教育機関の均衡をはかるために、日本政府は近年、私立大学向け支出の強化に力を注ぎ、財政支出の範囲は拡大された。オーストラリアでは、連邦政府の高等教育に対する職能もますます拡大する傾向にある。最初、高等教育権は州政府に握られていたが、連邦が高等教育を統一的に管理するために、大学への支出を拡大するかたちで高等教育権を連邦の手中にした。一言でいえば、各国の中央政府の高等教育に対する財政支出の職能は拡大する傾向にあるといってよいが、これもまたは高等教育が準公共財としての特性を有することの必然であり、政府の公共的職能の拡大傾向に合致したものである。

5.2 高等教育財政支出の規模と構成

(1) 高等教育財政支出の規模と経済の発展には正の相関関係が存在

一般に、経済が高度に発展する時期には、政府の高等教育に対する支出は急に増えるが、逆に経済が低迷する時期には高等教育に対する支出も減速され、さらにマイナス成長も時々あり得るのである。経済の高度発展期においては、高等教育への需要が増えるに応じて、政府は高等教育への投資を拡大する。絶対規模からみれば、1919-1920年度、アメリカ連邦政府と州政府は各々、学位授与権をもつ大学に対して1,278.3万と6,169万ドルの支出を行った。1995-1996年度に至って、連邦政府と州政府の大学に対する支出額は各々238.790億と456.216億ドルに達している。1919-1920年度に比較すれば、1,868倍と739倍である。20世紀60年代から70年代中期にかけて、アメリカは経済の高度発展期であったので、高等教育も迅速に発展してきた。80年代に入って、経済が低迷状態に陥ったとき、高等教育への財政支出も減少した。他の3カ国にも同じ特徴がある。相対規模からみると、2000年、米、英、日、豪この4つの先進国では、高等教育への支出が各々GDPの2.7%、1.0%、1.1%、1.6%、政府の支出がGDPの0.9%、0.7%、0.5%、0.9%で

ある。アメリカでは、政府より民間のほうが支出は多い。これもまた、アメリカの高等教育は市場化率が高いと説明できるであろう。反対に、イギリスの大学は政府から70％の支出をもらっているが、高等教育にも政府からの干渉が強いといえるであろう。

(2) 高等教育財政支出の構成

まず、各国の高等教育に対する財政支出には教育支出、科学研究支出それに学生支援という、主にこの3つがある。アメリカでは、連邦政府の高等教育財政支出といえば学生支援と科学研究に偏っており、経常的教育支出は、公立大学は州政府に、私立大学は学費に頼っている。イギリスでは、高等教育財政審議会が大学に支出する際の割合は、教育支出が約60％、科学研究支出が約20％である。オーストラリアでは、連邦政府が2002年高等教育費用負担計画へ18.336億オーストラリアドルを支出しているが、それは連邦政府の高等教育支出総額の20％を占めている。ということは、オーストラリアでも学生向けの支援が非常に大きいといってよい。日本政府は毎年、育英会にその総収入の20％前後を支出している。要するに、4カ国における高等教育の財政支出の中身からみれば、教育支出が一番多く、科学研究支出も相当の比重を占め、かつ4カ国の政府は学生向けの財政支出を重視しているのである。4カ国とも、高等教育向けの財政支出を教育、科学研究、学生支援に明確に分類していることは、財政支出金の有効な使い方と監督に役に立つ。次に、第三級教育向けの支出は教育総支出に占める比重からみて、1999-2000年度、米、日、英、豪、4カ国政府は各々、26.2％、13.1％、20.1％、26％である。各国の高等教育への支出は比較的高水準といえる。日本を除いて、他の3カ国はいずれも20％以上である。日本は、比較的少ない投資でこの国の高等教育を速やかに発展させてきたが、日本の高等教育が短い時間で世界の先進的地位に着いた重要な原因は、政府の財政を数少ない国立大学に集中して支出してきたからである。そのことで、国立大学の高品質を確保しながら高等教育の発展を推進することができた。第3に、4カ国とも科学研究に対する投資と管理に重きを置いてきた。近年、科学研究支出は、政府の3領域の支出のなかで地位がますます高まっており、基本的に

20％前後で維持されている。アメリカでは、連邦政府の科学研究支出はアメリカ航空宇宙局、保健社会福祉省などの部門に分かれて管理されている。これは、各部門に自分の領域の発展目標に従って具体的な科学研究支出計画を作らせるためでもあり、その後の具体的な監督・管理がしやすくなるためでもある。イギリスでは、政府の科学研究支出は主に高等教育財政審議会と6つの研究基金によって大学へ交付される。この2つの機関は科学研究支出に対して重点の置き方が違っているが、科学研究支出の2つのルートは大学の科学研究の効率を高めることを促進してきた。オーストラリアでは、近年、応用型科学研究に対してさらに多く投資し、科学研究支出における選択性を強める有益な方法の探索を進めている。日本政府は、大学と産業との共同研究を奨励し、科学研究の成果を産業化することに一定の効果をあげている。

5.3 高等教育財政支出のモデル

4カ国における高等教育財政支出の方法として主に採用されているのは、公式支出法、特定支出法、増分支出法等である。公式支出法は西欧国家であまねく採用されてきた方法の一つである。この方法は、計算式に基づき選定された係数で金額を計算することができるので、人為的な要素を減らし、支出の効率をアップさせるメリットがある。各国の公式支出法は統一されておらず、政府は自国の実情に従って用いる公式を決めている。同じ国内でも、地域によって違う公式を採ることがある。これは、政府が支出の対象、目標、または公平と効率などの要素を考慮する必要があるからである。特定支出法とは、特定の対象に対する支出であり、科学研究支出は一般にこの種の方法を採用している。このモデルでは、競争入札をもって、財政支出の最適配置と効率使用を確保する。増分支出法は現在、4カ国における使用は少なくなっている。西欧国家における高等教育に対する財政支出体制は改善され、支出も透明度と公平性が向上しているが、増分支出法は公平の原則に相反しており、さらにこのモデルは財政困難な時期には執行しにくい。また、言及に値することは、4カ国では、近年に高等教育支出に対していくつかの実績指標を採用し始めたことである。例えば、アメリカのケンタッキー州（Kentucky）

では、25の実績指標を使って政府の財政支出を比較考量する。しかし、現在、実績支出モデルはまだ公式支出法の補助的手段として使われているだけである。それは、実績指標として定性的な標準を把握・定量化することが困難なため、応用の範囲と程度が限られているからである。しかし、実績支出モデルは今後ますます広がっていくと思われる。

原注

1 Cunningham,J. (1980). Sources of finance for higher education in America. Washington D.C.：University Press of America.
2 陈列《市场经济与高等教育——一个世界性的课题》p.88 北京 人民教育出版社 1998。
3 データ出所：アメリカ国家教育統計センター（http://www.nces.com）
4 陈列《市场经济与高等教育——一个世界性的课题》p.99 北京 人民教育出版社 1998。
5 王春《美国州政府高等教育财政研究》北京师范大学博士论文 2000年 p.52。
6 データ出所：アメリカ国家教育統計センター（http://www.nces.com）
7 杨晓波 "美国联邦政府的高等教育政策研究"《外国教育研究》 2003（3）。
8 Hines, E.R. (1986), *Appropriations of State Tax Funds for Operating Expenses of Higher Education 1986-1987*,Washington D.C.：National Association of State Universities and Land-Grant Colleges, p.5.
9 データ出所：アメリカ国家教育統計センター（http://www.nces.com）
10 データ出所：アメリカ国家教育統計センター（http://www.nces.com）
11 データ出所：アメリカ国家教育統計センター（http://www.nces.com）
12 Johnes J. & Taylor J. (1990), *Performance Indicators in Higher Education*, Open University Press, p.30.
13 Shattock M. & Berdahl R. (1984), "The British University Grants Committee 1919-1983: Changing Relationships with Government and the Universities", *Higher Education*, 1984 (13), p.473.
14 ［オランダ］ Frans Van Vught《国际高等教育政策比较研究》王承绪等译 p.367 杭州 浙江教育出版社 2001。
15 Shattock M. & Rigby,G. (1983), *Resource Allocation in British University,* SRHE, p.166.
16 ［オランダ］ Frans Van Vught《国际高等教育政策比较研究》王承绪等译 p.372 杭州 浙江教育出版社 2001。
17 张民选《理想与抉择—大学生资助政策的国际比较》pp.231～236 北京 人民

教育出版社 1998。
18 イギリス高等教育財政審議会委員 (http://www.hefce.com), *Funding Higher Education in England,* 2003, p.5.
19 データ出所：イギリス高等教育財政審議会委員 (http://www.hefce.com)
20 データ出所：イギリス高等教育財政審議会委員 (http://www.hefce.com)
21 HEFCE, *Funding Higher Education in England*, Guide: How HEFCE Allocates Its Funds, 2003, pp.17-18.
22 王迎君《战后日本教育体制改革的基本特征》《日本研究》2003 (4)。
23 ［オランダ］ Frans Van Vught《国际高等教育政策比较研究》王承绪等译 p.217 杭州 浙江教育出版社 2001。
24 出所：日本文部科学省 (http://www.mext.com)：Statistics: "Educational Administration and Finance".
25 陈国良《教育财政的国际比较》p.80 北京 高等教育出版社 2000。
26 出所：日本文部科学省 (http://www.mext.com)：Budget, 2003.
27 出所：日本文部科学省 (http://www.mext.com)：Statistics.
28 出所：日本文部科学省 (http://www.mext.com)
29 ［オランダ］ Frans Van Vught《国际高等教育政策比较研究》王承绪等译 p.31 杭州 浙江教育出版社 2001。
30 ［オランダ］ Frans Van Vught《国际高等教育政策比较研究》王承绪等译 p.20 杭州 浙江教育出版社 2001。
31 Common Wealth of Australia: Setting Firm Foundation-Financing Australian Higher Education, 2002.
32 Common Wealth of Australia: Setting Firm Foundation-Financing Australian Higher Education, 2002.
33 資料出所：オーストラリア教育科学訓練省 (http://www.dest.com): Statistics Relating to Higher Education.
34 ［オランダ］ Frans Van Vught《国际高等教育政策比较研究》王承绪等译 p.34 杭州 浙江教育出版社 2001。
35 資料出所：http://www.dest.com
36 Common Wealth of Australia：Setting Firm Foundation-Financing Australian Higher Education, 2002.
37 学部を基礎とする支出モデルなどの具体的な内容について、Common Wealth of Australia: Setting Firm Foundation-Financing Australian Higher Education, 2002、pp.43-50を参照。

3 高等教育経費調達の国際比較

　高等教育経費とは、高等教育の領域に投入されて、高い専門的な人材を養成するために使用される費用を表したものである。それは公共的な教育経費と、企業・個人それに国外から提供される教育資金、借款あるいは援助を含んでいる。国連のユネスコ『統計年鑑』によれば、公共的教育経費は一般に二つの部分を含んでいる。一つは教育経常費あるいは教育事業費といわれるもので、大学等の日常的な運営に必要な教職員の人件費、学校図書および設備の購入、学生の奨学金、福利サービス、校舎の補修、キャンパス緑化などの面での支出をさす。今一つは教育基盤建設費であって、不動産やキャンパスの建設、大型の教育研究設備などの面での支出をさしている。したがって高等教育経費の調達は高等教育が発展するために必要な前提であるとともに、高等教育の質量を高める物質的な保障であり基礎である。この章では、世界のいくつかの主要国家の高等教育経費調達の比較を通じて、その趨勢、すなわち財政的な教育経費を主体としつつ、教育経費調達において多ルートが併存する様子を明らかにしたい。これには、各国が大学経営経費の不足を有効に補い資金調達体制を整備して資金の利用効率を高めていることについて、つぶさに参照するという意義がある。

1 アメリカにおける高等教育の経費調達

　アメリカは世界で高等教育が最も発達している国の一つである。1998年

度、全米で学位授与権をもった大学は合わせて4,064校、そのうち四年制大学は2,309校、二年制大学は1,755校である。在学生は1,450.2万人で、そのうち昼間部の在学生は843.8万人である。世界で群を抜くこの地位は、また世界で群を抜く高等教育への資金調達に根ざしている。1996年度、全米の高等教育経費は1,979.73億ドルであり、これは世界一である。このような巨額にのぼる経費は、政府(連邦政府、州政府及び地方自治体を含む)の支出、学費諸経費、販売サービス収入、寄付収入、留学生の受け入れによっている。
表3-1はアメリカにおける高等教育経費調達の特徴を示している。すなわち高等教育経費の源泉の多様化である。源泉は主要には連邦政府、州政府あるいは地方自治体の支出、学生の払う学費、大学が経営やサービスを通じて得た収益、寄付等である。アメリカ連邦政府教育部統計センターの1996年の統計によれば、連邦政府、州政府、地方自治体を含めた政府の財政支出は、公立大学において51.0%を占めており、私立大学では16.5%を占めている。学費収入は、公立大学においては18.8%を占め、私立大学では43.0%である。教学収入、付属企業・病院を含めた営業とサービスによる収入は、公立大学では22.2%、私立大学では21.0%を占めている。民間の奨学金と寄付金ファンドを含めた寄付収入は、公立大学では4.7%、私立大学では14.4%を占めている。その他の収入は、公立大学では3.3%、私立大学は5.1%である。さらに総合大学と単科大学では大学の設置者の相違と大学としての特徴の相違によって、経費の源泉やルート及びその金額的な割合に明確な差異

表3-1 アメリカ高等教育経費の源泉

単位:%

源　泉	公立高等教育		私立高等教育	
	1994-1995年	1995-1996年	1994-1995年	1995-1996年
連邦政府	11.1	51.0	14.4	16.5
州政府	35.9		2.1	
地方政府	4.0		0.6	
授業料	18.4	18.8	42.4	43.0
販売及びサービス収入	23.1	22.2	22.2	21.0
寄付金	0.6	4.7	4.7	14.4
他の収入	6.9	3.3	13.6	5.1

がみられ、それはとくに公立大学と私立大学の間の差異にみることができる。連邦政府教育省統計センターの1995年統計によれば、1995年度の公立大学経費の源泉とその割合については、州政府の支出が35.9％、大学の経営とサービス収入が23.1％、学費収入が18.4％、連邦政府支出が11.1％、地方自治体支出が4.0％、寄付収入が0.4％をそれぞれ占めている。しかし私立大学の経費の主要な源泉は学費収入が42.4％、大学の経営とサービス収入が22.2％、連邦政府支出14.4％、寄付収入4.7％、州政府支出2.1％、地方自治体支出が0.6％をそれぞれ占めている。

1.1 主体となる政府財政支出

(1) 連邦、州政府、地方自治体の財政支出

現代アメリカの高等教育体系は、政府の財政支出を主体にした経済基盤の上に成り立っている。政府財政支出とは連邦、州と市の三者が共同で、あるいは分担して担う教育経費のことであって、これは地方分権体制によって定められているアメリカの教育の基本モデルである。

①連邦政府の財政支出

A．連邦政府の財政支出規模の変動傾向

連邦政府の支出が高等教育経費一般に占める割合は、高等教育収入全体の12％前後である。例えば1995年に連邦政府が高等教育に支出した189億ドルは高等教育収入全体の12.3％を占める。連邦政府が大学教育に支出する費用の使用範囲あるいは目的は、自治体あるいは大学の具体的な事務、管理に干渉することにあるのではなく、大学の建設と発展のために有効な環境を作りだし、指導とサービスを提供して大学の改革、創造の動きを励ますこと、また学生が大学に進学するために経済上の援助と保障を提供することにある。

連邦政府は、19世紀60年代には早くも高等教育の発展に直接関与するようになっている。第二次大戦以降には、連邦政府の高等教育発展における能動的な役割はさらに明確になった。

20世紀50-60年代には世界の主要な資本主義国家の経済が順調に発展し、

中には急速に発展した国もあった。アメリカ経済のこの時期の平均成長率は19世紀末20世紀初頭の平均増加率には及ばなかったとはいえ、依然として年平均3.5％以上の増加率の水準を維持していた。アメリカ史上第二の高度経済成長期だったのである。経済発展に伴って、連邦政府の高等教育への財政的支持は強まり、50-60年代の高等教育は迅速な発展を遂げた。アメリカの高等教育関係者は、この時期がアメリカ高等教育発展の黄金期であったと述べている。

　連邦政府の歴史的な高等教育への資金援助と同様に、この時期にあっても、高等教育に対する連邦政府の財政支出は、主要には国会における法案を通じて実現された。例えば1958年に国防教育法が国会で成立したが、その内容は大学の学生に低利子の学資貸与を行い、また大学で数学と外国語科目の教育研究を強化するために資金援助を行うというものであった。政府が貸与の方式で若者の高等教育機会を資金援助したのは、アメリカ教育史上これが初めてである。1958年の国防教育法から70年代初めまでに、アメリカ国会はさらに高等教育の発展をはかる一連の法案を通過させた。例えば1963年に成立した高等教育施設法では、連邦政府が大学に提供する校舎や実験室への補助と資金貸与が規定された。1964年に成立した教育機会法では、家庭環境の困難な青年に対して連邦政府が就学資金援助を行って、高等教育を受ける機会を得させることを規定した。1965年高等教育法では、大学が継続教育課程を開設することに対して、連邦政府が資金援助を提供することや、経済的困難に陥った学生に対して資金援助を行うことなどが規定された。1968年と72年には二回にわたって1965年高等教育法が延長された。1966年に成立した成人教育法では、成人教育を展開する大学のために連邦政府が資金援助するよう規定された。このような法律の施行、とくに連邦政府が学生に向けて貸与や資金援助を行ったことは、大量のアメリカの青年に大学に進学して学修する機会を与えたのであり、これは戦後にアメリカの高等教育が速やかに発展する好機でもあった。

　連邦政府の資金援助は、1970年代以降相対的には減少した。例えば1980年には連邦政府の公立大学への財政支出は大学総経費の12.8％を占めたが、

この比率は1990年には10.2%まで低下した。

70年代中期は事実上、政府の高等教育への財政投入の分水嶺であった。60年代から70年代初期にかけて、政府の高等教育経費は2倍に増加した。1976年以降は、税収の伸びがあったにもかかわらず高等教育は優先的な地位を失ってしまい、その位置を他の領域にゆずった。社会保障制度、医療保険などの基本的な社会制度が直面している深刻な財政的危機をいかに救うかということが、すでに連邦政府と州政府が最も関心を払い優先的に解決すべき問題になっていた。高等教育の地位はすでに60年代前後の優勢を失い、政府からの経費は事実上減少しつつあった。

ユネスコ『教育年鑑』の統計資料によれば、1980年の国民総生産に占めるアメリカの公共教育経費総額の割合は6.7%であるが、1990年の教育経費総額が国民総生産に占める割合は5.3%である。公共教育経費の国民総生産に占める割合は10年の間に低下している。この他に、1980年には政府の公共教育経費の高等教育における比率は38.6%であったものが、1990年には24.1%になっている。10年間に高等教育経費に占める割合が14.5%も下がったのである。

連邦政府の高等教育への支出は20世紀の90年代から再び年毎に増加し始め、1991年度は182.36億ドル、1994年度には220.76億ドル、1996年度には239.4億ドルになっている。この額は高等教育経費総額の増加とおおむね相即しているので、連邦政府の財政支出が高等教育経費の総額に占める割合は基本的に安定しており、一般的には12.3〜12.5％の間を往き来している。

高等教育に対して連邦政府が提供する経費は高等教育経費総額の10％前後に過ぎないが、アメリカにおける高等教育の発展の歴史は、連邦政府が高等教育の発展の主要な推進力であり、発展を牽引する、また方向を示す役割を果たしたことを証明している。

B．連邦政府の財政支出、資金援助の方法

アメリカ連邦政府の高等教育経費に対する支援は主要には四つの形式がある。第一は、補助金や低利の借款、アルバイト斡旋方式を通じて学生の大学入学を助け、平等な入学機会を可能な限り拡大し保障するものである。第二

は科学研究費補助の方法を通じて高等教育に資金を投入する。第三は連邦政府が土地を提供して、大学を建設するために資金援助を行う。第四には、連邦政府が決定した高等教育の中で、さらに発展させなければならない領域に対して資金援助を行う。例えば成人教育、外国語教育を発展させ、学校の設備等を更新するために資金を提供する。

第1、学生への資金援助　60年代以来、連邦政府は、高等教育機会法を含む多くの高等教育法を背景に多額の経費を支出し、奨学金、学資貸与等の方法で直接学生に支給し、青年たちの大学での学修を支えた。連邦政府のこうした措置は、高等教育機関の学生数を急速に拡大する上で主動的役割を果たした。今日まで、連邦政府の援助する高等教育経費の大部分は学生への資金援助に用いられてきた。

連邦政府の大学資金援助は1989年に105億ドル、1993年には120億ドルになったが、なお年毎に増加している。1993年度、連邦政府教育省が主管する経費は367億ドルに上ったが、その内12.2％が高等教育に充当されている。資金援助を受けている全米の学生のおよそ80％が連邦政府の援助金を受けているのである。

第2、研究資金援助　アメリカの大学の科学研究は主に研究型大学に集中している。この範疇に属する大学の数は多くはなく、一般には100校前後と考えられている。統計によれば、この100大学が連邦政府から獲得する科学研究経費はすべての大学が連邦政府から受ける科学研究経費の総額の80％以上を占めている。研究開発経費は主に科学研究計画を策定して、研究型大学の研究者が競争を通じて獲得する。計画の中には展開する研究課題だけでなく、必要な研究設備の購入、成果の出版、さらに雇用する人員や募集する研究生、人材の養成と訓練も明示する。同時に大学もまた、この研究計画を管理することでかなり高い割合の収益を得る。結果的には、国力や競争力を増強するために各方面にわたる役割を発揮しているのである。アメリカ連邦政府は大学の科学研究費の主要な提供者である。1985-90年の間、大学の科学研究経費に占める政府経費の比率はおおむね71-76％の間にあった。1940年には、全米の大学で博士課程を修了した学生の総数は32,000人余りであっ

た。そしてアメリカ政府は、この一年間に連邦政府が資金を提供して大学で展開する科学研究を支えることを決定し、連邦政府科学研究発展局を通じて7,400万ドルを支出して大学の科学研究活動を資金援助した。

連邦政府が大学に提供する科学研究経費の規模は、第二次大戦後急速に拡大した。1955年、連邦政府が大学に対して提供した科研費は3.12億ドルであったが、1974年には30億ドルに増大した。連邦政府が大学に対して提供した科研費は、1955年には大学科研費総額の約55％を占めていたが、この比率は1974年になると64％に上昇した。

1970年代初め、連邦政府科学基金会は大学と企業が共同で「共同研究センター」を設立することを財政支出によって支援し始めた。基金会は、この「センター」の最初の5年間の運営経費は基金会が提供するが、5年後には「センター」の運営経費は自主的に調達し運用することを規定している。科学基金会は1987年にはすでに40カ所のこのような「センター」を財政資金援助している。

教育部が主管する経費のほかに、連邦政府農業部等の機関もまたいくらかの高等教育関連経費を主管しており、主に定向的な専門教育、科学研究計画等に資金援助を行っている。研究型大学には、競争によって多額の経費を獲得する機会が存在している。

総じていえば、政府が支出する資金の目的は多面的であって、成果を出し、人材を育て、大学を立派にし、経済発展と科学技術の進歩を促進し、しかもさらに国民の素質を高めて、社会的な人種差別や大幅な収入格差とチャンスの不平等等々の多くの矛盾を緩和し、社会を改良するためのものである。

②州政府及び地方自治体の財政支出

一般的にいって、州政府は州の公立大学の40〜60％の経費を保障している。

1960年、カリフォルニア州政府は法律的な性格をもつ『カリフォルニア州高等教育発展トータルプラン』を公布した。この計画はカリフォルニア州の公立大学を三分類している。すなわちコミュニティ・カレッジ、四年生大学それに研究型大学である。計画の定めによれば、コミュニティ・カレッジの学制は二年制で、その運営経費は州政府が一部を負担する以外は、主要には

学院が所在する地方自治体が措置する。四年制大学はすべてカリフォルニア州立大学と総称し、その運営経費の半分以上は州政府が負担する。研究型大学はカリフォルニア大学と総称して、その経費の半分程度を州政府が負担することになっている。

　大多数の州においては、州政府高等教育経費は主要には州の公立大学に割り振られ、主に地方自治体が運営または経営するコミュニティ・カレッジには相応の資金援助を行っている。州政府が支出する私立大学経費は主に学生に対する助成金あるいは奨学金である。例えば1995年度に州政府が私立大学に支出した経費は私立大学の総経費の2.1％を占め、しかも州政府が与える私立大学経費は徐々に増加する形勢にある。州政府が1995年度に高等教育に投入した経費は公立大学が35.9％、私立大学が2.1％で、高等教育経費全体に占める割合は約24％である。地方自治体は一般に州立大学には資金を投じないが、教員養成など自治体の特殊な需要に対しては、特別支出金を用いて自治体と州立大学が協力する形式で実施をすることはある。財産税を主な財源とする地方自治体の高等教育経費は、主要にはコミュニティが運営するかあるいはコミュニティが主体で運営する二年制のコミュニティ・カレッジあるいは技術カレッジに当てられる。

　アメリカ経済は90年代には順調に発展し、多くの州政府の財政情況も改善された。したがって公立大学・学院に対する州政府の財政投入も少しずつ増加しており、一般的にはその年増加幅は4％前後である。いくつかの州では10％を超える増加率であり、例えばネバダ州は1997年度に21.3％増加した。逆にいくつかの州では経済的に不景気で高等教育経費も増えないだけでなく、むしろ減少しており、場合によっては急減している。例えばハワイ州は主要産業である観光業の衰退によって財政の縮小が起こり、教育への財政投資も減少して公立大学に打撃をあたえており、収支が赤字に陥っている場合もある。

　1992年に州政府の高等教育に対する支出は400億ドルに達したが、1993年には398億ドルまで下がった。1993年以降、州政府の高等教育に対する財政支出は増加して安定的な状態まで回復し、1996年の州政府の高等教育に対

する支出は再び444億ドルにまで高まった。

　連邦、州、地方自治体教育への財政支出はほとんど政府予算、すなわち政府が日常的に依拠している主に個人所得税、消費税、財産税を含む各種の税収によっている。所得税、消費税による税収は州政府が教育を支える主要な経費の源泉である。したがってたとえアメリカのような典型的な自由資本主義国家と自称する国家であっても、その高等教育の発展を論ずる際には、州、自治体などが果たす役割もやはり軽視することはできないのである。

(2) 政府の公立大学への財政支出

　アメリカの最も早期の公立大学は専科学校と教師を養成する師範学校であった。こうした公立大学はしかし、経費の大部分は政府に依拠していたが、大学の運営モデルは基本的に私立大学モデルにならっていた。

　アメリカの公立大学経費の半分以上は政府、とくに州政府の財政的な支出に依拠している。1996年度に連邦政府、州政府及び地方自治体から提供された経費はこの年度の経費総額の50.1％を占めており、その他のチャンネルで獲得した経費の金額をはるかに凌いでいる。公立大学における経費の財源の中で、政府財政支出が約55％で中心的な位置を占めている。しかも公立大学では、連邦政府の財政投入が年毎に増加しており、経費総額に占める比率も穏やかに上昇している。1991年度、アメリカ連邦政府の公立大学に対する投資は97.63億ドルで経費総額の10.3％であった。しかし1996年度の投資は136.72億ドルで、その割合は11.1％である。同時に、州立大学はアメリカの公立大学の主要な存在形式であって、その運営の原則は州が責任をもち、州のために活用するということであり、したがって当然にも州政府が公立大学経費の主たる負担者ともなるのである。

　政府はさらに共同出資の方法を採用して、国家社会経済と科学技術発展の戦略的な必要に基づいて課題を定め、各研究単位に計画書を提出させ、その後で関連する科学研究のレベルが最も高く条件の最もよいところと共同して科学研究を進めることを契約する。したがって各大学は科研経費を獲得するためにも、科学研究の水準を上げるために努力することを求められる。科研費についていうならば、アメリカ政府の年毎の支出は100億ドル以上に上り、

全国の大学の科研経費総額の60％を占めている。こうした方法は各大学が競争して科学技術の水準を上げるのに役立つだけではなく、科学研究をよりよく国家戦略の利益に従事させるためにも有益である。

　この他、地方自治体は基本的には私立大学に資金援助をしないが、公立大学が地方自治体から資金援助を受けることはある。例えば1994-95年に、地方自治体が私立大学に投じた資金は私立大学の総収入の0.6％に過ぎないが、公立大学におけるこの比率は4.0％である。

(3) 政府の私立大学への財政支出

　公立大学と私立大学の違いは経営経費の財源の違いにある。公立大学等の学校は経営経費の相当部分を連邦、州、地方自治体によっており、したがって学校で定めている学費はかなり安い。私立大学の在学生は公立大学の学生と同じように政府の奨学金、学資貸与を申請することができるし、一部の研究型私立大学は公立研究型大学と同様に政府の科研経費を申請することもできるが、それらを除いて私立大学のその他のすべての経費は大学が自ら調達しなければならない。そのうち主要な経営経費は学生の学費によっており、そのため私立大学の学費は公立大学に比べてずいぶん高く、一般には公立大学の学費の2倍以上である。

　アメリカ連邦政府、州政府は私立大学に対してそれほど関わりをもってはおらず、アメリカの私立大学が連邦政府から受けている資金援助の総額は年々増加してはいるものの、経費総額に占める割合はむしろ年毎に減少している。1991年度、連邦政府の私立大学への資金援助は84.7億ドルであって、経費総額の比率は15.4％である。1996年度は102.67億ドルで、比率は13.8％であった。

　一般の私立大学が公的な経費の支出を得ることは伝統的に相当難しい。20世紀の60年代後は少しずつ情況が変わったところもある。私立大学経費への州の資金援助額が増え、用途も拡大した。一般に私立大学で学んでいる学生が優待学資貸与や奨学金を受けられるようになったのである。私立大学は州の経費を学生への資金援助に用いたいと希望しており、それによって州政府経費の助成の拡大を可能にしようとしているが、公立大学も州の経費は

主要には公立大学の事業費として支出することを要望している。こうして私立大学と公立大学の両者による州の高等教育経費をめぐる競争は日増しに激しくなりつつある。

　いくらかの研究型私立大学の科研経費の源泉は政府であるが、実際にはこれらの私立大学の科学研究は政府の要求に沿って進められているのである。しかし連邦政府の研究経費は大学を養ったり維持したりするためではなく、研究成果を回収するためのものであるので、そのため高い水準の科学研究要員を擁している私立大学は、政府、自治体と緊密な関係を保って、より多くの研究経費を獲得し、大学収入を増加させるとともに学術的な声望を高め、政府のためにさらに貢献できるようにするのである。1996年度に連邦政府、州政府と地方自治体が私立大学に提供した科研経費は、その年度の経費総額の16.4％を占めている。

1.2　学費は不断の上昇傾向

　多年の実践の結果から、ほとんど学費免除に近いアメリカの高等教育でも教育の機会均等が実現されているわけではなく、最大の受益者は高い収入のある家庭であり、しかも学費を徴収しないか学費が低すぎることで、一部の大学生は高等教育を受ける機会を大切にせず、高等教育資源の巨大な浪費をもたらし、高等教育の健全な発展を阻害していることが分かる。このため学費問題は大学、とくに公立大学ひいては社会がこぞって注目する焦点である。

　アメリカの高等教育はピラミッド構造に属している。ピラミッドの底辺部は二年制の専門学校であり、職業訓練及び他大学・学院の学部への転学を目的とする二種類のモデルによって人材養成を行っている。こうした学校の費用は主に州、郡、コミュニティから調達され、学生はほんの少額の費用を納入するだけであって、ほとんど学費免除に近い。ピラミッドの中層部分は教育型の四年制大学で、普通の高等教育を受けた人材を育成することが中心であり、学生は毎年平均して約1.3万ドルの学費を納入する。ピラミッドの頂点部分は研究型大学で、押し並べて有名大学であり、主に科学研究と大学院生、博士の養成を行っている。教授陣は高い質を誇り、学生と教員の数が接

近していて、全額奨学金を受けている学生が少数いる他はすべて高額の学費を支払っている。

いくらかの有名私立大学を除いて、一般的に私立大学は自ら調達した経費が大学の総経費の90％以上を占めている。私立大学のこの特徴は私立大学が学費によって存在することを決定づけている。同時に高等教育はその本質からコストが逓増する特殊産業なのであって、そのため学費はその面からもさらに私立大学の経費収入の主要な財源となる。したがって、私立大学の盛衰と学生の学費負担能力は密接に関連しているのである。

いくつかの発達した国の高等教育支出の比較分析資料が示している数値によれば、アメリカでは、個人が高等教育に費やす経費が国民総生産（GNP）の1.2％であり、公的な経費がGNPに占める比率1.1％よりも高く、しかもその他の発達した国家と比べてもはるかに高額である。例えばドイツは0.2％に過ぎないし、フランスは0.2％である。アメリカにおいては、学費が高等教育経費に占める割合は大きくなりつつあり、しかも教育コストが全体に上昇するに従って増加する傾向にある。アメリカ教育省の下に属する研究機構である全米教育学会のワンス・グラントは「大学に進学する費用は一般的には毎年5％から6％上昇している」と述べている。これは一面ではアメリカ政府が高等教育への資金援助の水準を下げたために、学費諸費の経済負担がより多く学生とその家庭に転嫁され、学費の絶え間ない増大を招いたものである。しかし別の一面では、大学の性格や名声、キャンパス、及び学科や専攻の違いによって学生の教育コストと就職の展望、将来的な収入に一定の差異があるため、大学側が学生の学費徴収基準に格差を設けたことによる。学費の増大は、大学の側からすればやむを得ない方法ではあるが、大学が政界や社会全体に対して影響を及ぼしていく手段でもある。

図3-1はアメリカの四年制大学の平均的な学費の変動傾向を示しているが、20世紀の70年代以降、大学の学費は絶えず上昇していることが分かる。1970年に公立四年制大学の平均学費は1,363ドルであったが、同じ年の私立四年制大学の平均学費は2,920ドルで、私立大学の学費は公立大学に比べて二倍以上高かったのである。1990年には、公立四年制大学の平均学費は4,795

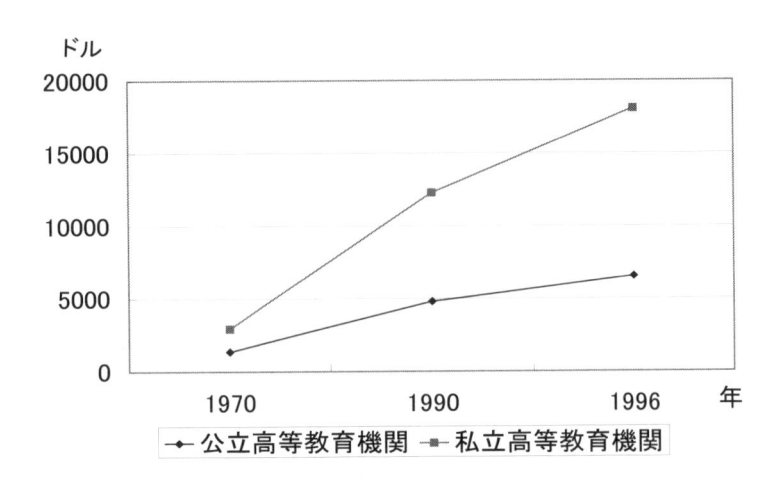

```
ドル
20000
15000
10000
 5000
    0
       1970      1990    1996  年
   ──◆── 公立高等教育機関  ──■── 私立高等教育機関
```

図3-1　米国4年制大学の平均学費の変動

ドルまで上がったが、私立四年制大学の平均学費は12,284ドルにまで増大した。公立の増大が二倍余りであるのに対して私学の増大は三倍に達している。また別の新しい統計によれば、1997年度において、公立大学の学生が一学年毎に支出する学費や住居費等が6,534ドルであるのに対して、私大学生が同じ費目についやす金額は18,071ドルに達する。1987-1997年の間に、公立大学の学費及び諸費用は20％上昇したが、私立大学は同じ時期に30％上昇している。私立大学の学費及び諸費用の上昇幅が公立大学を上回っていることが分かる。

　図3-2は20世紀90年代以降のアメリカの高等教育機関の学費及び諸経費の増大幅を示している。政府負担経費の総額にしめる比率が年毎に減少しているために、学生の負担する学費及び諸経費の負担がますます重くなっていることが判る。学費及び諸経費の増大はいろいろな方面から批判を受けているが、全国的な範囲でみると、その増大幅は依然として非常に大きいのである。1992年度、アメリカの四年制大学学生の学費及び諸経費の平均は8,238ドルであったが、1999年度には11,834ドルに上り、43.6％増大している。1992年度の二年制大学学生の学費及び諸経費の平均は4,092ドル

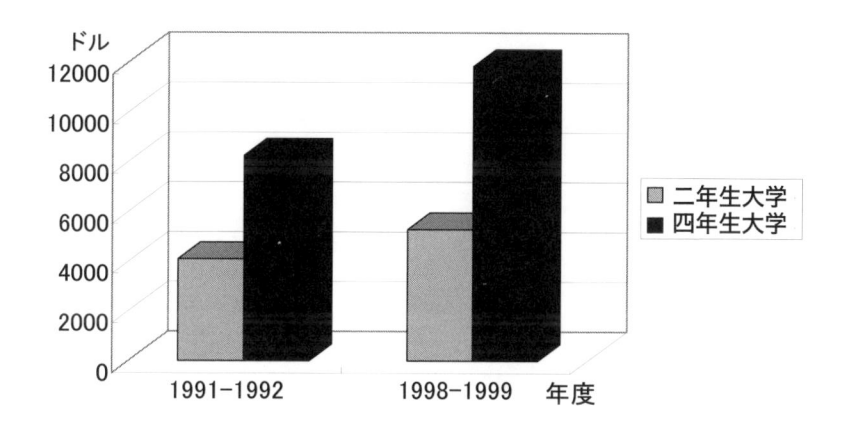

図3-2　米国大学の学費等諸費の増加状況

であったが、1999年度には5,276ドルに上昇し、増加率は28.93％である。1991-1999年の公立大学の学費及び諸経費の増加率は38％であるが、私立大学の増加率は40％である。1990-1996年の間に、学費及び諸経費が公立大学経費の総額に占める比率は16.1％から18.8％に上昇しているが、私立大学経費の総額に占める比率は40.3％から43％に増加している。

　第二次大戦後、アメリカが高等教育の大衆化段階に入って以来、学費は初めて高等教育経費の最も大きな部分を占めるようになり、また初めて州政府の支出金額を超えた。1991年度、全米の高等教育学費及び諸経費の総額は374億ドルであったが、州政府の高等教育に対する支出の総額は395億ドルであった。しかし1994年度、学費及び諸経費は486億ドルに上昇したが、州政府の支出は419億ドルに上昇したに過ぎない。すなわち金額的に占める割合からみると、1990-1993年には、学費の総経費に占める比率は25％から27％に上昇しているが、州政府支出は27％から23％に下がっているのである。

　大学の費用徴収の増大によって、アメリカの多くの家庭では比較的長期的な貯蓄計画を立て、より多くの資金を子供が大学に進むための費用として準備せざるを得なくなった。1980年代の末には、四年制私立大学を修了して

学位を取得するのに7万ドル余りを費やすだけでよかったし、公立大学に進む費用はわずか3万ドル余り、有名大学でもわずか10万ドル余りを必要とするだけであった。しかし2002年になると、上に掲げた三つの数字はそれぞれ13.4万ドル、5.2万ドル、30万ドルまで跳ね上がったのである。学費及び諸経費の大幅な高騰は、表面的にみれば大学の運営経費欠乏の矛盾を緩和しているようではあるが、しかし長期的にみるとマイナスの影響も小さくない。学費及び諸経費が非常に高くなった結果、近年来、四年制大学の学士数の増加速度が大幅に減速しており、逆に全米1,200カ所の二年制コミュニティ・カレッジの入学者が増大しているのである。

1.3 営業及びサービス収入

　営業及びサービス収入というのは教育活動、付属企業及び病院などのルートを通じて得る経費収入を指す。1996年度、アメリカの事業及びサービス収入は全国の公立大学の校費総額の22.2％、私立大学校費総額の21.1％を占めていて、両者の差はほとんど認められなかった。

(1) 大学付属企業の収入

　アメリカの高等教育機関では企業を創設し経営することはきわめて一般的であり、早くも1984年にはシュペール医科大学では五つの企業を擁する会社が設立されて、個々の企業にはそれぞれ主力産品があった。マサチューセッツ工科大学が創設した会社はマサチューセッツ州だけで四百を超えている。全米のすべての高等教育機関で、1996年度付属企業がつくり出した収入は188.68億ドルであり、経費総額の9.5％を占めている。書店、アパート、クリーニング店、ファスト・フードなどのサービス施設を含む学内の付属企業は学生のアルバイト斡旋に機会を提供するだけではなく、大学の一定の増収にも一役買っている。

(2) 産業・大学・研究機関の共同研究による収入

　アメリカでは、大学は自らの強みを利用して企業との共同研究を展開し、企業のために人材を育成し、コンサルタント・サービスを提供するが、これもまた高等教育機関の経費調達の重要な方途である。アメリカの大学は彼ら

が有する知的な資源と科学研究設備を特別な商品として、社会と交換を行い、社会に対して、とりわけ多くの企業に対してサービスを提供し、必要な費用を受け取っている。経済の持続的な成長によって、幾らかの企業もまた科学技術と教育による利益を深く享受しており、教育に投資する熱意も高まっている。これはつまり、一面では企業は大学の知識と、大学が養成する人材を必要とし、企業活動で生ずる実際問題を解決し、新しい発明と技術を得て、製品の質量とハイテク性を向上させる必要もあり、また大学ブランドをも必要としている。他方で、大学は企業と提携することによって、企業が大学に生産実践の場を提供し、社会的な情報と人材活用のポジションを提供してもらうことができ、より重要なことは、企業利益の一部を大学発展のため振り向けてくれ、したがって双方にとって利益があることによるのである。すでに50年代からアメリカの大学と企業は科学技術研究における協同を進めてきている。例えば1950年から1980の間にアメリカ・オハイオ州の大学と企業は協同で27カ所のリサーチ・パークを設立している。1995年度の産・学・研共同研究による収入は183.36億ドルであり、それは当該年度経費総額の3.0％を占めているのである。

　産・学・研共同研究の中には多くの大学の実験室と産業界とが共同して、直接製品の開発と生産に従事することが含まれており、それによってより高い利潤を追求している。そのことは科学研究成果を売り出すことによってより多くの経済的な収入を得るだけではなく、大学の科学技術研究を鍛え、そのレベルを高めて、大学の教学と科学技術の発展を促進することができるのである。アメリカの大学の実験室と産業界の協力はアメリカ産業界の技術者の技術を向上させ、その発展を促進しただけではなく、大学のためにも顕著な経済収入をもたらしたのである。

　その他の形式としては、大学・企業双方のそれぞれ要望に沿ってすすめられる共同研究と共同研究センター、プロジェクト研究センター、サイエンス・パークの設立がある。マサチューセッツ大学の工業ポリマー研究センターは13の企業が協力協定に署名してできたものである。協定に基づいてセンター設立の初年度に、それぞれの企業は2万ドルを資金援助し、二年度は2万5

千ドル、三年度には3万ドルを資金援助している。センター設立5年の後には、すべての運営経費が企業から提供されるようになった。大学の、社会と経済建設のためのサービスによって、大学は企業から多額の資金援助を獲得することができ、それによって大学教学と科学研究の遂行を保障し、大学の急速な発展のために物質的な基礎を提供することができるのである。有名なスタンフォード大学は、最初は企業に土地を提供してリサーチ・パークを創設したのであるが、結果的にはリサーチ・パークは大学に多大の経済収入をもたらした。スタンフォード大学はこうした資金を利用して、先進的な機器や設備を購入し、好条件で著名な教授を招聘して大学の学術水準を向上させ、徐々に全米で一流の研究型大学として発展したのである。

米国政府の科学技術政策的な誘導と傾斜もまた、アメリカの大学が産学共同研究を展開する上で重要な推進的作用を果たした。

(3) 特許収入

科学研究設備が整い技術力の高いいくつかの大学にあっては、科学研究上の特許を利用して資金を調達し、より早い発展につなげている。例えばアリゾナ大学では、高生産交配コットンの特許を獲得し、ネブラスカ大学では、頻繁に草を刈って、水を遣り肥料を施す必要のない「牧草」を育成したが、こうした特許はそれぞれの大学に少なくない経済収入をもたらしているのである。ハーバード大学では、1980年に特許権譲渡収入はわずかに2.4万ドルに過ぎなかったが、1994年には540万ドルに上っており、二百倍余り増加している。米国政府当局はこうした、急いで成果を出して利益をあげる増収活動が、アメリカの大学の科学研究レベルの全体的な向上に影響をあたえることを憂慮しているが、しかし高度に市場経済化したアメリカにおいては、これもまた必然的な選択といわざるを得ない。アメリカの大学に運営経費の逼迫という問題が存在する限り、大学が科学研究の特許を利用して資金を調達する方法もまた存在し続けるのである。

1.4 教育寄付は経費の逼迫を効果的に緩和する

アメリカでは、高等教育に対して寄付を行う長い歴史がある。イェール大

学、スタンフォード大学、ハーバード大学そしてコーネル大学などはすべて民間の寄付を受けている著名な大学である。教育寄付とは主要には校友会、民間、会社そして基金会などの社会各界が争うようにして行う支援なのである。1994年にアメリカの大学が引き受けた寄付金の総額は124億ドルであり、大学総収入の7％を占めている。アメリカ教育資金援助委員会の統計によれば、1994年度、民間の高等教育への自発的な資金援助は123.5億ドルに達し、校友会の寄付金は34.1億ドル（寄付総額の28％）、その他の個人の寄付は28.0億ドル（23％）、会社・企業の寄付は25.1億ドル（20％）、基金の寄付は25.4億ドル（21％）、宗教組織の寄付は2.4億ドル（2％）、その他の組織の寄付は8.5億ドル（7％）であった。1995年の統計によれば、社会各界及び個人の出資比率は高等教育収入の8％を占めるだけで、1975年の状況と基本的には変わっていない。しかも、個人寄付の大部分は私立学校、関係学校及び富裕大学に集中している。公立大学が受け入れた寄付は非常に少ない一方、私立大学は比較的多額の寄付を得ており、例えば1995年度、公立大学が得た寄付は総収入の0.6％に過ぎないのに対して、私立大学は4.7％を占めている。

　1980年以前に設立された教育基金は、現在ではわずかに数基金が存在するだけであり、フォード財団はいくつかの州で一貫して上昇を続けていたが、1987年になって停止している。1990年までに公共教育基金では65の民間団体の参与によって、全国的に多くの教育基金が設立された。カリフォルニア教育基金協会はカリフォルニア州のおおよそ260の学区で比較的安定した基金が設立されたと発表した。三分の二の基金はその基金が1万ドルから5万ドルの間で増加していると報告している。サンフランシスコの基金はその収入がすでに20億ドルを超えたと報告しており、ロサンゼルスの基金も38億ドルに増大している。

　アメリカでは、いくらかの大学は寄付収入を調達することを重要な一つの仕事とみなしており、対応する調達機関を設置し、責任のある専門職員によって、学校の調達活動として指導的、組織的、計画的に展開している。多くの大学では副学長を責任者とする大学発展部を設置して、大学が専門的に資金を調達する機構としている。運営資金を調達することはすでに公認の専門的

な活動とみなされており、いかに資金を徴収するかということが一つの科学となるほどに発展している。大学についていえば、資金収集はただ錦上に花を添える行為であるばかりではなく、時には生存のために必須の技能でもあるのである。アメリカの大学寄付募集が成功するか否かには四つの条件が関わっている。大学のイメージ、学長の指導性、堅実な発展計画、及び大衆的な評価と社会的支持である。しかも、資金収集の多寡はただ資金それ自身の問題であるばかりではなく、それは学長評価の重要な指標にも、大学の知名度と声望の重要な体現にもなり、さらには大学のレベルの象徴ともなるのである。例えばニューヨーク大学は発展部を設立して、その下に基金資金収集処、個人資金収集処を設置して、54人の職員を一人の副学長が指導している。近数年来ニューヨーク大学は毎年1億ドル前後を調達しており、現在すでに10億ドル余りを調達している。大学はこれらの経費を利用して22棟の新たな教育研究棟、11棟の新しい宿舎棟を建設し、いくらかの新しい専攻を開設して、何人かの特別な才能をもった教授を招聘して、大学の姿には驚くべき変化が生まれた。

　近年来、アメリカの大学の寄付の特徴は範囲の広範化、手段の規範化、形式の多様化と政府の支持に集中的に現れている。

　アメリカの大学の募金範囲は地元や自国にとどまらずすでに全世界に拡大している。寄付者は個人、社会団体の他に各地に設けられた基金、校友会などがあり、現在4,500余りの基金が推進活動に従事している。カリフォルニア大学ロサンゼルス校は、東京に資金調達を兼ねる職員を置いているだけではなく、香港、韓国、日本、台湾とタイなどにも校友会を設立している。マサチューセッツ工科大学も1万余名の海外校友と連携を保持しており、潜在的な募金を現実に変えている。ニューヨーク大学は、卒業したばかりの海外校友との関係を保持することに特別の注意をはらっている。

　アメリカの大学が寄付を受ける形式手段も多様であり、現金による寄付、証券、信託から現物による寄付まである。現物による寄付はまた不動産所有権の寄付と有形資産の寄付に分けられる。寄付の方式も多様化しているが、最も一般的なものは通例の年度募金と高額募金である。プリンストン大学で

は同大学卒業生で現在、香港の経済人である呉氏から1億ドルの寄付を得ている。コカコーラ会社は教育基金5,000万ドルを寄付している基礎の上に、1億ドルの目標をめざして寄付を推進しつつある。

アメリカでこのように多くの個人や企業が巨額の財産を直接寄付したり、あるいは基金を設置して高等教育に資金援助することを望むのは、一面では校友の母校に対する報恩の感情やあるいは高等教育に対する熱意によっており、また他の一面ではアメリカ政府が多くの関連する法律を制定して個人の教育事業への寄付を奨励していることによるのである。より多くの企業、組織、個人が巨額の財産を高等教育に寄付するよう奨励するために、アメリカ政府は免税などの優遇政策を制定している。緊縮的な財政予算状況の下、教育寄付は次第に、政府による予算、学費、事業及びサービス収入等と並立する重要な経費財源となっており、教育経費の逼迫を効果的に緩和する存在になっているのである。

1.5　宝くじも一つの大規模な資金収集の方法である

現在、アメリカで宝くじを発行することはもう一つの大規模な資金収集の方法となっている。宝くじは1964年に設立された州政府資金の体系であり、1994年までにすでに35の州とワシントンDCに発展している。宝くじの収入も1983年の55億ドルから1990年の200億ドルへと発展してきており、政府もこれへの支持を強めている。全米で最も影響力があり成果を収めている奨学金ファンドはジョージア州が創設した「ホープ・スカラシップ」ファンドである。このファンドは1993年にジョージア州が起こしてから宝くじの発行を通じて収入として奨学金311万ドルを獲得し、さらに減税による学資援助措置とともに13万人の同州の学生に学費援助を行って、公立大学で学ばせている。「ホープ・スカラシップ」は高校の成績が最低でもBランクで、大学での勉学期間において成績が良好な学生に対して、大学一、二年生教育を受けている学生に学費と費用を提供している。この奨学金の資金援助は広範囲であって、ジョージア大学の97％に上る同州出身の新入生が奨学金を受けているのである。この結果から明らかなことは、ホープ・スカラシップ

は大学に進む機会を確実に増大させ、同時に学生の学習成績の向上を促進し、大学生としてもっている資質を改良したということである。「ホープ・スカラシップ」ファンドは全米で学生の大学入学を励まし、向上をめざすモデルとなっている。

宝くじの発行を通じて経費を調達し奨学金ファンドを設立することは、すでに少なくない州で実行されている。ニューメキシコ州は1997年に宝くじ奨学金ファンドを設立し、発行する宝くじ収益の40％を奨学金に当てている。計画ではここで集めた基金50万ドルで、5千名の学生が州立大学の学部で学ぶための資金援助を行うことになっている。

1.6　外国人留学生の募集を拡大する

世界各国からアメリカに留学する学生が増加するに伴って、外国人留学生を募集することはアメリカの大学が運営経費の逼迫を緩和する一つの重要な措置となっている。近年来、アメリカの大学の募集要員の足跡はアジア各地にあまねく及んでおり、彼らはあたかも商品をセールスするようにアメリカの大学教育をセールスしている。多くの大学はさらに外国人留学生を募集する計画と目標を定めている。例えばペンシルバニア州のラ・サール大学は規模の大きくはない大学であるが、学長は今後数年以内に外国人留学生数を現在の2％から10％に上げることを明言している。統計によれば、過去20年間にアメリカの大学における外国人留学生は3倍に増加している。留学生の激増はアメリカの大学に目にみえる経済収入をもたらした。アメリカ商務省の統計資料の中では、アメリカの大学が外国の学生を募集してアメリカに留学させることは、第5位の輸出産業に相当し、その地位は物流の後、銀行の前に列せられている。外国の留学生がやってくることによって、高額の学費が納入されるだけではなく、部屋代、食費も支払われるし、その他に少なくない日常消費と娯楽支出がある。近年来、アメリカの大学では外国人留学生から得る経済収入が不断に上昇しているのである。

アメリカの経験は、教育経費の多様な調達が、長期的に堅持されるべき有効な方法であることを物語っている。それは運営経費の逼迫という矛盾を緩

和するために有効であり、資源の利用率と大学内部の効率を上げるためにも効果的であって、学んで参考にする価値があるといえる。

2 イギリスにおける高等教育の経費調達

　世界各国の高等教育経費が全体としては日増しに逼迫している情勢のもとで、イギリスの高等教育は依然として溌剌とした精気と活力を発揮しているが、このことは比較的充実した高等教育経費を擁していることと密接な関係にある。イギリスの高等教育経費は主要には次のいくつかの面から成り立っている。政府の資金支出（主には高等教育財政審議会を通じて）、企業との協同による経費の調達、学生からの学費徴収、民間寄付の受け入れ及び海外からの留学生の募集等の方法である。

2.1　政府の資金支出

(1) 政府予算支出の変動と傾向

　イギリスの高等教育は私立学校に起源をもっている[1]。1889年以前には、イギリスの大学経費は基本的には民間から調達されていて、イギリス政府が高等教育の発展に関与することはなかった。しかし高等教育が発展し大学に進む人が増えるに従って、民間に依拠して大学が必要とする経費を調達するだけでは需要を満足させることができなくなった。1889年にイギリス政府大蔵省は大学学院財政委員会を設立して、地方に新たに作られた大学、学院に対して資金を支出し助成した。20世紀初めまでに、オックスフォード、ケンブリッジの両大学を除いて、イギリスのすべての大学、学院は程度の差こそあれ政府からの経費資金補助を受けていた。第一次世界大戦の間に大学の経費が窮迫したため、オックスフォード、ケンブリッジ両大学も政府に経費の提供を求めたが、同時に政府に対して経費を提供した後「政府は大学に対して自由に検査を行うことはできるが、コントロールすることはできない」ことを言明した。1919年に政府大蔵省は民間的な性格をもつ機構である「大学補助金委員会」を成立させ、政府が大学に対して経費提供を行うための管

理業務を請け負わせた。同時にまた、政府が大学事務に干渉することを避けるために、「大学補助金委員会」は大学に対する経費の交付に責任を負うだけであって、これまで経費の提供を理由に大学に対していかなる要求もしたことはなかったのである。さらに大学補助金委員会は、もっぱら大学の地位を保持している高等教育機関にのみ提供されることも規定している。当時、イギリス政府は高等教育の発展に関与し始めたのだが、しかしただ部分的な経費を提供するにとどまっていた。

　第二次大戦以前のイギリスの大学はすべて政府によって設立されたものではなかった。20世紀の初期から、政府は大学に経費を提供し始めたが、しかし当時政府が提供した経費は大学が必要とする経費のごく一部を占めるだけであり、大学運営経費は主要には大学が民間から調達したものであった。図3-3は、第二次大戦後、イギリス政府が大学に対する経費提供の変動傾向を示しているが、ここでは政府が大学に対して提供した経費は漸次増加している。1953年には政府が大学に支出した経費はすでに大学のすべての経費の69.6％を占めており、1963年にはこの比率は70.9％にまで伸び、1973年には76.4％にまで上昇している。20世紀の50年代から70年代初頭までイギリス政府の高等教育に対する資金支出は一貫して増加を続け、高等教育の迅速な発展を保障してきた。しかし1972年に世界石油危機がイギリス経済に

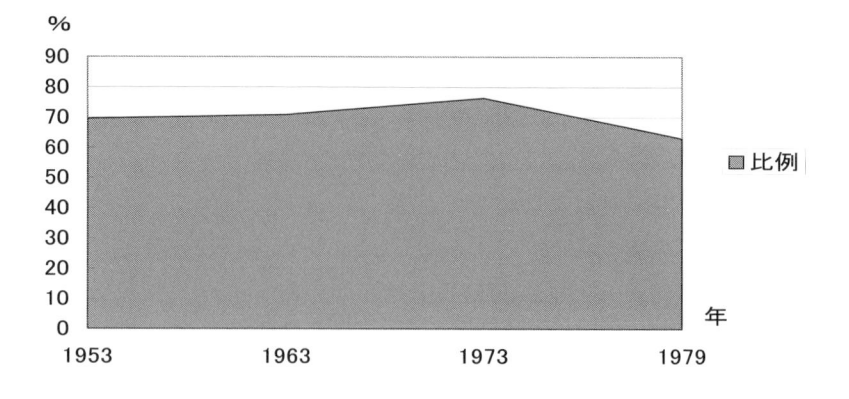

図3-3　戦後イギリス政府の大学への経費提供の変動

重大な影響をもたらしたために、政府は高等教育に対するこうした高い経費支出を維持することができなくなり、高等教育経費は削減され始めたのである。1979年から80年まで、大学のすべての経費の63.1％が政府からきており、73年に比べて13ポイント下降した。これが高等教育の発展に及ぼした影響は確かに大きかったが、しかし後の発展の事実が証明するように、政府は石油危機のために高等教育に対する経費補助を放棄したわけではなく、ただ高等教育に対する経費補助を政府が引き受けられる程度に調整しただけであった。経済が好転した後、政府が大学に対して提供した経費はやはり比較的高い水準を維持していた。例えば90年代以来、政府の大学に対する資金支出の、大学全経費における割合は一貫して70％前後を維持している。したがって第二次大戦後のイギリスの高等教育は、完全に政府主導の下で発展してきたのである。

地方政府の高等教育管理は、師範系の大学を管理することから始められた。中央政府もまた20世紀初頭から直接、師範教育の発展のために経費を提供し始めている。

(2) 大学ファンド

イギリスの大学には、伝統的な大学、第二次大戦以後発展した多くのポリテクニックと放送大学等の公的高等教育機関、さらに高等教育の一部を含めた職業技術教育を主として担う成人教育カレッジ等が存在する。

1970年代以前、イギリスの中央政府はただ、大学と称する高等教育機関に経費を提供するだけであり、大学がこの経費をどのように使用するのかについてはいかなる要求も出してはいなかった。大学及びその他の高等教育機関に向けて提供する政府の経費が増加するに従って、政府は高等教育機関がその提供した経費を使用することに対して具体的な要求を出し始めた。80年代に政府は法人的な地位を有する基金を成立させて、政府が高等教育機関に提供した経費を管理した。規定によれば、政府経費を使用する大学は基金との間で政府資金の使用に関する合意に署名し、合意した規定に従って政府の要求を達成しなければならないのである。

70年代の初めから、政府はポリテクニックを地方政府から切り放して、

中央政府が責任をもってこれらの大学に経費を支出し始めた。しかし80年代後半に高等教育の二元制体制が確立すると、元来、地方政府から経費を支出されていた一部の大学も中央政府から経費を支出してもらうように改められた。これはイギリス高等教育にとって特筆すべき改革的な措置であった。

イギリスが二元制高等教育体制に移行した後、ポリテクニックなどの高等教育機関の地位は向上し、大学と同等の高等教育機関になった。1988年以前にはその経費は主要には地方政府から出ていたが、1988年の教育改革法の新しい規定によって、ポリテクニック等の高等教育機関は地方教育当局を離れ、その経費は中央政府によって提供されるようになった。このため、政府は科学技術高等教育機関基金委員会を設立して、この基金委員会に大学基金委員会と同等の機能をあたえ、ただもっぱらポリテクニック等の高等教育機関にのみ経費を提供する責任を負わせることにした。

1991年、イギリス教育科学省は「高等教育：一つの新しい枠組み」と題する教育白書を発表した。白書はポリテクニックにおける教育の質がすでに相当確かなものになっていることから、ポリテクニックが望めば、名称を大学と変えることも構わないと言明した。さらに大学に経費を提供していた基金とポリテクニックに経費を提供していた基金を合併して、大学に経費を提供する統一された基金を設立して、これが大学及びポリテクニック等の高等教育機関の経費管理に責任を負うようにした。

イギリスの放送大学は正式には1969年に設立されたが、設立当時すでに、大学の地位を示す指標である王室特別許可権をもち、大学の学位を授与する権限を有していた。放送大学の経費は、直接イギリス政府教育科学省から支出されていた。1988年に、教育科学省の支出資金は放送大学の全経費の68％、学生の学費は大学の総経費の25％を占めており、その他7％の経費がそれ以外のところから来ていた。90年代の初頭、イギリス政府は統一した基金を設立し、大学とポリテクニックに責任をもって経費を提供するように改めた後、放送大学もこの基金から政府が交付した運営経費を得ることになった。

事実上、イギリスは世界で最も早く高等教育の資金支出基金制を実行した

国家であり、イギリスのすべての大学の教育経費は、主要には政府の資金支出によっている。そのうちの最大の項目が独立した専門的な機構である高等教育基金によって決定された大学基金なのである。

(3) 政府資金支出の方法

イギリス政府は二つの方式を通じて高等教育の発展を支えている。一つは大学の学生に補助金と貸与金を提供すること、今一つは科学研究経費の提供である。

高等教育の就学機会が拡大したために、1962年以来イギリス政府は、すべての全寮制学生に学費の免除と一定の補助を提供する制度を実施して、全ての学生の学費は一律に国が給付し、地方教育当局は規定に従って大学に支払うことを規定してきた。わずかに、学生の居住地と父母の同居の有無によって補助金の基準が異なるだけであったのである。大学の学生数が増加するにつれて、政府が提供する補助金の負担は次第に重くなっていく。このため政府は1991年から貸与金制度の運用を開始した。同時に、学生に提供する補助金の基準を1991年の水準に凍結するとともに、さらに漸次、学生補助金の規模を縮小し、貸与金の規模を拡大することを決定した。なぜならば補助金は必ずしも返還する必要はないが、貸与金には返還の義務があるのである。

イギリスの大学の科学研究経費は主要には次のいくつかの方面から来ている。すなわち政府、企業、非営利の民間、大学自身の経費及び海外資金などである。その内、政府の科学研究経費には主に二つのルートがあり、一つは政府の下に置かれた科学、自然環境、農業、医学、経済と社会の五つの研究委員会が設置した研究奨学金等から構成され、今一つは政府機構の支給する研究助成金で、課題を申請して獲得するものである。1950–60年代はイギリスの高等教育が急速に発展した時期であり、政府の基礎科学に対する経費投入もすべて増加していた。しかし70年代の初め、イギリス経済が衰退を始めると、政府は高等教育発展の経費を削減したが、このことは大学の科学研究に重大な影響をもたらした。1991年に、政府が大学に提供する科学研究経費が大学科学研究経費の総額に占める割合は72％にまで下降していた。しかし経済協力開発機構(OECD)の統計によれば、イギリスの大学の科学研

究経費の主要な源泉はやはり政府であった。

2.2 産業・大学・研究機関共同研究

　高等教育界が生産の実際に目を向けて科学研究を展開する積極性を強化し、産業界の科学技術の進歩と管理水準の向上を促進するために、イギリス政府は全国的な教育カンパニーを設立して大学と企業の共同を組織し協調させ、同時にまた大学に依拠したサイエンス・パークを設立した。サイエンス・パークにおいては、大学の科学技術研究者と企業が共同して高度科学技術の方面の応用研究を展開して、工業の発展を促進した。1982年にイギリスはただ二つの大学サイエンス・パークを有するだけであったが、1990年にはすでに21カ所のサイエンス・パークを建設し、さらに何カ所かは建設中である。このような産学共同はイギリスにおいて互いに有益であり、大学の科学研究能力を強化しただけではなく、産業界の生産技術のレベルの向上を促進して、大学と企業の双方に利潤をもたらしたのである。

　イギリスの大学は政府機構に申請して科学研究経費を獲得する他に、さらに対外的な共同研究によっても獲得することができる。科学研究経費は主要には大学と企業、鉱工業企業及び経済協力開発機構の研究プロジェクト経費から来ているが、さらにこれらの経費の一部は免税の優遇を受けることができる。EU（欧州共同体）の統計によれば、企業が大学に提供する科学研究経費の総額は増加を続けており、1991年には1985年と比べて1.6倍に増加している。1985年にはその年の大学科学研究費総額の5％を占めていたが、しかし1991年になると、企業が大学に提供した科学研究費は同じ年の大学科学研究費総額の7％を占めている。1985年以来、企業が大学の科学研究に提供した経費の増加幅は政府が大学の科学研究に提供した経費の増加幅よりも大きい。例えば、1991年に企業が提供した科学研究経費は1985年の1.6倍であるが、1991年に政府が提供した科学研究経費は1985年に提供した経費の1.2倍である。

2.3　学　費

イギリスの高等教育経費の源泉において、イギリス本国の学生の学費が占める比率はきわめて小さい。一学年の学費は2,000ポンド前後であり、外国籍の学生に比べて非常に低いものである。概ね65%の学生が学生補助金を全額得て、日常生活を維持する費用に当てることができるだけではなく、さらに一部の学生は大学の所在する地方政府から全額あるいは一部の奨学金を得ることができる。大学はさらに宿舎の方面も保障するのだが、これはすべてイギリスの福祉国家としての特徴の表れである。しかし近年来、国際的な高等教育の公費負担の減少で、学生の負担する費用の構造にも変化の影響が表れており、イギリスは高等教育に対してすでに私費負担の割合を増やすことを明確に規定している。1998年にイギリスは学費の徴収を開始し、これによって高等教育において学費を徴収してこなかった歴史は終わりを告げた。提案されたイギリスの大学学費の基準は1,000ポンドである。1998年のイギリスの学生総数は160万人であり、大学が毎年徴収する学費は16億ポンド（実際にはやや少ない）になると見込まれる。1998年度、イギリス高等教育支出委員会が分配した高等教育の経常経費総額は34.05億ポンドであるので、学費収入は経常経費支出の半分に相当する。イギリスの大学生の生活費も補助金制度が解消され貸与金制度に改められようとしている。

2.4　民間の寄付

イギリス経済は近年来不景気の状況であり、国家財政が高等教育の早い発展に対応していくことが難しくなっている。経費の減少がもたらす一連の問題を解決するために、政府は大学自らが出路を求めるよう奨励している。それぞれの大学は積極的に民間の寄付を求め、大学のために定額外の経費を増やしている。オックスフォード大学とケンブリッジ大学の各学部の経費は主要には大財団と社会各界の寄付から来ている。しかしその他の大学が得る寄付金は総経費収入の3%前後を占めるに過ぎない。ここ数年来、イギリス社会各界の大学への寄付は上昇傾向を呈しつつある。1985年から1991年の五年間に、非営利団体と海外から来た科学研究資金が比較的増加している。寄付者は往々にしてある研究成果を得るか、あるいはある種の特許権を得るこ

とを条件にするのであり、こうした種類の交換的な寄付はイギリスの教育経費調達の大きな特徴となっている。

2.5 留学生の募集

経済のグローバル化と高等教育の国際化が展望されるようになって、留学生市場を大いに開拓することがほぼEU国家の共同の戦略になってきている。英国は世界で高等教育の発展した国家の一つであり、加えて英語という世界汎用言語を擁する独自の優位性によって、一貫して世界から外国留学生を受け入れる主要な国家であり続けてきた。近年来、イギリスの大学適齢人口は慢性的に不足しており、とくに理科系学生の減少が甚だしい。このため政府と大学はともに海外から学生を募集することを非常に重視している。宣伝効果を拡大し、より多くの留学生を募集するために、大多数の大学は国際事務室を設置している。それとともにイギリスの大学は国家文化委員会に委託して、海外で留学生教育に関するコンサルタント・サービスを展開している。あるいはまた直接担当者を海外、とくにアジア国家に派遣して教育展覧会を開催しており、中でもマレーシア、シンガポール、中国、香港といった地域を主要な宣伝対象にしている。イギリスの大学、とくに50校余りの正規の大学はいずれも方法を講じてより多くの留学生、とくに大学院生を招こうとしている。こうして、政府が教育経費を減額したことによって生じた経費の不足を補い、また留学生が支払う学費を自由に支配することができるのである。

イギリスでは、留学生の学費は一定の任意性を与えられている。1979年以前には、外国の留学生と本国学生の納入基準は統一されていた。しかし近年来、新たに留学生市場を開拓する政府の政策的な誘導を受けて、イギリスの各大学は海外の学生を募集して、学費基準を確定する自主権を拡大している。現在までのところイギリスの大学に在籍している学生の内、留学生はすでに15%を超えており、毎年約15億ポンド以上の経済収入があるが、これは同じ年の石炭、電力、天然ガスの輸出総額の二倍余りである。仮に留学生の日常的な支出を加えれば、イギリスで教育輸出によって創造される財の数

字はより顕著なものになる。例えばイギリスの新興大学の中の新鋭であるブルックス大学の国際管理学科の一年間の学費は7,000ポンドを超えるのであり、これに8,000ポンド前後の基本生活費が加わって、留学生への経済的な圧迫は非常に強い。したがってイギリスでは乞食を除けば、留学生が最も貧しいと、多くの人が言うまでになっている。当然ながら、学費の高騰のために、第三世界の国からの留学生はやはり比較的少ない。

3 日本の高等教育の経費調達

　日本の高等教育機関は国立、公立、私立に分かれている。日本の「学校教育法」第5条には「学校の設置者は、法令でとくに規定する場合を除き、その学校の経費を負担しなければならない」と規定されている。これは学校の経費の出処を基本的に規定したものである。これによって、国立大学の経費は国が負担すべく国家財政予算に組み入れられ、公立大学の経費は地方自治体が負担するのであり、国は地方交付税制度等に基づいて必要な水準を保持できるよう措置する。私立大学の経費は学校法人が負担するが、徴収する学費が主要な源泉であり、他に若干の収益性のある事業収入がある。それ以外には、国と地方自治体が財政補助的な支出によって私立学校の健全な発展のために資金援助を行っており、私立大学に資金貸与したり、寄付、奨学金を提供する財団や企業には税の減免措置が講じられている。日本の高等教育の経費の主要な源泉は国であり、1993年を例にとると、69,938.64億円の経費中、国の支出が28,847.119億円で約41.25％を占めている。同じ年の地方自治体の支出は4,590.05億円で約6.56％を占めている。学生の納付金は24,842億円で35.52％を占めている。すなわちこの年の高等教育経費の三分の一強を占めており、したがって日本では大学在学生の家庭の負担は非常に重いといえる。日本の高等教育経費の源泉の中で、政府の支出と学費を除くと、他には大学付属機関事業収入と寄付収入等が含まれる。

3.1 政府の財政支出

(1) 国と地方自治体の財政支出が高等教育を支えている

　日本の現代高等教育の発展の中で、政府は初めから高等教育の発展に介入していたのであり、したがって日本の高等教育の発展は一貫して政府の主導のもとに進められてきたのである。政府の中で教育を主管する文部省(現在の文部科学省)は、日本で初めての大学が誕生する前に設置されており、最初から、日本の高等教育の発展と管理に直接関与しているのであって、このことが日本の高等教育の重要な特徴である。歴史上、日本政府は国立大学の大部分の経費を負担してきたと同時に、国立大学の財務管理制度も文部省によって制定された。近年に至って政府負担の比率はやや下がっているが、しかし今後の高等教育の発展において、日本政府の対応は重要な影響を及ぼすであろう。

　第二次大戦後、私立大学が急速に発展して、日本の高等教育に及ぼす作用は日増しに重要になっており、政府もまた私立大学に対する補助の提供を始めて、私立大学の発展を支えている。政府の私立大学に対する補助は、最も高い時には私立大学のすべての経費の約25％前後に達したこともある。政府が私立大学に対して進めている経費補助は私立大学の発展に対して非常に重要な意味をもったのである。この他に、日本政府には特別な経費があり、学生に対して奨学金あるいは貸与金として提供される。

　日本の文部省は毎年教育費と教育財政に関する経費の統計を取っている。**図3-4**は1970-80年代の日本の公共教育費総額の変動傾向を示している。日本の公共教育費は1970年以来年々増加しており、1970年度には28,843億円であるが、1975年度には81,189億円に増加し、1976年度には107,900億円に増加、1978年度には117,610億円に増加、1983年度には156,639億円に増加している。ここでは、公共教育費の中に国と地方自治体の支出する学校教育費、社会教育費と教育行政費を含んでいるが、家庭が支出する「私費」は含まれていない。公共教育費総額の増加速度は1983年は1982年に比べて4.3％の増加である。日本の高等教育経費が高等教育の中で占める比率は

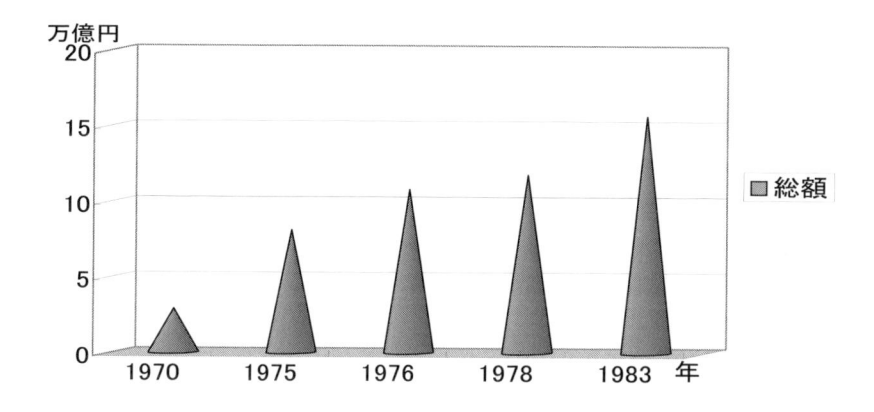

3 高等教育経費調達の国際比較 123

```
万億円
20 ┤
15 ┤                              ■ 総額
10 ┤
 5 ┤
 0 ┴─┬────┬────┬────┬────┬────
   1970 1975 1976 1978 1983  年
```

図3-4 1970、80年代における日本の公共教育経費総額の変動

1980年では11.1%、1988年には22.5%になっている。1980年と1988年を比較すると11.4%高くなっている。

日本の公教育の構造からみると、地方負担の教育経費の中で都道府県は漸増し、市町村は明らかに減少しており、1960年代以来、安定的に国と地方がそれぞれ半分を負担するという水準にある。地方の負担中、都道府県は30%を占め、市町村は20%である。1983年度、国が負担する教育費は約70,194億円で、地方が負担する教育費は86,446億円であった。両者の負担比率は44.8%と55.2%に分かれており、地方が負担する教育費の割合がやや高い。これを前年度と対比してみると、地方の負担額の割合がやや増加している。ただこの割合は、遠く第二次世界大戦以前の地方負担額の割合よりも低くなっている。

同時に、日本は国家的観点から徐々に教育投資を強化しており、国の教育投資としては国庫負担制度、国庫助成制度及び地方交付税制度等を採用している。こうした制度は義務教育制度の実現を保障するだけではなく、経済的に遅れた地方の教育経費の不足を補って、地方の教育財政支出を均衡させている。日本は教育財政面で、さらに地方財政法、地方交付税法、義務教育費国庫負担法、市町村立学校職員給与負担法、私立学校振興助成法等がある。

こうした法律に基づいて、日本では各種の財政制度や補助措置が制定されている。総じて、各種の立法に依拠して教育投資の順調な遂行を保障するとともに、教育経費の合理的な分担と分配をも保障しようとしている。

日本政府が高等教育を支えるのは主に日本の大学に科学研究費を提供することによってである。1985年から1991年の期間、大学の科学研究費の財源は政府から来ている部分が大学の科研費総額の51％前後を占めており、その内、最高の割合では52.6％、最低では49.5％である。日本の大学の科研費は主要には国立大学と少数の公立大学、私立大学に集中している。例えば1986年に、大学の科学研究を主要に資金援助する文部省の科学研究経費の中で、75.9％が国立大学及びその研究機構に分配されており、6.4％がその他の公立大学と私立大学に分配されている。

90年代以来、日本学術振興会は大学の科学研究と人材育成の重要な機関であるが、この機関の経費は主要には政府から出されていて、例えば1997年には学術振興会の99％の経費が政府から来ており、わずかに1％の経費が民間から寄付されているに過ぎない。

(2) 国立、公立、私立の高等教育への政府財政支出

日本の国立、公立大学と私立大学の一つの根本的な区別は、国立、公立大学の日常経費が主要には国と地方自治体[2]から来ているのに対して、私立大学の日常経費は主要には学生の学費からきている点である。統計によれば、1970年代初頭、国立、公立大学の日常経費の約80％は国、地方自治体の財政支出であるが、私立大学の日常経費の80％前後は学生の学費によっている。70年代以降、日本政府は国立、公立大学の学費を値上げする政策をとって、国公立と私学の差を縮めようとした。国立、公立大学の学費は絶えず増大し、私立大学の学費との差異も縮小した。統計によれば、1980年、私立大学の学費は国立大学の三倍に近かったが、1996年には私立大学の学費は国立大学の二倍に変わった。学費の増大はあったものの、国立大学の学費収入は大学総収入の10％前後であり、したがって政府の財政支出が相対的に減少したとはいえ、一般には大学経費総額の70％前後を占めていた。政府が私立大学に対する資金援助を増加した目的は、学生の負担を軽減するため

であったが、私立大学の学費を減少させることはできなかった。逆に、私立大学の学費は依然として増加する傾向にあり、学生の学費収入が大学全体の収入に占める割合はやはり80％前後であった。日本においては国と地方の教育経費の源泉は教育税の徴収によってはおらず、主要には三つのルートによって調達される。その一つは租税であり、つまり一般財政収入（税収）の中から、一部を公共教育費として持ち出すのであり、これが主要な財源である。第二は教育公債である。学校その他の文教施設が災害に遭ったり、改築、新築したりあるいは学校が施設を買い取ったりする場合に、大量の教育資金が緊急に必要になるという特別な状況のもとで、公債を発行することができる。第三は教育基金である。

①国立高等教育への政府財政支出

国立高等教育経費の主要な源泉は国家税収からの支出である。国家財政税収が国立高等教育機関に経費を支出することは、1964年に正式に作られた現行の国立学校特別会計制度に依拠している。日本政府は国立大学の大部分の収入と政府財政資金を一緒にして、ともに国家予算の中に繰り入れ、国立大学の具体的な基準に従って統一的に教育経費を下ろすのであり、こうして文部省は大学経費の分配上の権限を強化し、また国家予算の中で国家のマクロ的な調整能力を十分に発揮して、国立大学のある種の施設の重複建設などの浪費を避けることができるのである。

国立学校特別会計制度は国立大学が比較的長期的に相対的に安定した運営経費を得ることを保障できるので、したがって大学運営の質と量を保障する。すなわち、国立大学の各項目の予定された収入が減少しても、政府の資金支出が国立大学の年度予算の大部分を占めているため、教学と科学研究のそれぞれの工作はそのために甚だしい影響を被ることがあまりないのである。別の一面から言えば、国立学校特別会計制度によって、国立大学のあらゆる収入は原則的には大学の中にとどめておくことはできず、国立学校特別会計に集中して運用に備えなくてはならない。この規定によって国立大学の財経規律違反現象の発生を防止あるいは減少させることができ、国民の中に国家事業機関としての良好なイメージを打ち立て、それによって国立学校の国家的

な高等教育における主動的なそして至高の地位を確保し、日本経済と社会発展の必要に対応するということ、これもまた日本政府が国立学校特別会計制度を制定し実施した主要な目的であった。

一般的な状況では、日本政府の財政支出の基準は主要には大学の規模の大小（教員、学生数、設置学部数を含む）、大学運営の質及び学術水準の高低であるが、国立大学は教育基本法、学校教育法等の関連法規を遵守し、大学設置基準に適合していれば、日本政府が支出する、大学の正常な運営を維持するに必要な日常経費の資金援助を得ることができるのである。

②公立高等教育への政府の財政支出

公立高等教育経費は地方自治体の財政による負担であり、これはすでに学校教育法の基本精神でもあり、また地方財政法の規定でもある。後者の第9条は「地方公共団体と地方公共団体の機関事務所が必要とする経費は当該地方公共団体が負担する」と指摘している。公立大学は地方自治体が設置しているのであり、地方公共事業体に属しているので、学校教育法の基本精神と地方財政法の原則に基づいて、地方自治体は必ず公立大学の経費を負担しなければならない。

各地域の経済発展の水準が不均衡であることから、必然的に公立大学の規模や質の点で差異が生まれ、教育の機会と教育条件の不均等が生み出される。地域的な格差と教育の不均衡等の現象を解消し、また地方財政の負担を軽減するために、日本政府は国家負担、財政補助と地方交付税制度を制定した。前者は国家が地方財政を補助し、地方教育を促進するもので、高等教育事業発展のための補助金制度を含んでいる。後者は地方財政上の格差を調整し、公立高等教育の水準を保障するために、毎年、地方が納入する税金の中から一定比率の税金を抽出して、もっぱら地方公立大学の教育経費として使用する地方交付税制度であり、この税金の中には一定の比率で高等教育に用いる経費が含まれているのである。すなわち高等教育制度についていえば、二つの制度は地方公立大学の経費財源を確保し、教育の機会均等を確立するための有効な経済的措置であると同時に、国と地方自治体の公共高等教育に対する責任を強化するものである。

③私立高等教育への政府の財政支出

　日本の高等教育規模の拡充と展開は相当程度において、私立大学の発展という方途を通じて実現してきた。第二次世界大戦後、日本政府は人的資源の欠乏と財政の窮迫という二つの苦境に直面し、民間資本を高等教育の領域に導入して、私立大学を発展させ高等教育の資源配置における供給不足を補完しようとした。一方では、1950年以来日本の私立高等教育の入学規模は急速な拡大を遂げた。1955年、私立大学の在学生の規模は国立と地方公立大学の在校生規模の合計の約1.48倍であったが、2000年には2.75倍に拡大した。さらに短期大学等のその他の形式の高等教育機関を考慮すれば、日本の私立大学の在校生はすべての大学の在校生数の70％から80％を占めている。他の一面では、日本の私立大学の学費水準は非常に高い。私立大学の存在が主要に依拠しているのは高学費なのである。ある意味からいえば、日本政府が私立大学を発展させたのは、政府が義務を負うことなく、国民から高学費を徴収して高等教育を社会に普及させるという方法によってであった。こうして、私立高等教育への入学規模と費用の水準は相当程度において、日本の高等教育規模の拡充を支えてきた。まさしく勢いのある私立大学の発展に依拠することで、日本は初めて短期間で高等教育のエリート段階から大衆化段階とユニバーサル段階への飛躍を実現することができたのである。

　日本の私立高等教育は日本の高等教育体系の中で非常に重要な位置を占めている。統計によれば、日本の現在の大学・専門学校は3,800余校、その内、私立大学は3,200余校であって、総数の80％を占めており、しかもいくつかの私立大学の特色は多彩で活力に富んでいる。もし私立大学の支柱的な役割がなかったならば日本の高等教育は質・量ともに重大な損失を被っているであろう。したがって日本政府は教育の機会均等の立場から、国の私立大学に対する補助を実行しているが、その根拠は私立学校法第1条と第59条の、「私立学校の特性に鑑み、その自主性を重んじ、公共性を高めることによって、私立学校の健全な発展をはかることを目的とする。」「国又は地方公共団体は教育の振興上必要があると認める場合には、別に法律の定めるところにより、学校法人に対し私立学校教育に関し必要な助成をすることができる」という

規定である。

　1960年代以前は、国と地方自治体の私立大学に対する補助の比率は高くはなかった。しかし60年代以降、日本の私立大学の数が急速に増加し、規模も不断に拡大したことから、私立大学は財政において非常に大きな困難に直面し、経費の窮迫は深刻であった。これが日本の国会と政府の重視するところとなり、度重なる論争を経て、ついには1970年から私立大学の振興補助計画を実施することが決定された。1975年7月には私立学校振興助成法が制定され、法律上も国家が私立学校を援助する責任が確定した。私立学校振興助成法の他に私立学校法、私立大学の研究設備補助法、産業教育振興法、理科教育振興法等もまた、私立大学を資金援助する精神あるいは内容を含み持っている。

　文部省の統計によれば、日本政府の私立大学に対する財政補助は、1966年にはわずかに32億円に過ぎなかったが、しかし私立学校振興助成法の施行後、大学への補助は1978年度に4,330億円、1995年度には5,181億円に達した。同時に、政府の財政補助が私立大学の運営経費に占める割合も拡大を続け、1970年度には7.2％であったが、1980年度には29.5％に上昇した。

　日本の政府が私立大学を支えるために採用している措置は主要には三つの方面である。

(1) 私立大学に対する補助金制度

　第一には私立大学の発展を援助するために、政府は私立大学に対して補助を実行する制度である。

　1970年度から、日本政府は財政予算の中から経費を支出して、専門的に私立大学の経営を資金援助し始めた。1975年、日本では「私立学校振興助成法」が施行され、政府の私立学校への資金援助が法律的な形式で固定され、併せて政府の資金援助は学校運営経費の50％を超えないことが規定された。70年代以来、政府の私立大学への補助金は不断に増加し、1970年度には129億円であったが、1981年度には2,820億円に増加した。政府の助成金額は10年間で2,691億円近く増加したのである。政府の助成金額の私立大学全体の支出に占める割合も漸次高くなっていき、1979年度には、政府の

私立大学への経常費補助は平均して私立大学の財政支出の24％を占めていた。しかし政府の財政状況が順調でなくなると、私立大学への補助金は増加しなくなっただけではなく、むしろ減少し始めた。1981年以降、政府の私立大学に対する補助金の総額は下降傾向を示しており、1981年度の2,820億円から1986年度には2,427億円に減少した。しかしその後再び年毎に少しずつ増加し、1995年度には2,853億円に増加している。1995年度、政府の私立大学に対する援助資金は1981年度に比べて33億円、わずか1％余りの増加に過ぎなかったが、しかしこの時期、私立大学の学生数は35％増加していた。したがって、政府の私立大学に対する援助資金が大学の総支出に占める割合は減少しており、1996年度になると政府の援助金額が平均的に私学の支出に占める比率は11％前後になっている。

政府の私立大学への経常費補助は「一般補助」と「特別補助」の二種類を包含している。「一般補助」金の計算方法は教職員と学生の人数を基礎に一人平均の補助単価を乗じ、さらに教育と研究の条件、設備の状況に基づいて傾斜配分を行う。いわゆる傾斜配分とは以下のような状況に対して重点的に資金援助を行うことを指す。①学生数が超過あるいは減少している時。②専任教員と学生の師弟比率が比較的低い時。③学生の学費等の収入を教育、研究経費として使用する比率が比較的高い時。「特別補助」とは特色ある研究や教育に対するものを指すのであり、例えば大学院生に対する教育と研究、留学生教育、国際交流、生涯教育等に要する経費に対して補助するものである。1982年度以降、補助金の利用効率を高めるために、日本政府は補助金の分配方法を改め、傾斜配分政策も実施した。すなわち、教育研究条件を改善する面で比較的優良な私立大学には比較的多額の補助金を出すが、経営管理に対して明らかに不十分性が存在するか、補助金を十分に利用していない私立大学には補助金の発給を停止する制裁措置を実施するのである。近年来、国の私立大学に対する特別補助金は年々増加しており、1975年度の17億円から1996年度には580億円に増加した。同時に補助比率も高くなっており、1983年度には経常的な補助金が2,770億円、その内特別補助金は98億円で3.5％を占めていたが、1990年度の特別補助金は262億円で経常的な補助金

の10.4％である。こうした経費は私立大学が現代化に沿って歩みを進める上で、重要な作用を果たしているといえる。

　第二は、教育及び科学研究の設備費用に対する補助である。

　私立大学の学術研究の発展を促進するために、日本では、私立大学研究設備費用補助金制度が設けられている。価格がおよそ500万円から4,000万円の間の基礎的な研究に必要な設備と価格が1,000万円から4,000万円の間の情報処理に必要な設備を購入する際に、購入設備価格のそれぞれ二分の一と三分の一の補助を受けることができる。1992年度のこの項目での援助の金額は23.53億円であった。この他に、政府の諮問機関である臨時行政調査会の建議に基づいて、日本政府はすべての種類の私立高等教育機関の設備費用に対して一律に一定の補助を行っている。1983年以来、私立大学、大学院の4,000万以上の、私立短期大学、私立高等専門学校の3,000万以上の、及び私立専修学校の2,000万以上の大型の教学研究設備に要した経費に対して補助がなされるのである。

(2) 私立大学に対して提供される長期低利の貸付

　私立大学を援助し、私学の高等教育を振興するために、日本政府は1952年に日本私立学校振興会の設立を承認し、私立学校（とくに私立大学）への国からの貸付制度を実施した。貸付条件は年利率7.9％、貸付期間は20年を限度とする。貸付資金は主要には国家財政から回された貸付資金である。1972年、その名称は私立学校振興財団に変更されたが、財団の主要な任務は政府が支出する補助金を私立学校に対して分配すること、及び私立学校に対して長期借款を提供することである。財団は毎年貸出額を600億円として、主に各種の私立学校の校舎建設用地の購入、校舎の新増築、教育研究設備の増強などに用いる。1995年、日本私立学校振興財団貸付金額は900億円に引き上げられ、私立学校、とくに私立大学の増大する需要に対応している。

(3) 私立大学法人に対して税収面で提供される優遇政策

　私立学校が学校教育を行うという公共性に基づいて、日本政府は私立大学法人の校舎、体育館等の教育に用いられる財産に対して固定資産税の徴収を免除している。また私立大学の法人税、事務税等を免除し、私立大学の事業

収益の所得税も減免しており、しかも収益がもし学校法人会計の勘定科目に転入されるならば、その内の50%はさらにコストとして計上処理される。日本政府は学校法人（主に私立学校を指す）に物品を寄贈し、寄付をする個人及び法人に免税あるいは所得の部分的な控除を行っているが、寄付をコスト等として計上し税金を減免するための制度である。

3.2 学 費

学校教育法の規定によれば、日本では義務教育を除いて等しく学費を納入する。日本の三和銀行が、政府関係の資料の他に、とくに家計支出について教育費にどれだけ費やされているかを調査している。三和銀行によれば、1978年度の教育費総額調査では、公共財政支出教育費は111,180億円、父母（家庭）負担教育費50,416億円で、合計161,596億円、企業部門が支出する教育費は2,000億円である。つまり、企業部門が支出する教育費を除いて、日本の教育費総額はおおよそ16兆円余りであり、そのうち三分の二が公費、三分の一が私費であるといえる。

金子元久は、日本の高等教育費の家庭収入に占める比率は年毎に変化の軌跡を描いているとしている。この軌跡は、日本の国立大学の学費が家庭支出に占める割合が、1950年の8%から1990年の17%へと増加していることを示している。日本の多くの家庭では女性は外で仕事をしないので、したがって日本の大学生の学費と生活費は40歳から59歳のサラリーマンの平均年収に占める割合が、日本の家庭の高等教育の支出能力を測る一つの指標になり得る。歴年の統計数字からみると、国立大学、私立大学の自宅学生について、この指標は1970年以来それぞれ12～15%と21～25%で基本的に安定していた。また国立大学、私立大学の下宿学生について、この指標は1970年からそれぞれ22～25%と31～36%で基本的に安定している。

ここから分かることは、日本の教育の一つの重要問題が家庭負担の教育費が重すぎるということである。60年代以来、日本政府は「国公立大学と高校の学費は安定を保ち、公共教育費の支出を拡大して、義務教育を中心とする公立小中校の教育費の家庭負担は減少させる」政策を取ってきた。公共財政

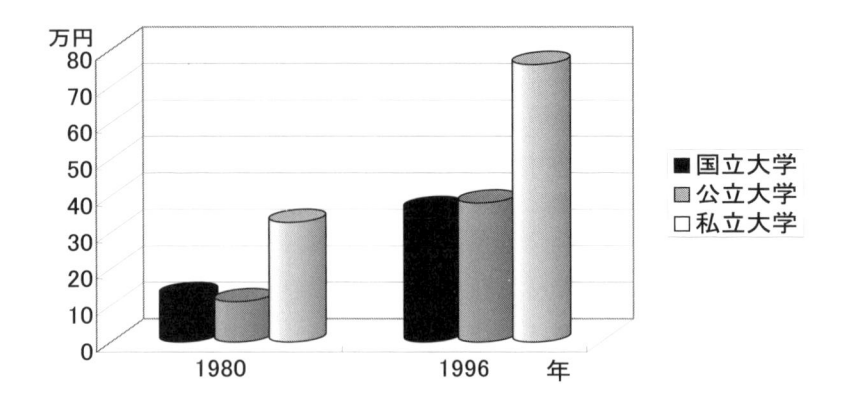

図3-5　1980年以降日本の高等教育学費の変化

負担が総教育費に占める割合は66%、私費負担は約34%を占めている。全体的な傾向からみると、公共財政負担の比率は年々上昇する勢いであるとはいえ、実際には学生や父母の教育費負担は依然としてかなり重いといえる。

　1970年代の初め、国立大学の学費はわずかに12,000円であり、私立大学の学費も十数万円であった。図3-5から明らかなように、70年代以来の日本の高等教育学費の変化はすなわち国公立大学の学費が不断に増加して、私立大学の学費との距離が減少してきていることである。統計によれば、1980年、国立大学の平均学費は12.7万円、公立大学の平均学費は11万円に対して私立大学の平均学費は32.8万円であって、私立大学の学費は国立大学の三倍であった。1996年には、国立大学の平均学費が36.3万円、公立大学の平均学費が38.1万円であるのに対して、私立大学の平均学費は76.1万円で、私立大学の学費は国立大学の約二倍である。学費の増加によっても、国立大学の学費収入が大学総収入に占める割合は10%前後であるが、私立大学の学費は依然として増加の傾向を持続しつつあり、学生の学費が大学の全収入に占める割合も80%前後である。私立大学の運営経費はやはり主要には学生の学費に依存していることは明らかであるといわねばならない。

　日本政府は民間が積極的に学校を経営し、国家が補助する政策を採用して、

私立大学を振興し、学生と家庭の負担を軽減するいくらかの措置を取ったけれども、しかし、家庭の給料の相当部分は子女の教育に費やされている。一人の大学生を育てるために毎年150万円かそれ以上を持ち出さなければならない。サラリーマン層からいうと、これは相当な負担である。したがって、社会世論もこれには大変不満であって、家庭負担を軽減し、教育条件を改善せよという声はきわめて強く、今日も大きくはなっても小さくなることはない。

3.3 大学事業収入

大学事業収入には、社会サービス、大学病院収入、積立金の運営収入、不動産賃貸料などが含まれる。私立大学の経費にはさらに、その他の類の収益的な事業収入が加わるのであり、これらはすべて日本の高等教育経費の重要な源泉である。

説明を要するのは、日本の大学経費の中で、科学研究に使われる経費が、大学で使用する科学研究経費総額の46％前後であり、高い場合には48％、低い年は45.5％であることである。1985年から1991年の期間において、大学の科学研究経費の中で企業からもたらされた経費は大学科研経費総額の2％前後に過ぎない。しかし注意すべき一つの傾向は、1985年度の1.5％というこの比率が年毎に増加して、1991年度には2.4％に達していることである。これは企業と大学の科学研究分野での共同が強まる傾向にあることを物語っている。

3.4 寄付収入

寄付収入は制度的なものではないが、日本では日常的に行われており、収入としてもかなりの比重を占めている。しかも日本政府は学校法人(主に私立大学を指す)に物品を寄贈したり、あるいは寄付を行う個人及び法人に対して免税や部分的な控除を行い、寄付はコスト等とみなして減免税する政策を実行し、個人あるいは法人の寄付を奨励している。

4 オーストラリアにおける高等教育の経費調達

オーストラリアの高等教育は、今日の国際的な高等教育の体系の中で重要な部分を構成している。多くの発達した国家と同様に、オーストラリア高等教育経費の源泉は、主要には政府の財政支出、学生が納付する学費、学校自身の営業とサービス収入、及び海外からの留学生募集による収入等である。

4.1 政府の財政支出

オーストラリア連邦政府は、高等教育機関が進める教学と研究に必要な経費の主要な提供者である。おおよそ統一的な全国的体制に属する大学と非大学高等教育機関は、等しく連邦政府の財政支出を受けることができる。1996年に、オーストラリア高等教育機関の経費の源泉の中で約56.7%が連邦政府からの財政支出であって、これは高等教育経費が高度に連邦政府に依存しているという事実を十分に反映している。オーストラリア国家統計局が公表している数字によれば、2000年に、連邦政府が高等教育に投じた資金の額は60億オーストラリア・ドルに上る。シドニー大学はオーストラリアで最も歴史の古い規模の大きな大学であるが、大学経費の50%は連邦政府が引き受けている。

オーストラリア政府は高等教育に資金を投ずる法的な職権を擁しているが、しかし20世紀50年代末のマレー報告が発表された後、連邦政府は最初に各州の州政府と共同で高等教育経費を負担し始め、70年代の中期に、一歩進んで高等教育を担う完全な責任を負うようになったのである。これは、連邦政府が高等教育の資金投資において主要な提供者としての役割を演ずることを示しており、これは、同様に連邦国家体制を採っていても、アメリカ連邦政府が提供する高等教育経費がわずかに補助的な性格でしかないこととまったく異なるところである。

目下、連邦政府の中で教育職責を担う部門はオーストラリア教育科学訓練省と青少年局 (Department of Employment, Education, Training and Youth Affairs) である。

この組織機構はオーストラリア高等教育委員会、高等教育局とオーストラリア研究委員会等を包摂しており、それらはそれぞれオーストラリア高等教育の運営に大きな影響力をもっている。

オーストラリア高等教育委員会は1988年に設立された、全国就職・教育と訓練委員会の下に属する専門委員会であり、オーストラリア高等教育の発展に対して建議を行うことを主旨としていて、具体的には以下の面での仕事がある。第一に、高等教育の需要に対して優先順位をつける。第二に、連邦政府の高等教育機関に対する財政支出計画を制定する。第三に、高等教育のコスト分担政策を実施する。第四に、全国的な高等教育の発展戦略を制定し、教学と科学研究の重点及び各種の需要から優先的な発展領域を確定する。

高等教育司はオーストラリア教育科学訓練省と青少年事務部の下に属する機関であって、主要には教育科学訓練局と青少年事務部が管轄する、連邦政府の高等教育機関に対する奨励、援助政策及びその他の機関との協力を進める政策に責任を負う。教学経費の支出において、全国統一的な高等教育体系の下での高等教育機関の経費支出事務を統括する。

オーストラリア研究委員会は、四つの異なる経費支出政策を担う専門委員会から構成されており、それぞれ、研究奨励助成委員会、研究訓練と生涯委員会、産業大学研究機関共同委員会と国際及び全国的な協同委員会である。オーストラリア研究委員会が提案する支出政策は主要には以下の数項目である。①研究資金支出は、主に臨床医学と歯科を除くすべての研究領域の高度な研究活動を資金助成する。②オーストラリア大学院生奨学金は、高等教育機関の中で高いレベルの学位をめざしている学生に対して競争的な奨学金を提供する。③オーストラリアの傑出した研究者特別奨励金は、高い能力を持った研究者に対してポスト・ドクトラル・フェローシップを主に提供する。こうした種類の奨励助成は、それによってオーストラリアと海外から有能な研究者を吸収するためである。④特別研究センター及び重要な教学と研究センターへの資金助成は、前述の研究奨励助成政策の補充であり、これによって優秀な研究者に対して研究活動に中心的に従事できるように資金助成する。目下、17のセンターがこうした資金助成を獲得している。⑤研究基礎施設

への財政支出政策は、1990年に始まったものである。高等教育機関に対して直接資金助成を行って、基礎研究施設の維持改善をはかる。この資金助成の提供は、最初は五類型であったが、1995年には二類型に変更された。研究基礎施設は全体資金支出と研究基礎施設普通資金支出である。⑥共同研究資金支出は、1992年に始まった政策であり、その主旨は高等教育機関と工業界の共同研究を奨励するものであり、具体的に経済的効果と社会的効果をもった高い水準の研究を進めるところにある。⑦国際的な研究者への資金助成政策は1992年に始まったが、その主要な目的はオーストラリアとその他の国家で国際的な研究の共同と交流を促進することである。⑧トリス島研究人員発展政策は、原住民とトリス島人の研究への参加を促し、その水準を高めることが主旨である。⑨評価政策は、オーストラリア研究委員会資金助成政策による研究成果に対して、評価活動に従事するために必要な経費を提供し、経費助成の成果と効果を検証するためである。

　同時に、政府は財政支出制度に対して多少の措置をとっている。例えば資金の特定用途を規定して、それぞれの大学の科学研究の実力と優位性に基づいて分配を行うのである。1989年から毎年分配されるべき運営経費の1％を備蓄金として保留しておき、各大学の科学研究の方向、実力、水準等によって分配していくのである。この他に、政府はさらにもっぱら、大学の運営経費の中から一部を抜き出してオーストラリア科学研究委員会に与え、公平な競争という原則に基づいて大学に給付させている。その経費の額は1988年の500万オーストラリア・ドルから逐年増加して、1991年には6,500万オーストラリア・ドルに達している。

4.2　学　費

　学費政策の面から高等教育入学機会の公平性を増進するために、オーストラリア連邦政府は1973年から高等教育学費免除政策を開始した。しかし後に、高等教育経費の源泉を増やすために、1989年にさらに高等教育コスト分担政策（HECS）を開始し、卒業税を徴収する一方、学費の即時納入ではない方法で、学生から一定の教育コストを徴収した。これによって、一方で高

等教育への入学意欲の抑制を避けつつ、他方では高等教育の受益者に適度に高等教育コストを分担させることが可能になったのである。

オーストラリア高等教育体制の突出した特徴は、全面的な国家化と公立化である。もともと全国には3校の小規模な私立大学しか存在しなかったが、この状況は1980年代中期から改変が始まり、政府の資金補助を受けない私立大学の振興が議事日程に上せられた。1989年にオーストラリア歴史上初めての私立大学であるベンディゴ大学が正式に成立を宣言した。政府の政策に支えられて、今後数年以内に私立大学はかなり大きく発展することが予想される。

4.3　営業とサービス収入

オーストラリアでは現在全国で36校の公立大学があり、会社を設立している大学もすでに34校にまで達している。会社の経営活動は主要にはコンサルタントと企業訓練の提供、会議の組織とコーディネート、学校施設の貸出し、法律コンサルタントの提供、ソフト・ハードディスクの販売、科学研究の共同化などである。オーストラリア政府は、工商企業と協同して運営と研究を進め、教学と研究経費の不足を補うことを重視するよう大学側に求めている。1989年、政府は一部の科学研究の商品化に関する報告を発表し、1996年には、それぞれの大学が産業界から連邦政府の科研費の5％に相当する科学研究費を獲得するよう要求した。

4.4　海外からの留学生募集

オーストラリア政府の海外留学生に対す政策は80年代中期から転換が始まっている。オーストラリア教育・科学・訓練省（DEST）とオーストラリア学長委員会（AVCC）の統計資料を総合すると、オーストラリア本国の大学で学んでいる外国の留学生はすでに、1982年の1.20万人から1994年の3.52万人に増加している。1990年代中期以来、このような留学生の増加速度は速まっており、2001年下半期にはすでに9.12万人に達したが、そのうち、学部学生が66.5％を占め、大学院生は33.5％を占めている。1987年に全国の

大学にはただ622人の学費全額納入留学生がいるだけであったが、1989年には6,784人に増加し、1991年には20,219人に達した。近年来の増加はもっと速まっている。こうした主にアジアの国と地域からやって来る留学生はオーストラリアの大学のために少なからざる収入増加をもたらした。統計によれば、2000年までで、オーストラリアの大学の学費全納留学生の数は5万人に達している。オーストラリアの政策転換と具体的状況から、国際教育貿易が各国の重視するところとなりつつあり、遠くない将来、それは世界貿易の重要な一部分となり、国家の外貨収入の重要な源泉になると信じられていることが理解できる。

5 高等教育経費調達の経験と教訓

いくつかの主要な先進国の高等教育経費に関する分析と比較を通じて、各国は高等教育経費の調達の面で共通性と一般的な発展傾向を有しており、その傾向は、公的財政による教育経費を主としつつも、多方面の教育経費調達のルートを併存させていることであると総括することができる。

5.1 高等教育経費の多元的な調達

高等教育は準公共事業であり、それは国防などのように純粋な公共事業として、完全に政府から経費が調達されるわけではないが、しかし私営企業のように経営者の自主負担ということでもないのである。ただ高等教育事業が社会のためにもたらす利益は、明らかに教育を受けた個人にもたらされる利益を超えている。高等教育の社会的効果は、主要には社会に対して提供される高度な人材、新知識、新技術によって体現されており、社会全体の経済的発展や道徳、文化の建設に貢献しているのである。高等教育のこうした特徴は社会の全体的利益を代表する政府が、高等教育に主要な経費を提供する源泉としての職責を担わなければならないということを決定づけている。しかし同時に、高等教育経費の財源は多面的な教育資金の調達でもなければならないのである。

高等教育への政府の財政調達には、主要には中央政府財政と地方政府財政の二つの経費が含まれている。多面的な経費の調達の中には、学生の納付金、大学の有償サービスの展開、校営企業の営業収入、個人、社会団体、企業の寄付、及び海外留学生の募集、貸付資金の利用と国際教育資金援助の獲得等々が含まれている。

5.2　政府財政による教育経費を主とする

　高等教育に対する世界各国の認識という面からみると、まず19世紀初めからヨーロッパで公共的資金による国家の高等教育体系が現れ、20世紀以降、この公共的資金モデルが世界的なレベルで拡大したが、とくに発展途上国によって受け入れられてきた。国家の立場からすると、高等教育は一種の「社会サービス」であり、したがって国家は高等教育に対して「社会的責任」を負う。教育は人々に対する国家の公共的サービスでなければならず、高等教育は国家の専門的な人材を養成するための、政府による公共的なサービスでなければならない。高等教育は労働の能力を生み出すだけでなく、科学技術の能力も生み出し、経済の国際化とグローバリズムの過程で、高等教育に特有な方法で社会サービスの機能を発揮し、国民経済の発展を促し、併せて国家の現代化と民主政治の理想の実践の手段となっているのである。したがって国家は、高等教育の直接的かつ最大の受益者であり、高等教育はそれゆえ政府の投資を主体としているのである。たとえ高等教育がさまざまなルートから経費を調達しているとしても、主要な投資者としての政府の責任と義務は依然として減少してはいない。図3-6のように、近年、世界各国において政府の資金支出が高等教育経費の源泉の中で占めている平均的な割合は、アメリカの公立大学で59.3％、私立大学では18.4％、イギリスの大学で55％、フランス教育省所属の大学で89.5％、ドイツの大学では68.5％である。これは、世界の高等教育では政府財政による教育経費が主体であることを示している。さらに社会・経済の発展に伴って経済発展の水準がますます高まる傾向にあり、国家の高等教育に対する投資も大きくなり、したがって高等教育経費の教育経費総額に占める割合もいよいよ大きくなるので

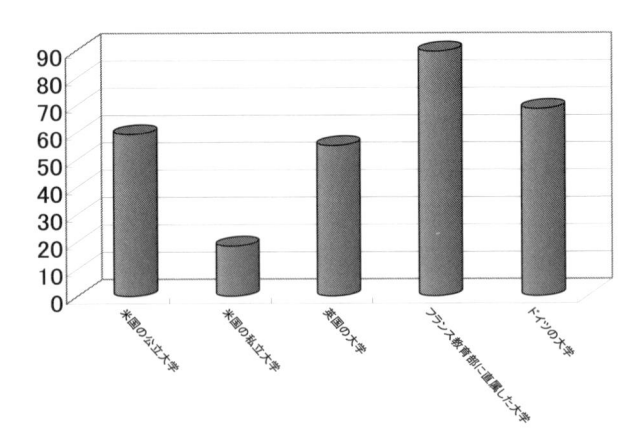

図3-6　世界各国の大学における政府の支出が総経費に占める割合

ある。たとえ政府の財政支出が大学の経費支出の増大に追いつかないものであっても、考慮しなければならないことは、依然として政府支出が大学経費の財源の大部分を占めていることであり、したがって大学は引き続き政府との良好な関係を維持していくことが十分に重要だということである。政府と大学の関係は二つの要素によって決定される。一つには在籍学生数であり、二つ目には科学研究の方向性である。政府の財政支出の基本は、在学生の数に基づいており、受け入れている学生が多いほど獲得する政府財政資金も多くなる。ここには当然注意すべき問題があり、もし学生をより多く募集すれば大学の経費もより逼迫することがありうるが、逼迫するか否かの鍵は政府の財政支出の多少によるのである。もし政府の財政支出が学生当たりコストを下回るか、または大きく下回る場合には、募集する学生が多いほど経営は困難になる。もし財政支出と学生当たりコストが均衡を維持していれば、大学経営には当然積極的な影響が出てくる。

　科研費の角度からいうと、西欧の大学、とりわけ有名大学が科学研究費を争うのは、政府の経費による支援を獲得する重要なルートの一つだからである。そして科研の課題を争う鍵は、政府サイドの需要に研究のねらいを絞ることである。政府の科学研究への需要には、通常の需要と特別な需要に分けられる

が、大学が通常の需要を競うことは当然の前提とした上で、最も重要なことは特別の科学研究プロジェクトの争奪に成功することである。例えばアメリカのマサチューセッツ工科大学とスタンフォード大学は、第二次大戦後の冷戦期にチャンスを掴んで国家の軍事科学研究プロジェクトを担うことによって研究経費を充実させ、科学的な声誉を高め、大学の地位を真っ直ぐ上昇させた。科研プロジェクトにおいては、政府の実用的な課題に応ずることによって政府の需要を満足させなければならず、大学の科学研究の精力のすべてを「科学研究のための科学研究」といった研究に注ぐことは、たとえそれらの研究が大学にとって欠くべからざるものであったとしても、できないのである。

5.3 政府の財政に依存しない教育経費の拡大

各国の政府は可能な限り高等教育経費を負担することを表明はするが、国家の財政力は有限であり、大学の経費逼迫問題は適切には解決されていない。このため、いくらかの大学は政府財政への依頼を減少させなければならないと認識しはじめている。それだけではなく、大学生に対する一般的な資金援助は公平性を欠くとも考え始めており、そのため各大学は、多面的なルートで高等教育経費を調達することにその能力を発揮し始めている。多くの国の実践は、多ルートによる経費の調達が有効な、長期に堅持すべき政策であり、資源の利用効率と利益を向上させ、大学の規模を拡大し、公平性と平等性を高めるのに有利であることを証明している。多ルートによる経費調達は一般的には家庭からの資金援助の範囲を拡大し、大学の有償サービス、大学企業の利益を高め、個人、社会団体、企業の寄付及び海外留学生の募集を発展させ、銀行の貸付資金を利用し、国際的な教育資金助成を獲得するなど、いくつかの方面と分野を含んでいる。

(1) 学 費

多年にわたる実践が明らかにしていることは、世界的に無制限に増加する公的教育経費の調達のためには、高等教育への公的投資を継続的に高めると同時に、徐々に受益者が高等教育コストを分担するという方向に考え方が転換しつつあることである。しかし大学による費用徴収の可否、徴収の割合と

基準は国によって異なる。デンマーク、フィンランド、ドイツ、ギリシャ、ノルウェーとオランダ等の国家では、学生からは費用を徴収しない政策を実施しており、しかもこの政策はおそらくさらに継続していくことになるであろう。これに対して日本では逆に、大学生から費用徴収する政策が一貫して堅持されており、とくに私立大学では学費は大学の全経費収入の67％を占めている。ただ日本政府は公的経費を措置するに当たって、大学に提供する各種の奨学金や就学援助金を減額させたことはなく、また私立大学も国家の大学とみなしており、総じて日本の80％の学生が私立大学に進学していることによって、学費徴収政策は日本の高等教育の経費調達及び教育の発展に対して重要な意義を有しているのである。

　上に述べた二種類の国は二つの極端な制度の代表であるが、多くの国はこの二種類の極端の中間に位置している。アメリカが実行しているのは「穏やかな」学費徴収政策であり、公立大学の徴収基準は学生当たり平均経費コストの15％前後に過ぎないのであり、私立大学でも50％には至っていない。しかし学費が高等教育に占める割合は徐々に大きくなっており、かつ学生一人当たり養成コストはより上昇する勢いを示している。1992年度アメリカの四年制大学の学生納付金の平均は8,238ドルであったが、1999年度には11,834ドルに上昇し、増加率は43.6％である。また1992年度の二年制大学学生納付金の平均は4,092ドルであったが1999年度には5,276ドルに上昇し、増加率は28.93％であった。1991年から1999年の間の公立大学の学生納付金の増加率38％、私立大学の納付金増加率は40％である。

　フィンランドは1984年に大学生に対する学費徴収政策を実施し始めたが、それは国の財政支出の不足を補うためであって、1985年の学費収入は大学総経費の12％、1988年には経常経費の15％をそれぞれ占めていた。

　いくつかの国では、学生からの費用徴収政策に疑義を呈しており、大学生からの徴収政策は学生の入学機会の平等に影響をあたえ不公平を招くと批判している。しかし大多数の国の経験が明らかにしていることは、大学が費用を徴収する政策は大きな趨勢ではあるが、ただ費用徴収政策は国家のその他の財政政策と調和する必要があり、しかも費用徴収政策の制定と実施も、国

家の経済的、政治的、文化的伝統と価値観を考慮して進める必要がある。すなわち徴収政策の実施には適宜な実施環境を必要とするということである。1994年、世界銀行は「高等教育：経験と教訓」と題する報告の中で、世界各国の教育経費の変化の傾向に基づいて、公立大学の経費調達多元化という目標は、各国政府における高等教育改革の重要な構成要素であり、改革の目標を達成するためには、非政府資金の割合を30％に高めなければならず、その内の主要な経費は学生と父母から納入される学費であると分析した。

　大学毎に異なる性格(例えば公立と私立)、異なる評判(例えば有名大と有名でない大学)、異なる学科や専攻(例えば人気学科と不人気学科)、異なる所在地(例えば大都市と中小都市)、学生養成のコストと就職展望、将来収入予測によって、大学間の一定の差異は存在するのであり、コスト負担と市場調整の原則に基づいて、大学の学費徴収基準は大学、学科及び専攻の差異として表われる。例えば学費と国民収入の対比、学費と大学数の対比、及び学費と養成コストの対比等については、各国の財政モデル、教育管理政策等の相違のように各国間でなお比較的大きな差異が存在しており、公平で合理的な基準をどのように確定するのかについて、なお不断の理論上の探究と実践上の模索が必要である。しかし学費基準の確定には、一国の国民経済の負担能力、例えば国民の収入、家庭の学齢人口、学費負担能力等を考慮して、学費が国民の最も基本的な生存条件に影響を及ぼさないような原則を把握しなければならず、住民による高等教育の社会的な需要を学費政策の唯一の基準にしてはならないのである。早期に学費の徴収を開始した国、例えばアメリカ、カナダとオーストラリア等の国々は学費水準を高めてきている。例えば、アメリカの四年制大学の平均学費は1976年の642ドルから1996年の3,151ドルへと上昇し、増加率は491％である。同じ時期の四年制私立大学の学費は2,881ドルから15,581ドルに上昇し、増加率は541％であった。学費の低廉なコミュニティ・カレッジでさえ学費基準が高められ、245ドルから1,245ドルに上昇した。学費の増加幅は物価の上昇幅をはるかに上回っている。欧州のいくらかの国家、例えばイギリスでは90年代初頭、学費問題が高等教育に関する議論の重要なテーマになったが、後に議論は「デアリング報告」を通じて

正式に反映された。つまり1998年、イギリスは学費の徴収を開始したのである。これによって高等教育においては学費を徴収しないというイギリスの歴史に終止符が打たれたのである。イギリスで大学学費として設定された基準は1,000ポンドである。1998年のイギリスの学生総数は160万人であり、大学が毎年得る学費は16億ポンドに達するとみられていた（実際にはやや少なくなったが）。1998年度のイギリス高等教育の財政支出委員会が高等教育の経常経費として分配した経費総額は34.05億ポンドであるから、学費収入は経常経費としてなされた財政支出の半分近くに相当する。学費徴収がイギリス政府の財政圧力を相当に緩和したことが伺える。

(2) サービスと営業販売収入

①大学の営業収入

大学もまた発明・創造によって製品を開発し、会社を設立して、直接、市場において営業収入を上げることができる。大学が会社を設立することは最近の壮挙というわけではないが、しかし近年の大学企業の発展の速度は史上例を見ないものである。オーストラリアには現在、全国に公立大学が36校あるが、会社を設立している大学はすでに34校に上る。1996年に、これらの大学が得た利潤総額は2.8億オーストラリア・ドルであった。会社の経営活動は、主要にはコンサルタントと企業の訓練、会議の組織とコーディネート、学校施設の貸し出し、法律コンサルタントの提供、ハードウェア・ソフトウェアの販売、科学研究の協同化の推進等である。大学が会社を起こすのは、新たな営業収入をはかることが目的の一つである。このやり方は大学に収入をもたらし、就業の機会を造り出し、さらに大学の科学技術の転化と資源の十分な利用を促進することができる。

②産業・大学・研究機関の共同による収入

大学が科学技術研究とその応用の面で明確な優勢を維持するためには、自らが有する専門家、先進的な実験設備と開拓性に富む思想・意識に基づいて、関連性のある社会的な課題を組織的に担い、企業等関連する機関の重要課題を請け負い、コンサルティングと政策決定サービスを向上させ、あるいは社会のために学習訓練教室を開講して、専門的な知識教育を提供し、それによっ

て一定の収入を確保することである。ドイツのこのような収入は1985年には15年前に比べて50％あまり増加し、工業界が80年代全体を通じて大学に投入した資金は2倍以上に増加した。大学は産学協同を確実に実行することによって、大学を経営し広範な資金を吸収したのである。産学協同による大学経営を通じて、大学の経営規模を拡大し経営効率を上げることが可能となる。同時に、産学協同による大学経営はさらに一定の運営経費を上乗せして獲得することもできる。政府が産学協同による大学経営に対して優遇策を実施する場合があり、それは実質上、表にはでない潜在的な経費の獲得である。

③特許権譲渡収入

特許権の譲渡は大学と企業の協同の形式であるだけではなく、すでに大学経営収入のためのドル箱の一つにもなっている。1995年にアメリカの大学が特許譲渡によって獲得した資金は3.18億ドルに達した。ハーバード大学の1980年の特許譲渡収入は2.4万ドルに過ぎなかったが、1994年には540万ドルに上昇し、200倍余りに増加した。特許譲渡項目は大学によってそれぞれ異なる。例えばアメリカ・アリゾナ大学は「高生産混合コットン」特許を、ネブラスカ大学は除草、灌漑を必要とせず、施肥も不要な「牧草」の特許を、ハーバード大学は「小虱石鹸」の特許をそれぞれもっている。

特許を譲渡することは経済的な報酬を獲得する一つの形式である。目下の特許譲渡収入がまだみるべきものではなく、大学の経費収入で占める比率は依然として取るに足らないものであっても、その迅速な発展の勢いを考慮すれば、特許譲渡は大学と企業の協同の重要な形式であるだけではなく、大学の経費収入における最大のドル箱になっていく可能性がある。大学の特許譲渡に対して、多数派である支持者たちは、特許譲渡を通じて大学のために資金をもたらしたからには、その資金をもう一度新しい科学研究プロジェクトに投入し、そうすることで大学の科学研究の良好な循環を形成し、また特許譲渡や特許産品を通じて、大学のために仕事の機会を作り出すことができると考えている。したがって特許譲渡は、大学のために市場開発と製品開発に費やす時間と精力を省略するだけではなく、科学技術研究に精力を集中させ、さらに大学と企業が協同し意志疎通を強化するための好適な接点にもなるの

である。

(3) 寄 付

　大学が社会的な寄付をめざすのは一つの伝統であるが、しかし募集する金額の大きさ、募集手段の規範、募集範囲の広さは、歴史上のどのような時代も現代とは比較にならない。募金は、大学が経費の逼迫に対応して挑む重要な政策の一つである。1996年アメリカのスタンフォード大学はホイップ社の創始者のひとりであるフィライトから3億ドルの個人寄付を受けたが、このように大規模な寄付は、大学の発展に対して幸運な余慶ではなくなっている。1994年、アメリカの大学が受けた寄付の総額は124億ドルであり、大学総収入の7％を占めていた。シンガポールでは1991年に成立した大学教育基金が、5年間で6.2億シンガポール・ドルの寄付を獲得し、シンガポール国立大学と南洋理工大学の発展に貢献した。

　教育寄付は校友、慈善団体と私有企業の寄付と贈答金を含んでいる。寄付内容の性格によって現金寄付、証券寄付、信託寄付と現物寄付に分けられる。現物寄付はさらにまた個人所有の家屋所有権を大学の不動産所有権として寄付するもの、及び図書資料、手稿、設備等の寄付を資料・設備の有形資産として寄付するものの二種類がある。寄付する時期に基づいて、承諾の後直ちに寄付を行う即時寄付と、承諾後一定の期間内に寄付する分割寄付がある。例えば、経済的に持続的な成長を続けているアメリカ・コカ・コーラ社は科学技術教育の恩恵を深く受けており、教育に投資する熱意にも大きなものがある。1999年には教育寄付基金を2,100万ドルから5,000万ドルに増加し、さらに1億ドルの目標に向かって邁進すると宣言した。寄付の形式は多種多様であり、大学への愛着から大学の発展のために役立ちたいと意志表示するものから、大学のために一定の経費あるいは物品に関わる困難を解決しようとするものなどであるが、勿論どのような形式の寄付であっても歓迎されることは当然である。ハーバード大学の募金は、主要には校友会に依拠している。世界百余国に30万人の校友会メンバーを擁しており、さらに300余の専門の基金グループが世界各地でハーバードのために募金活動を行っているのである。寄付はさらに国家の富裕の程度、教育に対する重きの置き方の

程度、及び社会的雰囲気の好悪によっても多寡が決定される。経済の発達した国では、教育が獲得する寄付収入は明らかに多くなり、しかも寄付活動も比較的展開しやすいが、発展途上国では、経済発展水準の制約のために教育分野の収入も少ないことにならざるを得ない。1996年、アメリカの大学の収入源において寄付収入は8.3％を占めており、その内、公立大学では4.7％であり、私立大学では14.3％に上っている。1996年、全米3,000校の大学の寄付金合計は1,288億ドルであったが、しかしその分布はきわめて不均衡であって、その内120校の大学が合計855億ドルの寄付を獲得し、66％を占めている。第1位のハーバード大学は一校で90億ドル余を獲得し、他の9大学ではそれぞれ20億ドルを超えている。イギリスの大学経費の財源中で、寄付の占める比率は比較的大きくて、一般には7％前後である。日本の公立大学における個人寄付は大学全体の収入の15％を占め、私立大学では50％以上に達している。各国は徐々に大学の建設における寄付活動の重要な意義と価値を認識し始めており、さまざまな免税等によって教育寄付行為を奨励する優遇政策を推進してきている。教育寄付はあるいは政府の財政投入、学費と並ぶ大学経費の重要な財源に成長するかもしれない。

(4) 留学生の募集

　経済のグローバル化と高等教育の国際化にともなって、国際教育貿易はいっそう注目を浴びてきており、世界各国は以前にも増して国外の留学生の募集を重視している。国外の留学生を募集することは、政治的な影響や知識の伝播にとどまらず、より主要には国際教育市場の開拓が外貨収入の一大源泉となり、教育収入の一ルートとなるだけではなく、さらには一定の程度において、その他のさまざまな資源の開拓や利用を推進し活性化することになり、ある国の世界的な地位と影響力を高めることができるのである。

　各国における留学生の募集を通じた大学の増収傾向には注目に値するものがある。例えばイギリスは毎年平均して海外からの留学生の学費収入が12億ポンドであり、大学内に設立された海外学生連絡組織が1980年から1990年までに、留学生の募集を通じて獲得した収入は1.25億ポンドに達し、ヨーク大学留学生数は20年前の10.4％から1998年には17.3％に上昇した。

(5) 銀行貸付資金の利用

　大学は永遠に発展変化の中に存在しているのであり、一段一段の発展と変化、例えば教学条件の改善、専攻や課程の調整と改革のためには、いずれも大量の資金を必要とする。しかし国家の投入する資金が不足し、大学自身が調達する経費もまた需要を満足させ得ない時、銀行貸付資金を検討することは一つの重要な選択である。現状から見れば、大学が獲得する貸付資金はしばしば大学の教学設備、基礎施設等の基本建設に使用されており、このことは大学の経費の逼迫局面を緩和することに役立っている。大学が信用貸付資金を利用することは、市場メカニズムを大学の経費管理に導入し、大学内部のあらゆる経費の配置と使用に関して科学性と有効性の教訓を生み出すことに裨益する。貸付資金を使用するに当たって、大学は従来に増して借り出した資金を大切にし、浪費や消耗を減らし、経費の価値を高める等のさまざまな工夫を行うであろう。また契約と奨励の機能を確立して運用実施することを通じて、資金運用の評価と監督を強め、それによって大いに経費の使用効率を高めることができる。当然、負債には常にリスクが伴うゆえに、大学は貸付を受けるに際して、借受け金額や負債の比率等の確定については十分に慎重であるべきである。しかし、より多くの大学が信用貸付を利用することに対しては肯定的であってよいであろう。

(6) 発展途上国は国際教育基金をめざす

　国際的な共同が強化されつつあることから、国際機構が発展途上国の教育の発展に対して資金援助を行い、その教育事業の発展と国家経済の振興を援助している。国連・ユネスコが1999年に出版した「世界教育報告」の資料分析によれば、経済協力開発機構の政府関係への発展援助において、教育に対する資金援助は、1975年の14.19億ドルから1990年の36.41億ドルへと増加しており、多国間銀行と基金の教育資金援助は1970年0.97億ドルから1991年の28.94億ドルへと約30倍近く増加している。1995年になると、世界銀行の教育に対する実際的な援助だけで24億ドルに達しているのである。発展の趨勢からみれば、仮に世界経済の発展の勢いが順調であるならば、総援助の水準を維持することは可能であり、各国もまた教育を重視しているため、

将来的に世界の教育資金援助の金額はさらにある程度伸びていくであろう。現状では、高等教育が資金援助を受けることにおいて、なお有利な情勢と特別な権利があり、発展途上国家の経済発展及び人材の急速な需要の緩和等の原因に伴って、国際教育資金援助が、主に初等教育に振り向けられることはあり得るが、しかし高等教育に対しても一定の額の国際教育資金援助は配分されるであろう。資金援助の主要な項目は、学校の建設、教育設備、図書と科学技術教学であるが、さらに高等教育の国際化という情況の出現に伴って、環境、人口、資源、民主、女性問題等の国際的、専門的な課題の研究もまた資金援助の対象になってきている。

原注

1 目下イギリスでは、その他の発達した国家のような公立大学と私立大学の併存という情況は存在しない。現在、イギリスでただ一校だけ主に学生の学費に依拠する大学があり、バッキンガム大学という。イギリスで唯一の私立大学と言われている。しかし、この大学の学生は海外の学生が主体であり、したがって現在のところ、私立大学はイギリスの高等教育の中では基本的に影響をもち得ていないということができる。

2 日本において政府が設置する大学には二種類ある。一つは中央政府が設置する国立大学および他の高等教育機関である。今一つは地方自治体（一般には都道府県）が設置する公立大学および他の高等教育機関である。

4 高等教育のコスト補償メカニズムの国際比較

　高等教育が経済発展にとって重要な地位にあることから、先進国のみならず途上国も多額の資金や資源の投入をし、それにより高等教育は急速な進展を遂げた。しかし、高等教育拡大政策の実施はまた、各国の政府に徐々にある事実を突きつけている。すなわち、世界では、国民の高等教育需要を十分満足させることができる政府の予算というものはなく、相応の公の高等教育経費は、高所得国での若干の増加以外、低所得、中の下の所得国、中の上の所得国すべてにおいてかなりの幅で低下しており、全世界的に高等教育財政の危機が広がっていること、それによって、世界各国は、何らかの政策や措置で高等教育の発展のための資金を捻出しなければならなくなったことである。このような背景の下、学生及びその家庭に高等教育費用を分担させ、個人の費用で高等教育費用のコスト回収をはかる政策が、世界の高等教育財政の重要な趨勢となった。前章で述べてきた高等教育財政の財源の多元化の視点から、本章では、学生及びその家族の費用分担という角度から高等教育財政の状況を検討する。

1　コスト補償メカニズム

1.1　コスト補償メカニズムの提起

　1986年、アメリカのニューヨーク州立大学総長で経済学者のブルース・

4　高等教育のコスト補償メカニズムの国際比較

ジョンストーン（D. Bruce Johnstone）は、『高等教育のコスト分担：英国、西ドイツ、フランス、スウェーデン、アメリカの学生財政資金援助』を著し、その中でコスト分担理論を提示した。この理論は、高等教育のコストを政府、学生、学生の保護者、社会の人々（寄付）で共同分担すべきだというものである。これ以後、この「コスト分担」論は次第に世界各国において高等教育の学費政策を策定する際重要な理論的根拠となった。

具体的には、高等教育のコスト分担とは、主に中央と地方の政府がそれぞれの財力に応じて高等教育費用に対して合理的分担を行うことであり、高等教育のコスト補償とは、高等教育の受益者側（政府を除く）がそれぞれの収益の高低や支払い能力に応じて高等教育の費用を分担することである。高等教育のコスト分担と補償を高等教育コスト分担と総称する場合もある。これにより、高等教育のコスト分担と補償とは、高等教育費用を、各級政府、雇用主、大学自身、そして教育を受ける者の間で、合理的に分担することを指すようになった。

ジョンストーンはさらに、教育活動を行うに当たって、社会は一定の労働を投入し、人力と財力を費やすべきであるとしている。市場経済の条件下で、教育コストは、教育に用いられる人的、物的資源（貨幣で表す）で構成される。高等教育コストには少なくとも四つの面がある。第1は、教育面への支出である。教職員の給料、設備、図書、行政活動などへの支出がこれに当たる。第2は、研究面への支出である。各大学の研究に対する重視の度合いに差があることから、この支出は差が大きい。第3は、学生の生活面への支出である。宿舎、飲食、衣料などの面での費用で、これらの支出は大学の財政支出との関係は大きくないものの、学生や家庭にとっては欠かせない支出である。これらは学生たちの高等教育を受けるに当たっての重要な構成部分であり、また、社会が高等教育コストの上昇に関心を寄せる重要な面でもある。第4は、機会費用の放棄である。理論上からいえば、機会費用の放棄は高等教育コストの重要な部分で、社会の労働力不足の面からだけでなく、学生個人から言っても無視できないコストである。

高等教育のコストは非常に複雑で、さまざまな基準からさまざまに分類で

き、直接的な教育コストと間接的な教育コスト、社会の教育コストと個人の教育コスト、そのほかにも各種の分類がある。そのうち、教育の社会的直接コストとは、各級政府が財政を通して支払う教育費用を指し、また企業、事業体、慈善団体、その他社会団体あるいは個人の寄付金や寄贈物なども指す。社会的間接コストとは、教育に使用する土地、建物、設備など、教育に用いられなければその他の面に転用可能なものの利子、賃貸収入、あるいは教育に用いることで免税になる税金などであり、法定労働年齢に達した学生が学校に行かず就労したとき、国家が得る税金収入などもそれに入る。教育の個人的直接コストとは、学生本人、家庭、親類や友人が、学生の就学のために直接支払う学費、諸費、書籍や文具費、文化体育活動費、交通費、宿舎費、生活費などである。個人的間接コストとは、法定労働年齢に達した学生が、進学のため就業せず、放棄した所得のことを指す。

1.2　コスト補償の原則

高等教育のコストの分担と補償が、社会(政府、企業)や個人の間で行われる場合、以下のような原則に従う。

(1) 応益原則

応益原則とは、社会や個人の収益の多寡に基づいて、各自が分担するコストを割り当てることである。収益のあるものが引き受け、収益の多いものが多く引き受け、収益の少ないものは引き受ける額も少ない。これが市場経済条件下の経済公平から客観的に求められることである。

高等教育は一種の準公共財であるが、私的財としての特徴も有するため、教育を受ける本人及びその家庭にかなり大きな期待収益をもたらす。この種の個人収益は、人々がより高くより優秀な教育を受け、知識を増やし、能力を高めることで、他の教育に比べて、個人により多くの就業チャンスとより多くの収入をもたらす。例えば、教育を通じて、高い就業チャンスや昇給チャンス、および転職チャンスという期待収益を獲得できる。図4-1が示すように、アメリカでは、学位が高い人ほど収入も高い。すなわち、月収でいえば、博士学位の人は3,637ドル、修士学位は2,378ドル、学士では1,827ドル、

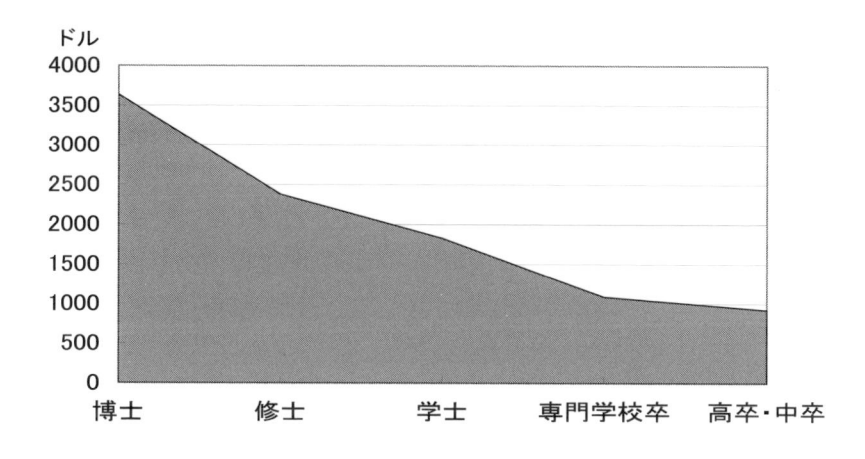

4 高等教育のコスト補償メカニズムの国際比較

```
ドル
4000
3500
3000
2500
2000
1500
1000
 500
   0
      博士    修士    学士   専門学校卒  高卒・中卒
```

図4-1　アメリカの取得学位別所得水準の差

職業専門学校卒業では1,088ドル、中卒では921ドルである。フィリピンで、1981年、高等教育を修めた人の収入は、初等教育を修了していない人の3.9倍であった(范先佐 1998)。これは、ある人の教育を受ける程度とその人の収益には正の相関関係が有ること、また、ある人の受ける教育が多ければ多いほどその収益も大きいことを物語っている。この収益は、内在化されたものとしては、個人収益に属し、個人が高等教育を求める要因となっている。同時に、高等教育は公共財としての特徴も有するので、社会にも大きな収益をもたらす。社会収益とは、高等教育が新しい思想、理論、科学技術の創造とハイレベルな人材を養成するプロセスの中で、高等教育を受ける者が高等教育を受けない者より、社会のために多くの富を作り出すことである。それは、教育事業を発展させることを通じて、国民の資質を向上させ、多くの労働力や専門人材を養成することを意味する。それにより、経済成長を推し進めるとともに、精神文化の育成や法制度の整備も促進することができる。とりわけ、21世紀に入って、科学技術が飛躍的に発展し、知識経済の端緒が見え始めている今、教育は一種の生産的な投資として、経済発展にとってますます重要な役割を担うものとなっている。この収益は、外在化されたものとしては、社会収益に属し、社会が高等教育を必要とする要因となっている。ゆ

えに、どのような性質の高等教育も社会収益と個人収益とを兼ね備えている。したがって、政府、企業、個人が教育コストを負担する場合、その負担額は各自の収益に基づいて決定されなければならないし、また同じように、それぞれの個人も、収益に基づいてそれが決定されなければならない。

　高等教育のコストの分担と補償の基準の確定は、経済的公平性に基づかなければならない。経済的公平性が重視するのは、投入費用と収益のバランスがとれていることであり、それは平等な競争的環境のもとで、等価交換により実現される。高等教育への投入とは、社会と教育を受ける人とが分担するコストであり、収益とは、社会と教育を受ける人とが獲得する収益である。ゆえに、投入費用と収益は互いに釣り合うものであることから、社会はコストの一部を引き受けねばならないし、教育を受ける個人もコストの一部を引き受けねばならない。経済的公平を保障するには、この両者の一方だけに偏ってはならない。

　しかし、社会収益か個人収益かにかかわらず、高等教育が有する収益の中で、経済的収益のみが貨幣換算が可能であり、非経済的収益は貨幣換算することは難しい。したがって、高等教育の収益分配には相対的な曖昧性が存在する。このことにより、応益原則に基づいて高等教育のコスト補償の基準を確定する場合、一定の困難が生じることになる。

(2) 応能原則

　応能原則とは、補償能力に応じて、高等教育のコスト補償基準を確定することである。能力が大きければ、分担するものも多く、能力が小さいならば、分担も少ない。これは社会的公平性から客観的に要求されることである。

　社会や個人の補償能力の大小を制約する要因は、各自の掌握する財力である。まず、社会の補償能力は、社会の代表者としての政府の掌握する財力により決まる。すなわち徴税などの方式で得られる財政収入がそれであり、社会が教育コストを補償する経済的基礎となる。次に、個人の補償能力は、個人が掌握する財力で決まる。すなわち、合法的な経営や労働を通じて得られる報酬であり、一般に税を引いた可処分所得が、個人が教育コストを補償する経済的基礎となる。経済発展のある一定の期間、社会全体の財力には限度

があるため、社会や個人の補償能力にも限界が生じ、なおかつ両者には一方が増えれば一方が減るという関係が存在する。

　ある程度の経済発展レベルにおいて、教育コストの補償能力構造は、財力の配分構造で決定される。財力の配分とは、政府と個人との間での集中と分散の程度である。財力配分が比較的集中しているとき、財政収入規模はかなり大きく、政府が支配する財力は豊かで、社会の分担能力がかなり強いので、社会は教育コストの主要な分担者となる。財力配分が比較的分散しているときは、個人の収入レベルは比較的高く、個人が支配できる財力も比較的豊かで、分担能力はかなり強いので、個人が教育コストの主要な分担者になる。ゆえに、財力配分構造は、社会と個人の教育コストの分担と補償に対する能力構造を決定し、それにより各自のコストの分担と補償額も決定される。

　一定の財力配分構造の下では、個人の教育コストの補償能力は、各自の支出水準と支出構造で決定される。社会についていえば、一定の財政収入規模の下では、その補償能力は財政の支出水準と支出構造で決定される。財政収入が財政支出の前提であり、国がその役割を果たす際の物的補償である。財政支出水準が収入水準に対してかなり高いとき、財政の収支バランス関係は極めて深刻な状態となり、教育コストの補償能力は低下する。政府が支出の割り振りをするとき、まず、純然たる公共財の提供を保証しなければならない。純然たる公共財は、典型的な非競争性かつ非排除性をもつものであり、純粋な公共ニーズを満たすものである。便乗（ただ乗り）効果があることから、個人は純然たる公共財を提供したがらない。公からの提供だけが唯一の選択となる。純然たる公共財は政府が優先的に保証を約束せねばならないものである。その後、国は余剰の財力を準公共財の提供に用いることができる。ゆえに、準公共財のコストの社会分担額は、純然たる公共財の公的提供後の余剰能力で決定される。純然たる公共財を公的に提供するという保証のもとに、限界のある余剰財力は、教育以外の他の準公共財の提供に用いられるだけでなく、高等教育以外の就学前教育、義務教育、中等教育の提供にも用いられなければならない。ゆえに、限界のある財力すべてを必ずしも高等教育に用いることはできないため、社会の高等教育コストに対する補償能力は甚だし

く制約される。

　個人についていえば、一定の収入水準の下、その補償能力は家庭の支出水準と支出構造で決定される。生活支出の収入に占める割合が高いとき、その収入の大部分は生活支出で消耗され、残りも少なく、貯蓄も低くなるので、高等教育のコスト補償力も低くなる。同時に個人が支出の振り分けをするとき、まず、衣、食、住など私的財に支出される。これらが競合性と排除性を有することから、利益は完全に内在化し、純粋に私的なニーズを満たすだけである。よって、市場での提供だけが唯一の選択となる。その後、個人は余剰の財力を高等教育という準公共財の支出に用いることができる。ゆえに、個人の準公共財へのコスト補償力は、私的財が市場に提供された後の余剰能力で決定される。同時に、家庭の支出構造も個人の補償力を制約する重要な要因である。とりわけ、消費支出における飲食品支出が占める割合、すなわちエンゲル係数は、個人のコスト補償能力を制約する重要な要因であり、エンゲル係数が高くなると、個人の高等教育に対するコスト補償能力も弱められる。個人の教育コスト補償能力はその在校期間の私的な教育コストの多寡によってでも決定される。私的な教育コストは個人の公教育へのコスト補償能力に対して一種の相殺作用を果たす。

　応能原則に依拠して、コスト補償の基準を確定する場合、まず、社会と個人の平均補償能力が考慮されなければならない。すなわちコスト補償水準は社会の大多数の人の一般補償能力に符合させて確定されなければならず、その補償基準は大多数の人が受け入れるものでなくてはならない。次に、コスト補償能力の差異を考慮しなければならない。すなわち、能力のあるものにはやや多く補償してもらう、能力の弱いものにはやや少なく補償してもらうことである。さらに、社会と個人の所得の潜在的成長力も考慮しなければならない。これは将来のコスト補償能力の一種の予測であり、このような潜在的成長力はコスト補償水準を適切に設定する際の基本的な根拠である。最後に、社会と個人の融資能力も適切に勘案されなければならない。つまり、社会と個人の真の補償能力こそ、教育コストの補償基準を作成し確定する要因である。

上に述べた二つの原則は相互に関連し合うもので、どちらも欠かせない。もし、収益が教育に対する需要を決定するというならば、応能原則は教育供給の可能性を決定する。しかし、第一の原則が根本となるものであり、それは、市場経済の中の等価交換の原則の中で集中的に体現されている。

1.3 コストの補償の主体

　国家、企業、団体および個人はすべて教育から利益を得るわけであるから、利益獲得の原則と高等教育の「準公共財」属性に基づき、利益を得る者はそれぞれ等しく相応の教育コストを分担しなければならない。

　第1に、個人は高等教育のコストの重要な補償者の1人でなければならない。

　高等教育全体は一種の収益が個人に内在化された「私的な財もしくはサービス」と見ることができ、このサービスは受けた人に一定の期待利潤をもたらすだけでなく、非経済的利益をももたらす。例えば、個人が高等教育を受けることは、将来高い社会的地位や高い文化的教養を得る可能性がある。そして、その子女は、文化や教育の面で直接的（あるいは間接的）な利益を受けることができ、さらに身体鍛錬や合理的な食習慣を身につけ、医療費の節約に貢献する可能性がある。このほか、高等教育を受けた人は、失業の憂き目に会うことも他の人と比べると少ない。仮に失業したとしても、迅速に職場を転換することができ、自己の生活水準を平穏に保つことができる。これにより、権利と義務の対等という公平性の角度から見れば、個人が高等教育コストの一部を負担することは当然のことであり、少なくとも教育のコストの価格に応じて一部の学費を納める必要がある。学費は、市場と政府のマクロ調節によって共同で決定されなければならない。地域、学校、専門分野などによって消費する資源は多様であることから、収益も、学生の入学成績も、課程コストも多様であり、学校がそれぞれの情況に基づいて徴収費用の基準を定めることは許されねばならない。国は、学費に対する全体的なコントロールを行う必要がある。その場合、学費の上限はもとより、学校、専門科目の違いに応じたいくつかの上限を規定するべきであり、また限度を超えた高額

の費用を徴収している学校には国の支出を減じるなどの手段も取るべきである。いくつかの私的収益率の低い、しかし公的収益率の高い、あるいは国が緊急を要する専門分野に対しては、学費の免除や減免の方法をとり、学生の応募を奨励し、さらに契約方式でその卒業後の就業義務を規定しなければならない。また、貧困学生に対しては貸付金を主とする資金援助制度を定める必要がある。

　第2に、政府は高等教育コストの主要な補償者でなければならない。

　前述したように、高等教育は、総体からみれば、一種の収益が内在化する「私的な財あるいはサービス」とみなすことができるが、その外部効果も十分にあることは明らかなことで、これにより公共財ともみなすことができる。政府はその投資に対して巨大な経済的収益と社会的収益を得ることができる。教育経済学の研究が示しているように、先進国だけでなく途上国においても、教育投資は経済成長に重要な貢献をしている。現在、高等教育を発展させることは、総合国力を強化する基本的なルートであり、国家の政治的安定、経済的発展、文化的繁栄などすべて高等教育の発展と切り離せないものである。高等教育が準公共財としての性質とかなり大きな社会的収益性を有することにより、その受益者の代表としての政府がそのコストを分担し補償すべきであるとされる。高等教育を受けた人のその文化的資質、専門的能力は、高等教育を受けない人と比べて明らかに高く、よってこれらの人は、社会の民主主義の発揚、道徳の浄化、社会の生産性の向上などすべてに大きな役割を発揮する。同時に、大学自身も常に新たなハイテク技術の発信源となる。世界のいくつかの巨大なハイテクパークがすべて著名な大学の近くに建設されていることはこれを証明している。西側先進国が第二次世界大戦終結後に急速な発展をしたときにいわれていたように、その発展は主に科学技術の進歩と国民の資質の全体的な向上によるもので、その中でも、高等教育はまぎれもなく発展全体のプロセスにおける主役であった。また、国家と社会が高等教育発展の最大の受益者であることは確かなことで、高等教育の社会に対する外部効果は巨大なものである。この発展の事実と基本認識に基づいて、各国政府は高等教育の発展プロセスにおいて主要な責任を負うのである。

第3に、企業は高等教育コストの一定部分を分担し補償しなければならない。

　社会の生産活動は、科学技術の高度な発達の基礎の上に成り立ち、それにはさらに科学化、知識化、知能化、総合化、そして自動化が加わり、労働者に要求されるものはもはや体力ではなく、知識と知力である。企業の生産活動は、基本的に高等教育を受けた一般労働者やエンジニアに依拠するようになった。統計によると、アメリカの20世紀初頭では、エンジニアは一般労働者全体の0.4％であったが、60年代で2％になり、80年代では33％となった。高度に近代化された生産条件の下では、普通教育、専門技術教育、および中等教育は一般的な労働力を養成するもので、一般生産労働に限られる。現代の企業が必要としているハイテクの複雑な労働に従事するのは、高等教育を受けたものだけである。同時に、技術は現代の企業間での競争では常に核となる位置にあるので、大学が多くの専門に長じた学者、研究者を擁し、先進的な実験室、充実した図書や資料、速やかな情報検索システムなどを擁することが、科学研究と科学技術開発で優勢を保つことになる。企業は大学のハイテク分野での優位性を利用し、提携を強化し、企業の国内外の競争力を高めなければならない。企業は、高等教育の成果の主要な獲得者であり、教育投資の主要な受益者である。これにより、利益獲得の原則からいえば、企業もまた、高等教育コストの分担と補償に参加しなければならない。この種の補償は、法に基づく納税を通してでもよく、また、特別奨学金や特定奨学金の設立や卒業生の就学期間中の貸付金償還を援助することなどさまざまな形式が考えられる。

　第4に、高等教育機関自体が高等教育コストの一定部分を分担し補償しなければならない。

　高等教育機関は、教育活動や附属する企業を通して社会にサービスを提供しなければならない。さらにまた、その所有する知識、科研設備を、特殊な商品として企業と交換を行い、教育がよりうまく経済建設の主戦場に臨むことを推進し、教育改革、教育意識の改革、人材の資質向上を進め、自らの発展のために十分な経費を提供しなければならない。高等教育機関が企業と提携すれば、企業は高等教育機関に生産の実践の場を提供でき、社会情報や就

業機会を提供することができる。また、高等教育機関の科研チームを訓練することができ、その教育と科学研究の発展を促すことができる。さらに重要なことは、高等教育機関は目に見える形で経済収入を得ることができ、これらの収入により先進的な機器や設備を揃えることや、著名な教授を招聘することができ、大学経営のレベルを一層高めることができる。これは高等教育事業の発展を直接的に支援することになる。つまり、高等教育機関がオープンな経営を行い、学校と社会との連携を強化し、科学技術の成果の転化を促進することは、社会に貢献し、学校の発展に必要となる経費を調達するために当然のこととなる。したがって、高等教育機関自身が高等教育コストの一定部分を分担し補償しなければならない。

　第5に、社会の人々も間接的に高等教育コストの補償者となりうる。

　社会の人々は高等教育から直接的に収益を得ることはないが、高等教育の発展は国の政治の安定、経済発展、文化の繁栄などにプラスとなる。それにより、社会収益からいえば、社会の人々もまた、比較的高い見返りを得ることができる。また、高等教育に対するコスト補償をすることを通じて、社会的な声望を得ることができる。これにより、社会の人々は、間接的に高等教育コストの補償者となることができる。

　教育コストの分担と補償をすることは、複雑かつ系統的なプロセスではある。しかし、社会や個人に重大な収益をもたらす高等教育事業が継続的に行われるためには、高等教育プロセスの中で支出されるコストに対する補償は当然なされなければならない。すなわち、高等教育機関が消費する人的・物的費用に対する補充と追加が必要であり、高等教育のシステムが現有の規模や水準で正常に運営されるだけでなく、不断に発展、拡大されて、より多くの人々に利益をもたらすようにしなければならない。

　とくに強調されねばならないことは、20世紀以来の各国の高等教育の発展史から見て、高等教育に対してコスト補償をするその多くは、個人が責任を負うべき「象徴」的な意味の経済的補償であり、それ以外の何ものでもない。受益の角度から分析すれば、個人が高等教育を受けた後では、経済収益からいっても、社会収益からいっても、比較的高い見返りを得ることができ

る。各国では、個人が引き受ける養成コスト補償の額を確定するとき、一般に個人とその家庭に引き受けられる力があるかどうかを最も重要な要因としていることから、個人が養成コストの一部を引き受けるのは、当然のことである。本章における高等教育のコスト補償については、主に高等教育を受ける個人あるいは家庭が分担する部分的な高等教育の養成コストの角度から説明している。

1.4 高等教育のコスト補償（回収）の社会的公平性に対する影響

教育経済学は、社会的公平性について一般に以下の三つの面の指標で考察する。

第1は、公的な教育資源を社会の構成員全体にどのように配分しているか、すなわち教育機会の均等の面である。これは具体的にはさらに二つの面を持つ。①公的な教育資源を教育水準が異なる社会構成員間でどのように配分するか。②公的な教育資源を所得水準が異なる社会構成員間でどのように配分するか[1]。

第2は、社会構成員の所得分配構造がどのように公平であるかの面である。

第3は、教育システム全体において公的な教育資源が異なる教育段階でどのように公平に配分されているかの面である。

(1) 高等教育のコスト補償（回収）の社会的公平性に対する積極的な影響

高等教育のコスト回収は、教育の公平、機会均等を実現することと高等教育システムにおける資源配分効率を高めるうえで積極的な意義を有する。適度な学費の徴収により、一定程度、公共財政にかかる圧力を軽減することができる。高等教育機関の収入を増やし、高等教育を受ける学生の規模を拡大することは、より大きく社会と個人の高等教育に対する需要を満足させる。このことから、コストの回収は高等教育の長期的な戦略とされるべきである。

①無償の高等教育は教育の機会均等と公平を実現できない。

高等教育システム内部の公的な教育資源の配分を論ずるとき、いくつかの研究で明らかにされたことは、公的な資金援助を受ける高等教育は、税収メカニズムを通して、貧しい人の収入を富裕な人に移転しているということで

ある。ハンセン（Hansen）とウェイスブロッド（Weisbrod）は、「純収益公式」を応用して高等教育システム中の公共資源の配分公平について創造的な研究を行い、次のことを明らかにした。1960年代、アメリカのカリフォルニア州の公的資金が援助する高等教育システムにおいて、学生が獲得する「純収益」と出身家庭の所得は正の相関関係に有り、これにより、高等教育システムは、貧しい人の収入を富裕な人に転移しているというものである。このような情況になるのは、学生の経済条件の如何にかかわらず、彼らに対して一律に公的資金援助をしたことによるからである。（陆根书、钟宇平 2002）

1960、70年代、多くの途上国は、低所得層の学生を少しでも高等教育へ進学させようとして、無償の高等教育システムを構築した。しかし、無償のあるいは公的な資金援助による高等教育システムは低所得層の学生の高等教育への進学を必ずしも保障するものではなかった。1980年代、いくつかの途上国が行った研究でも、公的な資金援助による高等教育システムにおいて、高所得層からの学生が圧倒的に多数を占め、彼らがその中から最も多く利益を得たことが明らかになった。**図4-2**が示すように、1980年代の2つの途上国において、人口では少数の高所得層からの学生がむしろ大学入学数の

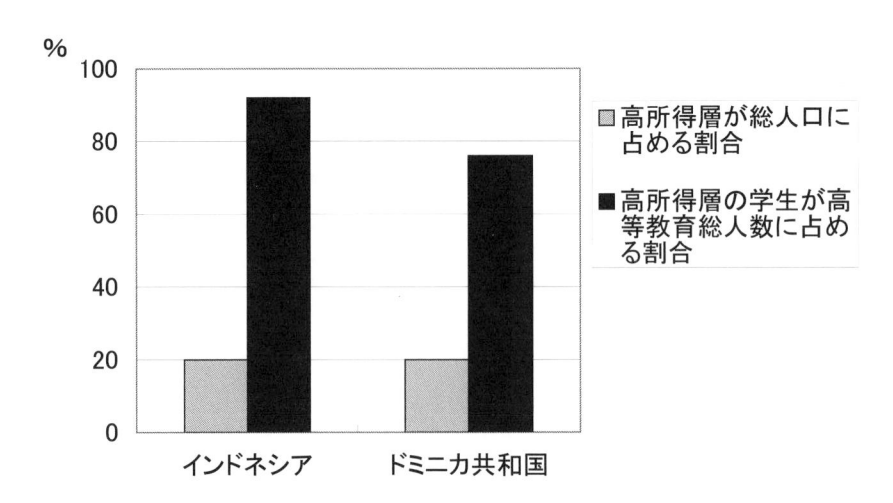

図4-2　1980年代における二つの途上国の高所得層家庭からの学生の比率

大多数を占めている。例えば、インドネシアでは、大学入学総数の92％が人口総数のわずか20％の高所得層の学生で占められた。ドミニカ共和国では、人口の20％を占める高所得層からの学生が高等教育の公的な資金援助の76％を享受し、人口40％の低所得層の学生はわずか2％だけであった。その他の多くの途上国が行った類似の研究もこの結論を裏付ける結果となっている。

　社会の理想からいえば、高等教育を受けるに値するものは誰でもその社会的・経済的地位、人種、宗教的背景の如何にかかわらず、どこに住んでいても、すべて高等教育を受けることが保障されなければならない。これは潜在力のある学生は、家庭の貧困を理由に大学の門戸を拒否されてはならないことを意味する。多くの途上国はこの理想の実現のために、低所得階層の高等教育への参入を改善し、無償の高等教育システムを樹立しようとしているが、ほとんどその予期された効果は得られていない。多くの途上国では、無償あるいは公共投資による高等教育から最も多くの利益を得ているのは高所得家庭の学生であることが明らかになっている。先進国も同様の問題に直面しており、1960年代に高等教育が急速に発展して以後、多くのヨーロッパの国は、教育の公平と機会の均等を実現するために、無償の高等教育政策を検討し始めた。女性や少数民族の学生数は、高等教育の拡大によって、急速に増えたが、ユネスコやOECDの研究によると、女性や農村、少数民族家庭の子女たちが大学生の中で占める割合は、その年齢層の中で占める比率と必ずしも一致せず、両者の間にはかなり大きなズレが存在している。また、生活費の援助も含めて公的資金援助による高等教育から恩恵を受けているのは、主に中産階級の学生たちである。ミュラー（Muller）とカール（Karle）はヨーロッパ9カ国を比較した結果、高等教育は相対的に社会的経済的地位の高い階級に占められる傾向があるとしている。（陸根書、钟宇平 2002）

　教育と権利の面からいえば、公平とは参入の割合の問題だけではない。ちょうどレビン（Levin）が教育改革の限界を考察したとき、次のように指摘している。労働者階級の子弟の参入率を高めることが、彼らの市場における生活機会を改善させるということにはならない。エリート集団は、彼らの伝統的

な特権が侵犯される、あるいは最終的にその階級利益に危機が及ぶと考えると、彼らの財政力と社会の資本がより広範に動き出し、新たな排斥と選択方式を展開して、彼らの支配的な地位を守ろうとする。例えば、新たなエリート主義の貴族大学はごく少数の学費を払える人にのみ開放されるだけである。また、市場の中で最も選ばれた職業上の地位については、それに対する新たな選抜方式を作り出そうとする。最終的には、いくら教育機会均等と公平の程度を改善しようとしても、実際のところ、それほど新たな変化は出てくるものではない。

公共財政公平の面からいえば、公平とは、支払う者と利益を受ける者との間に適切なバランスが取れていることを指す。選抜的な高等教育システムにおいて、教育機会が極端にエリートに偏り、これらエリートが教育を通じて得た収益に対して一定の比率のコストを負担せず、一方、低所得層は納税を通じて、これらエリートが受ける教育のために、相当の部分のコストを引き受けることになるとすれば、このような高等教育システムは明らかに不公平なものである。単位コストで表される高等教育の効率を考える場合、問題はより深刻になる。低所得層の子女の高等教育への参入は、無償あるいは徴収額を低くすることによって改善されるわけではない。逆に、社会富裕層、中程度の所得階層の子女が参入することが非常に多い。無償の高等教育は、税収を通して貧しい人々の所得を豊かな人々に移転する一種の不公平なメカニズムである。

②コスト回収は社会的公平性に積極的な影響をもつ

高等教育のコスト回収は、社会での公平性の実現に積極的な役割を果たす。

まず、高等教育のコスト回収は、高等教育の機会均等を促す。

公的な教育資源を教育水準が異なる社会構成員の間でどのように配分するかは、教育資源の配分構造における公平性を考える場合の一つの指標である。高等教育への公的な投資が変わらない、あるいは逓増の情況で、コスト分担を行う、つまり各学生の養成費用の一部を、学生自身あるいはその出身家庭が受け持つ場合、各学生のために消費される公的な教育資源は相対的に少なくなり、よって高等教育資源の総量は増加することになる。もし、仮にその

間のコストが変わらなければ、高等教育資源の総量の増加は高等教育の総規模をそれに応じて拡大し、より多くの人に大学への進学機会を提供することができる。高等教育を受ける一人一人が占有する高等教育資源が相対的に少なくなり、かつ大学に進学する人が多くなることで、公的な教育資源が教育水準の異なる多様な社会構成員の間に配分される状況もより公平になる。こうして、これまでの少数の人が大量の公的な教育資源を消費するという不公平な状況を改善し、高等教育機会の社会的公平性を増加させることができる。

　公的な教育資源を所得が異なる社会構成員の間でどのように配分するかは、教育資源の配分構造における公平を考える場合の一つの指標である。世界銀行の二つの研究報告によると、社会の中・高所得者層、ホワイトカラー層が総人口に占める割合は少ないが、むしろ高等教育資源を占有している大多数は、彼らの子女であることがわかる。この方面での研究で明らかになったのは、中・高所得者層の子女が、無償の高等教育の主要な受益者となっている。また、次のようにいうこともできる。支払い能力のある者が、無償あるいは減免の高等教育を受けており、低所得者層の家庭の子女はむしろ本来は彼らのために設けられた無償や減免の高等教育を受けることができなくなっている。高等教育のコスト補償政策を行うことは、限りある公的な高等教育資源を所得の異なる社会構成員に、より多くの高等教育を受ける機会を提供することになる。高所得者層の学生も、その高等教育のためにより大きな割合で私的コストを負担しなければならない。このことにより、一部の公的資源を「釈放」することができ、それらを奨学金などの設立に用いて、低所得者層の学生の資金援助とするならば、貧しい人々が納税メカニズムを通じて中・高所得者層の学生のために高等教育費を支払うという不公平現象を部分的にでも正すことができる。

　次に、高等教育のコスト回収をすることは、所得分配の公平性を促すことができる。

　大学が一定の学費を徴収するということは、高等教育経費の供給総量をある程度増加させ、それにより、より多くの者に大学への進学機会を提供し、高等教育を受ける社会大衆が拡大する。長期的に見れば、これは社会構成員

の所得分配構造に変化をもたらすだろう。比較的規範的な市場経済の下では、高い教育を受けた者は、多くの人的資本能力を有することから、かなり高い所得を得ることができる。大学の学費徴収によるコスト補償政策を通じて、より多くの者が大学に進学し、労働市場に高い教育を受けた者が大幅に増えるようになり、その競争優位性が相対的に減少すると、その全体的な所得水準は相対的に低下する。別の面では、教育水準の低い社会大衆が少なくなり、彼らの労働力市場への供給も相対的に減少すると、その結果、彼らの競争優位性が強化され、彼らの全体的な所得水準も相対的に上昇する。これは、高等教育のコスト回収をすることは、所得分配の公平性を促すことを説明している。

　韓国の職業給与調査機構が出した1980年から1990年の韓国の卒業生の所得データによると、年齢25歳から34歳までの間の、フルタイムで仕事をする男子の大学卒と中等教育卒の給料を比較した場合、1980年では、前者（大卒）の給料は後者（中等教育卒）より67％高く、1990年では、26％に下降した。これは両者の間の差が縮まったことを説明している。1980年における韓国の高等教育の大まかな入学率は14.7％、1990年では38.6％となった。これは、韓国の高等教育規模が拡大して、所得格差が徐々に狭まっていることを表している。

　さらに、高等教育のコスト回収をすることは、公的な資源の異なる教育段階間の配分構造の公平性を促す。

　政府特定の教育投資政策のもと（例えば、政府が高等教育全体の規模を変えずに、教育投資を基礎教育あるいは中等職業技術教育の発展により多く用いたいとする場合など）では、コスト補償を通じて、政府の公的な高等教育資源を節約することができる。公的な教育資源の総額が減らされず、あるいは逓増する状況のもと、公的負担の高等教育資源が減少するということは、高等教育コスト補償政策の実施で節約される公的な教育資源を、支払方法の移転を通して、初等、中等教育に移転することになり、それらの学生の受け取る公的な教育資源額が多くなることを意味する。高等教育と初等、中等教育の単位コストとの大きな差を考えるとき、もし、高等教育のコスト回収が行われれば、初

等、中等教育の発展はかなり大きく促進される。初等、中等教育はより多くの公的資源の支援を得ることによって、その規模が拡大され、あるいは学校運営の改善、質の向上が可能になる。社会の初等、中等教育に対する投資は、高等教育の機会均等を促進する基本的な前提でもある。貧困家庭の子どもたちが小中学校段階で得る教育資源、受ける教育の質は、富裕な家庭の子どもたちにははるかに及ばない。この情況を変えるには、より多くの低所得層の子どもたちに高等教育の資金援助を受ける機会を獲得させ、基礎教育への公的投資を増やし、基礎教育の質の向上をはかることが重要となる。

　教育の収益率の角度からみれば、社会が初等、中等教育に用いる投資の収益率は、高等教育より高くなければならない。このことから、高等教育のコスト回収を行うことは、公的資源を初等、中等教育に配分しなおし、資源配分の効率を高めることになる。

　つまり、学費を徴収する高等教育は、無償の高等教育と比較して、高等教育機会の均等と公平を促進し、投資効率を高める面でより積極的な意義を持つ。これ以外にも、コスト回収を行うことは、学校の財政収入が学生の人数に付随して上昇することであり、これが一定程度教育の質を保証する。大多数の学生は、学費を納めることで、直ちにプレッシャーを感じ、高等教育のコストに対する自覚が強くなる。これはまた、彼らに高等教育を受ける機会を大切にさせる。

(2) 高等教育コスト補償（回収）の社会的公平性に対するマイナス影響

　高等教育のコスト回収は、社会的公平性に対しプラスとなる影響を持つと同時に、マイナス影響も生み出す。

①コスト回収が高等教育の機会均等にもたらす影響

A．コスト回収が、低所得家庭の学生にもたらすマイナスの影響はより深刻である

　一般に、供給を増加させることは、高等教育を受ける機会の不均衡を改善することにプラスとなる。しかし、高等教育の供給の増加がコスト回収を通して実現されるとすると、コスト回収が家庭の所得または支払い能力の異なる学生に対してもたらすマージナルな影響は異なるものとなる可能性がある。コスト回収をすることは、全体的な入学水準にさほど影響せず、ひいて

はそれをさらに上昇させるかもしれないが、相反する状況も出現する可能性もある。すなわち、コスト回収を行うと、支払い能力の低い者はむしろこれにより高等教育を受ける機会を失うかもしれない。つまり、高い学費を払える人、あるいは払いたい人が彼らにとって代わるのである。これは、学生の社会経済的地位に構造的な変化を生じさせ、その結果、高等教育を受ける機会の均等にマイナスの影響を引き起こす。

高等教育の需要が学費に対して非弾力的であることから、高等教育のコスト回収を行っても高等教育の総需要への影響はそれほど大きくはない。途上国の教育機会均等に関する数少ない研究の中で、シュティクル(Chutikul)の研究は、次のことを説明している。タイでは、高等教育の学費水準が変化しても、すでに高等教育システムに組み込まれている学生にとって、その影響は非常に小さい。いい換えれば、タイの高等教育に在籍している学生は、より多くの学費を払おうと考えており、あるいは支払う能力がある。学費の上昇は人々が高等教育に対する需要決定をするときに考慮される主要な要因とはなっていない。(陈晓宇、関維方、1999)

しかし、社会や経済的背景の異なる学生の学費の値上げに対する反応は、必ずしも一致するものでもなく、「需要の弾力性」も一様ではない。一般的な状況では、低所得層は学費の変化に対して、富裕な家庭よりも敏感となる。ペルーでは、所得の最も低い25％の人々が教育に必要な価格に対して敏感になる度合いは、所得の最も高い25％の人々の約3倍である。ゆえに、コスト回収を行うことが低所得家庭出身の学生にもたらすマイナスの影響は、さらに深刻となる[2]。

所得が異なる家庭の学生が高等教育を必要とする時の学費に対する弾力性に違いがあるかどうかは、彼らの直面している具体的な状況とあわせて考慮されなければならないが、多くの研究が示しているように、家庭の所得や支払い能力が低い学生は大体において学費に対する反応がより敏感になる。例えば、ケイン(Kane)は、学費が1,000ドル値上げされた時、所得が異なる家庭の黒人と白人の学生の入学率の変化(陆根书、钟宇平 2002)がどうなるかを研究した。その結果、所得が最も低い家庭の黒人学生の入学率は8.5ポイン

ト、白人学生のそれは4.6ポイント下降するということが分かった。また、所得が最も高い別の白人学生に対する影響は0に近く、黒人学生に対する影響が依然としてかなり大きいこともわかった。実際、学費が1,000ドル値上げされるとき、最低所得と最高所得の家庭の黒人学生の入学率に対する影響はほとんど接近しているという。ケイン (Kane) がこの現象に対して出した分析結果は、所得が同レベルの家庭の学生の中で、白人家庭と比較して黒人家庭が有している高等教育に資金援助できる財産はかなり少ないということである。

仮に、コスト回収によって貧困家庭の学生にマイナスとなる影響が深刻になったとしても、これらの学生は、その他の財の消費を減らすことで代価とするか、あるいは自己の選択をある類型の高等教育機関あるいは専門分野に限定することで、学費を支払っても高等教育を放棄しない選択をする。例えば、マクファーソン (McPherson) とシャピロ (Schapiro) は、次のようなことを発見している。1980年から1993年の間、アメリカの低所得者層の家庭の学生は2年制の公立コミュニティ・カレッジに集中していた。それ以外の他の類型の大学を選択する財力が無かったからである。これは、低所得層の家庭の学生は、財力の制約から、高等教育の学費が上がるときは、コミュニティ・カレッジに通うか、高等教育をあきらめるかの選択しかないこと、また、高所得層の家庭の学生は制約が少ないことから、学費が上がっても大学にするか、コミュニティ・カレッジにするかの選択があることを表している。

これらの事例は、貧困学生は高等教育の学費の値上がりに敏感となり、コスト回収が行われると、一部の貧しい者は高等教育あるいは高等教育に類する教育を受ける権利を剥奪される可能性があることを表している。

B．コスト回収が低所得家庭の学生にもたらすマイナス影響を少なくする対策

コスト回収によって高等教育の機会均等にもたらされるマイナス影響は、コスト回収政策を行うとき必ず解決しなければならない現実的な問題である。最も代表的な対策は次の二つである。1つは、学生ローン計画である。能力があり、かつ自己投資を望んでいる貧困学生のために一種の「借り入れ口」を提供することである。融資が一時的にないことで大学に行けないとい

う学生に、今後、自己収入が見込める、あるいは家庭の経済状況が好転する時には、高等教育のコストを支払うことができるようにさせることである。学生ローンは能率的なまた公平性を体現する方法であると一般的にみなされている。このように平等な入学機会を拡大し保障することで、多くの学生の高等教育機関への進学が助けられてきた。2つ目は、高等教育コストを負担する力のない学生のために、奨学金、生活補助金、あるいはその他の形の資金援助を提供することである。具体的な資金援助の額は、家庭の所得や支払い能力が異なる学生の高等教育需要の純価格（学費から資金援助を減じたもの）の弾力性に基づいて計算される。学生の資金援助に対する反応と学費に対する反応の方向は異なっても、両者の弾力性は同じであると仮定すると、家庭の所得や支払い能力の低い学生に対しては、それらが高い学生の高等教育需要の価格弾力性との差に基づいて、資金援助が計算されるべきである。

C．学生への資金援助の効果

　学生への資金援助は、理論上だけでなく、実際にもかなり大きな困難がある。まず、学生の高等教育需要は、決して単一の純価格に対して反応があるだけではなく、学費や一連の学生資金援助に対しても反応があり、それは必ずしも一様ではない。学生は大学に行くかどうかを決定するとき、彼らが納めねばならない学費についてはよく了解しているが、彼らがどれぐらいの資金援助が受けられるかどうかははっきりと分かっていない。次に、学生への資金援助が、低所得家庭の学生をその対象としているかどうか、資金援助の総額と生活補助金の額が十分なものかどうか、学費が高い場合、家庭の所得や支払い能力が低い学生が消極的になる影響を取り除き、その入学率を改善できるかどうかなどについて、多くの実証研究はまだ一致した見解を出していない。したがって、この推計に基づき、必要となる学生への資金援助及びその各種組み合わせた額は、実際上非常に複雑なものとなる。さらに、学生の高等教育需要の学費及び関連する資金援助に対する反応は、全体的な経済条件、高等教育の回収率、及び学生の財政政策、労働力市場または学生の選択の変化に伴って変化する可能性がある。これにより、この種の推計を行おうとするには、類似の研究を経常的に行い、それによって、学生の価格への

反応が、上述した関連要素の変化に伴って変化するかどうかを判断しなければならない。また、特定の状況に対しては、これと相適応する価格反応指標を探る必要もあるかもしれない。学生への資金援助が高等教育を受ける機会にもたらす影響は、学費のもたらす影響と比べて非常に複雑であり、以上の分析から、一般化された結論を得るのはさらに難しい。

概して言えば、家庭の所得や支払能力の異なる学生に対するコスト回収のマージナルな影響は異なる可能性があり、このことから、高等教育機会の不均等は激化するであろう。コスト回収のこのようなマイナス効果は、さまざまな類型の学生資金援助をとおして、効果的に克服できるかどうか、あるいは克服できる程度はどのようなものか、当面の若干の証拠の中からは、いかなる結論的な見解も出すのは難しい。

D．コスト回収が所得分配の公平性にもたらす影響

公的な高等教育の資源配分効果を評定する最も良い方法は、家庭所得が異なる学生の獲得する純収益を比較することである。アメリカの一部の学者が出した結論は、公的な資金援助は高所得家庭の収入を、低所得家庭や中程度の所得の家庭に向けて移転させており、極端な場合、最も所得の高い家庭の収入を、年収4万ドル以下の家庭への収入に移転させているというものである（陆根书、钟宇平 2002）。このような状況の下、コスト回収を行うことは、明らかに高等教育システムのなかの公的資源の配分をさらに不公平な方向に発展させることになる。

上に述べたように、高等教育システムの中の公的資源の配分効果は非常に複雑である。先進国だけでなく、途上国でも、高等教育に対する公的資金援助が、貧しい人の所得を富める人に再分配するのか、それとも、富める人の所得を貧しい人に再分配するのか、実証的な研究では十分説明されていない。このような状況の下、コスト回収を行うことが、公的資源の配分をいかにより公平に変えるか、それともより不公平に変えるかについても明確な結論は出ていない。さらに、現在までのところ、実証的な研究調査の結論もまだ出ておらず、コスト回収を通じて、「釈放」された公的な教育資源が、かなりの程度、低所得層の学生に移転されたのかどうか、及びコスト回収の前後に

行われた公的な教育資源配分の公平度は事実上どのような変化を見せたのかも十分明らかにされていない。

②コスト回収が教育システム全体の公的資源の配分構造にもたらす影響

高等教育システム内部において社会的経済的地位の異なる学生がそれぞれ享受する公的資源が、公平であるのかどうか、不十分なのかどうかを調査するだけでなく、教育システム全体における教育水準の異なる学生がそれぞれ享受する公的資源が公平であるのかどうかも調査する必要がある。

というのは、二つの国あるいは地域で、仮に社会的経済的地位の異なる学生が高等教育を受ける機会が同じだとしても、この種の「均等」も、必ずしもこの二つの国あるいは地域の教育システム全体の公的資源の配分が同じ構造の公平度を持つことを意味しない。実際には、配分構造の公平度には相当の差がある可能性がある。例えば、ある国あるいは地域の高等教育の発展は、初等・中等教育への投資を少なくした結果である可能性があり、別の国あるいは地域ではそうではない可能性もある。教育システム全体の中の公的資源の配分が高等教育に偏っており、かつ、高等教育システム内部の公的資源の配分もまた裕福な家庭の学生に偏っている場合、公的教育資源配分の不公平度はさらに強くなる可能性がある。

世界銀行とユネスコの研究では、世界の主要な地域の各教育段階の単位当たりの公的負担と入学率には次のような傾向があることが明らかになった。第1に、世界的な規模で言えば、教育の単位当たりの公的負担は教育水準の向上に伴って急速に増加し、かつ先進国に比べて、途上国の増加幅がより大きく、公的教育資源の配分も明らかに高等教育に偏っている。第2に、全体から言えば、先進国、途上国ともに初等、中等、高等という三段階の入学率はその段階が上がるほど下降するが、途上国の下降幅はより顕著である。第3に、時間の経過に伴って、三つの教育段階の単位当たりの公的負担の差は、ある程度縮小し、各地域の政府はより多くの公的資源を初等・中等教育に投じ、その入学率もかなり大幅に上昇した。例えば、1980年、途上国の高等教育の単位当たりの公的負担は初等教育の26倍以上、中等教育の9倍以上であった。1992年になると、それは初等・中等教育の6.5倍になった。かつ、

初等、中等、高等教育の入学率はそれぞれ、47％、22％、6％であったのが、それぞれ102％、45％、8.9％に上昇した。

　しかし、以上の分析で、コスト回収が公的な教育資源の配分構造上の公平性にはプラスとなることが分かるものの、高等教育のコスト回収が、教育システム中の公的資源の配分構造の公平性の改善にプラスとなるかどうかは、コスト回収を通して得られた資源がどの方面に投じられるかによって決定されるということも明らかになった。例えば、その資源が、依然として、資金援助を受ける人材だけが利益を得られるようなプロジェクトに用いられるならば、コスト回収は、公的資源の配分構造の公平性に何ら積極的な影響を及ぼさない。仮に、この一部の収入を初等・中等教育に用いたとしても、それらが富裕層あるいはすでに多くの公的資源の支援を受けている都市部の初等・中等教育に用いられてしまい、貧困層でかつ公的資金援助の少ない農村部の初等・中等教育に用いられないならば、高等教育のコスト回収による資源配分の公平性への積極的意義もいくらか弱くなってしまう。

　コスト補償と教育行為が発生する時間的な関係から、コスト補償の形式を、即時納付制、前納制、延納制の3種に分けることができる。即時納付制とは、学生が毎学期あるいは毎学年初めに学費を一括して納付することを指す。これは時間的にも空間的にも広く行われているコスト補償の形式である。この長所は学校の経費の財源を確保できることであり、コスト補償の不確定要素が減少する。前納制とは、学生が高等教育を受ける前に保護者によって現行の価格ですべて払い込むか、あるいは貯蓄の形式であらかじめ学費を準備することを指す。この制度の長所は、学費の値上がり、インフレなどのマイナスの影響を取り除くことができると同時に、あらかじめ徴収する資金が高等教育財政の危機を緩和し、かつ高等教育費をうまく循環させることにプラスとなる。欠点は、実践上さほど一般的でなく、まだ試行段階で、成功した例は少ないことである。延納制とは、学生が将来の所得あるいは労働の形式で現在の学費を支払うことを指し、主な形式は学生ローン、卒業生税、労働契約、奨学金などである。

2 アメリカの高等教育のコスト補償メカニズム

　アメリカの高等教育のコスト補償モデルの最大の特徴は、形式が多様なことである。取り入れられているコスト補償モデルは、ほとんどすでによく知られている形式で(卒業生税は除く)、ある具体的な形式を例にとってみても、その措置はことごとく同じではない。

　アメリカでは、学校の経費の出所を確保するために、一般に即時納付制をとっている。それぞれの学校の性格、名声、校地及び学科や専攻が異なることから、学生の養成コストや就職の見通し、将来的な所得には差があり、大学の学生への学費徴収基準もある程度差がある。全体的な傾向としては、学費が高等教育経費に占める割合はますます増加しており、かつ学生一人当たりの養成コストも増加の傾向にある。

　1990－1991年度、全米の高等教育の学生納付金の総額は374億ドルで、州政府の高等教育への財政支出は、総額395億ドルに上る。1993－1994年度になると、学生納付金は486億ドルに上昇、州政府の支出は419億ドルとやや上昇となる。比率で見ると、1990－1993年の間、学費の総経費に対する割合は25％から27％に上昇、州政府の支出は、27％から23％に減少している。第二次世界大戦後、アメリカは高等教育大衆化の段階に入り、学費が高等教育経費の中で最大の割合を占め、州政府の支出額を超えている。大学の徴収費用が増えることにより、アメリカの多くの家庭は、その子女の大学進学の費用の準備として、比較的長期の貯蓄計画を余儀なくされている。

　アメリカでは、学費の前納制として、学費貯蓄プログラムと州学費前納プログラムとがある。また、学費貯蓄プログラムには州貯蓄プログラム、国家貯蓄プログラム、商業貯蓄プログラムがある。

　ミシガン州は、州貯蓄プログラムを最初に実施した州で、その後各州で多種多様な形式が出てきた。例えば、イリノイ州が取ったのは、税減免債券方式である。ニューヨーク州は、潜在的な低所得層の貯蓄者に対して、あらかじめ補助をする。しかし、このプログラムの最も致命的な欠陥は、一般に州

内だけに限られることであり、高校生が卒業後、他の州の大学に進学を希望する場合、解決の方法はない。

国家貯蓄プログラムとは、全国的に通用する貯蓄債券を使用するもので、州貯蓄プログラムの欠陥を補うものであるが、この種の債券の回収率が学費の上昇と同じ歩調を取れないことから、魅力あるものではない。

商業貯蓄プログラムとは、大学の貯蓄銀行により業務が行われ、College Sure CDを発行するもので、そのメリットは、投資者、銀行、連邦貯蓄保険会社がリスクに対しては共同して責任を負うことである。

州学費前納プログラムとは、事前に現行の額で学費を払い込んでおくと、以後学費の値上げが行われても現行の額でよいことになり、それには、①事前に、一度に全額を払い込む、②州内の公立大学のみで行われる、③州政府が基金をコントロールするという三つの特色がある。このようにして、大学は財政緊迫の問題を解決することになり、また、住民は学費の値上がりの心配から解放されることになる。このプログラムのもっとも典型的なところはミシガン州である。

アメリカ政府はまた、延納制も取り入れており、低利子ローン、奨学金、貸付金などを通じて、平等な入学機会を可能な限り拡大し保証し、学生の大学進学を援助している。1960年代以来、連邦政府は多くの高等教育関連法規を制定・施行している。その中の『高等教育機会法』では、連邦政府によって経費が大幅に支出されており、奨学金、貸付金などが学生に直接支給され、青年の大学進学を支援している。90年代、貸し倒れのリスクを回避するため、クリントン政権は「国家サービス」プログラムを創設した。つまり、学生の卒業後の所得が少なく、ローンの返済ができない場合、2年間の社会サービスの仕事(例えば、社会治安維持、教育、あるいは生活困難な家庭のためのサービス)につくことで、債務の弁済に当てることができる。このことは、一面では、大学に進学を希望しているあらゆる青年に、後々の債務返済の懸念をなくすことになり、別の面では、地域コミュニティに対して、仕事ができる資質の高い人材を提供することになった。

1989年、連邦政府の大学への資金援助額は105億ドルになり、1993年には

120億ドルにまで増え、なおかつさらに年々増加している。1992－1993年度は、連邦教育省が主管する金額は367億ドルに達し、そのうち12.2％が高等教育に当てられている。全米で、援助を受けている学生の約80％が連邦政府の援助プロジェクトを受けている。連邦政府のこれらの措置は、高等教育機関の学生数の急速な拡大に大きな役割を果たした。現在、連邦政府の高等教育を支援する経費の大部分は、学生向けの資金援助に用いられている。

3 日本の高等教育のコスト補償メカニズム

日本の高等教育のコスト補償モデルは、即時納付制と延納制の結合したもので、具体的な特徴は以下の二点である。

3.1 国立大学、公立大学、私立大学の学費の差が大きく、家庭の負担割合も大きい

日本における国立大学、公立大学、私立大学の根本的な違いは、国立大学、公立大学の通常経費は国および地方自治体から出ること、私立大学のそれは、主に学生の学費によるという点である。統計によると、1970年代初め、国立大学、公立大学の通常経費の80％は国及び地方自治体から支出されており、私立大学のそれの80％前後は学生の払う学費から出ている。

日本の文部省の調査結果では、日本の国立大学の学費には、授業料、入学金、入学試験受験料の3種類がある。どの国立大学も、地域や学科、専攻にかかわらず、同じ学費を徴収する。1996年、日本政府が投入する国立総合大学の教育経費は、1年で学生一人当たり399万円となっている。そのうち学生が納入する学費が41.16万円で、教育経費の10.3％を占める。また、第1学年の学生は入学時に入学金26万円を払わねばならないので、初年度の学費は、1年で学生一人当たりの教育経費の16.8％を占める。医科大学(6年制)では、臨床実習、実験などがかなり多いこと、設備費が高いことから、学生一人当たりの1年の教育経費の投入は総合大学よりはるかに多い。学科や専攻の違い及び教学科研の実力の差により、日本の政府は国立大学の教育経費

に差額支出を行っている。

　私立大学の学費は、国立大学と同様の授業料、入学金、入学試験受験料のほかに、施設、設備使用料があり、その学費は、国立大学よりもはるかに高くなる。日本私立大学連盟の『平成7年(1995年)加盟大学財務概要』の統計によると、私立大学の学生一人当たりの教育経費は年間139万円で、国立大学よりもはるかに低く、学生の収める学費は98.4万円で、学生一人当たりの教育経費の70.8%を占めている。このように、日本の私立大学財政の主要な財源は学生の納める学費である。

　統計資料によると、1970年代初め、国立大学の学費は、わずか1万2千円で、私立大学のそれは10数万円であった。1980年になると、国立大学の学費は平均12.7万円、公立大学は平均11万円になったが、私立大学は32.8万円であり、国立大学の3倍近くにもなった。1996年、国立大学の学費は平均36.3万円、公立大学が38.1万円になり、私立大学は76.1万円で、国立大学の2倍になった。別の統計数字をみると、日本の国公私立大学の学費の差は、1985年の2.45倍から、1999年の1.96倍に縮小した。これは、70年代以来、日本の高等教育の中で国立大学、公立大学の学費の値上げが続き、私立大学との差がある程度縮まったことによる。しかし、国立大学だけでなく、私立大学も、全体的に年々その学費が値上げされる傾向にある。

　近年来、日本の国民の平均所得が高くなるに従って、国立大学、私立大学間の学費の差は人々の関心事となってきており、国立大学の学費基準を高くすることを主張する声が高くなってきている。1975年、私立大学の授業料、入学金、入学試験受験料はそれぞれ国立大学の5倍、2倍、2倍であった。1996年には、それぞれ1.6倍、1.1倍、1.1倍とその差は小さくなった。現在、人文社会科学系の大学では、国立と私立間の学費はすでに基本的に変わらなくなってきているが、他の専攻学科の間ではまだ大きな差が存在している。理工系についていえば、私立大学の学費は国立大学の2倍であり、私立の医学系大学のそれは、国立の6倍である。

　日本の私立大学に在籍する学生数は、学生総数の70%～80%以上で、これは大多数の成績が普通の学生及びその家庭がより高い学費を担っているこ

とを意味し、社会的な観点から見れば、家庭が負担する割合は相当大きい。1990年には、公立大学、私立大学、短期大学の教育経費の合計のうち、家庭が分担している割合は60％にもなる。

このようにみてくると、日本の教育の重要な問題は、家庭の教育費の過重負担であるといえる。60年代から、日本では、「国立大学、公立大学および高等学校の学費の安定を維持し、公的教育費の支出を拡大し、義務教育を中心とする各段階の公立学校教育費の家庭負担を軽減する」という政策を打ち出した。総教育費のうち、公的な財政負担率を66％前後に、私費負担率を約34％にした。全体的な趨勢からみれば、日本政府は個人の学校経営と国庫補助の政策を奨励し、私立学校の振興と学生の家庭負担軽減のために、いくつかの措置を講じたので、公的な財政負担の割合は年々上昇する傾向にあった。しかし、実際には、学生の家庭の教育負担は依然としてかなり重く、どの家庭も、その所得の相当な部分を子女の教育費に費やすことになり、給与所得層には相当な負担となった。したがって、社会の世論はこれに非常に不満をもち、家庭の負担の軽減、教育条件を改善する声は強く、現在でもまだ増えることはあってもなくなることはない。

3.2　学生ローンおよびコスト補償と関連する補助制度の整備

コスト補償の形式からいえば、日本では一般的に延納制度の中で学生ローンの方式を取っている。日本の憲法では、「すべての国民は等しく教育を受ける権利を有する」と規定されている。教育基本法第三条にも、同様に教育の機会均等について、「すべて国民は、ひとしく、その能力に応ずる教育を受ける機会を与えられなければならないものであって、人種、信条、性別、社会的身分、経済的地位又は門地によって、教育上差別されない」、「国および地方公共団体は、能力があるにもかかわらず、経済的理由によって修学困難な者に対して、奨学の方法を講じなければならない」とあり、国民は教育を受ける機会を平等に有すると明確に規定されている。教育の機会均等を保障するために、国は貧困学生に奨学金を提供する義務と責任がある。その具体的な実施方法として日本育英会奨学金制度がある。これは事実上一種の貸

付金であり、貸付形式は、主に民間相当の担保貸付で、学生は卒業後、定期的にある決まった額を返還しなければならない。その貸付形式には、無利子と有利子との2種類がある。無利子貸付は、高等学校以上の教育機関に在籍しかつ家庭の経済状況が苦しい学生に対するものである。この無利子貸付金はさらに一般貸付と特別貸付に分類される。特別貸付は、家庭の主なる生計維持者が失業、勤務先の倒産あるいは死亡、病気など、または火災、水害など自然災害で、想定外の家庭の財政危機に直面した学生を対象とするものである。1984年、特別貸付は廃止になり、有利子貸付が始まった。この対象には、高等学校の生徒は含まれず、第一種の無利子貸付に比べ、より貸出し条件が緩和されたことが注目されている。有利子貸付金の利子は低く、わずか3%である。この奨学金は国家財政から補助され、償還期間は最長で20年となっている。この育英奨学金の創設から1996年までの間に、援助を受けた学生は519万人、金額は3兆円にのぼる。貸付状況から分析すると、国立大学の学生に貸し付ける割合が私立大学よりも高い。1997年では、国立大学の124,203人が奨学金を受けており、国立大学の学生総数の21.3%を占めている。私立大学も175,344人が受けているが、その割合は私立大学の学生総数の9.0%である。国立大学の学生が受けている奨学金は基本的に無利子のもので、それに反して私立大学の学生が受けている奨学金の66.7%は、有利子のものである。1999年、有利子貸付政策に大きな変化があった。その内容は、貸し付ける人数を拡大し、貸付制限の緩和と償還月額の選択を可能にしたことである。

　学生とその家庭への負担を軽減するため、日本の政府はさらに学費の減免制度を採っている。学費減免制度とは、国立大学の学生に対してのみで、私立大学の学生にはこの待遇はない。申請には、特殊な理由が必要で、例えば、家庭の経済が困難で学費の支払いができず、かつ学業成績優秀、品行方正な場合のみ減免が許可される。減免の程度は、申請者の家庭の経済状況により、全額免除と半額免除の2種類がある。各学校での学費を減免する総額は、原則として、当該校の学費収入総額の10%を超えてはならない。

　以上の二種類の政策以外に、日本の学生に対するいわゆるアルバイト斡旋

制度もかなり整備されている。日本の大学生の収入の20％はアルバイトによる収入である。学生は次のようなルートでアルバイトの情報を得る。①日本の文部省が各大都市に設立している学生センター、②校内の学生課、③社会での職業紹介所（職業安定所）である。これらの機関は、すべて無料で学生にアルバイトの斡旋をしている。学生は、アルバイトを通して、一面では一定の収入を得て学費を支払うことができ、もう一面では、社会を知り、自己の適応能力を鍛錬するので、これが学生の成長に大きくプラスとなる。

4 オーストラリアの高等教育のコスト補償メカニズム

1989年、オーストラリアは、高等教育費用負担制度（HECS＝Higher Education Contribution Scheme）を実施した。これは、卒業税を納めることにより、一括して学費を納入しなくてもよい方法で、卒業した学生から一定の教育コストを徴収するものである。学費としては、学生は学科や学習負担に応じて、コストの20％に相当する分を納めることになる。これにより、一面では高等教育入学意欲が失われることが避けられ、一面では、高等教育受益者に適度のコストの分担をさせることができる。改正後の即時納付制と延納制の学生ローンを結合させたこの制度は、柔軟性があり、学術界からは好評を得ている。

オーストラリアの高等教育のコスト補償の支払い方式には、次の3種類がある。
① HECSが規定する教育コストを一括して支払う場合、25％の割引がある。
② 最初、500オーストラリアドルあるいはそれ以上の教育コストを支払い、残りを延納扱いにする場合、納める部分に対して25％の割引がある。
③ すべての教育コストを延納扱いにする。

4.1　学費の専攻学科別の差異

学生の専攻学科の違いにより、学費は3種類に分類される。表4-1を見る

表4-1　2001年のオーストラリアの専攻学科別年間徴収基準

学科専攻	徴収類別	徴収基準(オーストラリアドル)
芸術、人文科学、社会科学/行為科学、教育、視覚/表現芸術、看護、司法・法学研究	第1級	3,521
数学、計算科学、健康科学、農業/再生資源、建築環境/建築学、自然科学、技術/加工、行政管理、商業と経済	第2級	5,015
法律、薬学、医学、歯科医学、歯科科学と獣医学	第3級	5,870

出典：http:/www.hecs.gov.an/pubs/becs2001/contents.htm

と、オーストラリアの高等教育は、さまざまな学生のニーズに強力な対応力をもって応えていることがわかる。

4.2　学費の割引

学生は入学時、学費を一括して納付すると割引がある。1989年に実施されたHECSでは、学生が一括納付を選択した場合は、15％の割引が行われたが、後になって、連邦政府はより多くの学生が一括納付の方法を取るように、割引率を25％にした。

4.3　収入とリンクした貸付

HECSは1989年の実施時には、毎年の返済は債務を負う人の報酬の2％とされていた。1994年、報酬の高低により、返済を4等級に分けそれぞれ2％から5％になるように改められた。90年代後半には、返済の比率は3％から6％の7等級になった。比例区分等級の増加は公平の原則を示すものである。**表4-2**では、1997年、1998年、2001年の返済の収入基準及び返済比率をそれぞれ示している。返済比率の上昇は、返済期間の短縮にも役立ち、政府にとって貸付金の早期の回収になる。オーストラリアの高等教育の学生ローンの管理は、オーストラリア税務署が責任を負い、同署は関連事項の処理と返済延期の責任を負う。例えば、HECSの返済債務の計算方法や物価指数の変更などである。同時に、早期のHECSの債務の回収のため、自ら債務の前倒しを希望してその額が500オーストラリアドルに達すると、25％の奨励がある。

表4-2　1997年、1998年、2001年の償還収入基準及び償還比率

年償還額が収入に占める割合(％) ＼ 償還収入基準	1997年	1998年	2001年
3	28,495-30,049	20,701-21,830	22,346-23,565
3.5	30,050-32,381	21,831-23,524	23,566-25,393
4	32,382-37,563	23,525-27,288	25,394-29,456
4.5	37,564-45,335	27,289-32,934	29,457-35,551
5	45,336-47,718	32,935-34,665	35,552-37,420
5.5	47,719-51,292	34,666-37,262	37,421-40,223
6	51,293以上	37,263以上	40,224以上

出典：陈国良『教育財政国際比較』111頁、北京　高等教育出版社 2000

5　経験と教訓

　いくつかの主要な先進国の高等教育のコスト補償メカニズムの比較分析を通して、各国にはそれぞれ共通点と一般的傾向があることが分かる。すなわち、コスト補償の形式の多様化、学費の上昇傾向、徴収基準の差異化、適度のコスト補償率を確立する必要性、生活補助金制度の整備、延期支払い制の導入、私立大学の積極的な発展などである。

5.1　コスト補償の形式の多様化

　高等教育のコスト補償の形式は、即時納付制、前納制、延納制の3種類に分けることができる。即時納付制とは、古今東西を通じてかなり普及しているコスト補償の形式である。多くの国では、コスト補償に多くの形式を採用して、相互に補完しあっている。それにより学生たちのさまざまなニーズに対応して、学校の経費の財源を確保する。例えば、アメリカのコスト補償形式のうちの前納制は、学費貯蓄プログラムと州学費前納プログラムを含む。同時にアメリカ政府はさらに、延納制を採り入れ、低利子ローン、奨学金、貸付金など可能な限り入学機会の平等を拡大し、学生の大学進学を援助している。オーストラリアでは、「高等教育費用負担制度」(HECS = Higher Education Contribution Scheme) が行われており、一面で、高等教育進学意欲が失われる

ことを回避し、別の一面では、高等教育受益者に適切に高等教育コストを分担させている。これ以外にも、関連する補助制度もかなり整備され、日本の学費減免制度やアルバイト斡旋制度なども、高等教育のコスト回収に重要な役割を果たしている。

5.2　学費の上昇傾向

　長年の実践の結果、世界的な傾向であった公的な高等教育資源を無制限に増加させるという方法は、高等教育資源を引き続き増加させながらも、同時に受益者に高等教育コストを分担させるという方向に徐々に転換されつつある。また、その費用の徴収比率や基準は国毎に異なるものとなってきている。しかし、全体的な傾向としては、学費が高等教育経費に占める割合はますます大きくなっており、学生一人当たりの養成コストが高まるに伴って増加する傾向を表している。アメリカでは、1991－1992年、4年制大学の学生の一人当たりの納付金は8,238ドル、1998－1999年すでに11,834ドルに上昇し、増加率は43.6％となった。2年制大学のそれは、1991－1992年に4,092ドルだったものが、1998－1999年には5,276ドルに上昇し、増加率は28.93％となっている。1991－1999年には、公立大学におけるその増加率は38％、私立大学では40％となった。オランダでは、1984年に、大学生に対する学費徴収政策が施行され、それにより国家支出による経費の不足を補うことになった。1985年の学費収入の学校経費全体に占める割合は12％であったが、1988年には、学生から徴収する費用は、すでに各種の学校の経常費コストの15％を占めるまでになった。

5.3　徴収基準の差異化

　多くの国の経験から、次のようなことが明らかになる。高等教育機関が費用徴収制度を採り入れているのは大方の趨勢であるが、ただ、それぞれの学校の性質の違い（公立と私立）、声望の違い（ブランドと非ブランド）、学科や専攻の違い（人気のある専攻と人気のない専攻）、立地条件の違い（大都市と中小都市）から、学生の養成コストや就業の見通し、将来の所得に一定の差が生

じており、高等教育機関は、コスト分担の原則に基づき、学生からの費用徴収の基準に対し、学校、学科、専攻により差をつけることになる。例えば、学費と国民の所得の割合、学費と高等教育機関の割合、学費と養成コストの割合などで、各国の財政モデル、教育管理政策などの違いから、各国の間には依然としてかなりの差がある。公平、理にかなった基準をどのように確定するかは、理論上でも、実践上でも不断の模索が必要である。しかし、学費基準の確定には、さらに、国家のその他の財政政策との協調一致が必要であり、なおかつ、費用徴収制度の制定と施行には、国家の政治、経済、文化の伝統と価値観、及び一国の国民経済の負担の力、例えば、国民の所得、家庭の学齢人口、学費支払い能力などが考慮されねばならない。すなわち、費用徴収制度の実施には、適切な実施環境が必要となる。学費は国民の最も基本的な生存条件に影響を与えてはいけないという原則を把握する必要があると同時に、住民の社会的ニーズを学費政策制定の唯一の根拠とすることもよくない。

5.4　教育コストの合理的計算、適切なコスト補償率の確定

教育コストの計算は学費確定の基礎であることから、学生が費用を払う場合、教育コストについて事実を知る権利があり、教育コストの合理性、信頼性に対して疑問が出てくる可能性もある。よって、教育コストの研究や分析を進め、学校の経費支払い基準と学費基準を確定することが必要であるだけでなく、教育管理を強め、教育資源の使用効率を高めることもまた重要である。高等教育のコスト補償は世界各国の一般的なやり方であるものの、コスト補償率に対して統一した基準がない。世界の現実からみてみると、公立大学は、一般的に20％前後であり、私立になるとさらに高い。例えば、1995年の学費の大学生の直接コストに対する割合は、カナダのオンタリオ州では22％、インドでは18％、アメリカでは25％、コロンビアの公立と私立でそれぞれ4％と19％、ケニアの公立と私立でそれぞれ11％と42％、インドネシアの公立と私立でそれぞれ11％、20％である。

5.5 適切な学費徴収と整備された生活補助金制度の結合

貧困学生への資金援助システムを整備することは、教育コストの補償政策を実施する上で、不可欠なことであり、また、教育公平のためにも必要なことである。政府とその他の社会組織や機関は、さまざまな方法で貧困学生への資金援助システムの整備をサポートしなければならない。世界の各国の資金援助の範囲やその幅はそれぞれ異なっており、方法としては、一般的にアルバイト、無償援助などがある。例えば、アメリカでは大学生の約40％が各種の経済援助を受けている。毎年、連邦政府、州政府、学校自身や企業団体、個人から、数百億ドルの経済援助がある。そのうち政府と学校の援助が70％を占める。その援助形式には、生活補助金、援助金、アルバイト斡旋、貸付金などがある。大学の資金援助の項目には、優秀な学生に提供される奨学金や、助手あるいは実験技術員としての雇用、休暇期間に開設される学費が半分ですむ課程などがある。

5.6 コスト回収を進めるための延納制度

コスト回収を進めるために、延納措置を講じることは、世界的にも成功していることである。例えば、1989年には、オーストラリア政府は、学生にむけて、単位教育コストの20％の学費の徴収を決定した。同時に支払い能力の有無にかかわらず、学生全体に対し、資金援助的な学生ローンを提供し、これで学費の延納の手段とした。このほか、援助を必要とする学生には、さらに生活の支出面での奨学金のルートも設定した。

実践から見れば、支払い延期措置には、収入に基づいて返済する額を計算する貸付ローン（income-contingent）と、担保貸付けローンの2種類がある。第一のものでは、学生は学費の支払いや生活の費用あるいはその両方に利用することができる。返済は、比較的優遇された利率で税金から、あるいは全国的な保険システムから、あるいは独立した自主社団で行い、その期限はかなり柔軟的で、主に給料水準及び年収の中で返済するべき最高限度額に基づいて確定される。担保貸付の返済では、相対的に短い期間で終わろうとする場

合、利率と最長の返済期限に基づいて、定期返済の固定額を確定する。現在では、さらにもう一つの方式が多くの関心を集めている。それは、卒業税（graduate tax）といわれるもので、卒業生に全国の納税システムを通して生涯、大卒でない者の税率より高い税金を課すことである。

財政収入増加の面から見れば、卒業税方式によると財政収入はいくらか増える可能性がある。それは、卒業生はローン返済のあともさらに支払い額以外の税金を払うからである。短期でいえば、担保貸付は、税率が最高であることから、計画では早期に最も多くの収入を得ることができる。公平の面から見れば、収入に基づいて返済する額を計算する貸付ローンと担保貸付は水平的な公平である。というのは、それらはあらゆる学生を一律に見ており、借りる額が多ければ返済も大きいということである。卒業税方式は、垂直的な公平であるといえる。なぜならば、収入の多い卒業生は、返済もより多くなるからである。管理面からいえば、卒業税方式は最も簡単で、コストも最低で済む。税収や保険システムが、所得に基づいて返済する額を計算する貸付ローンや担保貸付の回収にとって効果的である場合、この二つの方式の管理コストもまたある程度低くなる。柔軟性の面からいえば、卒業税方式は最も柔軟性に欠けるかもしれない。所得に基づいて返済する額を計算する貸付ローンが、最も柔軟性がある。それはいつでも所得の変化に伴って変化し、また、担保貸付のように比較的短期間にすべてを返還しなくてもよいからである。透明度の角度からいえば、所得に基づいて返済する額を計算する貸付ローンと担保貸付はいくらか透明性があるといえる。それは、学生が自己の支払う額を知っているからである。受容度から見れば、収入に基づいて返済する額を計算する貸付ローンが最も学生が受け入れやすいものである。

5.7 教育コストの合理的計算、適切なコスト補償率の確定

経験が示すように、私立大学は、公立の大学への圧力を減らすこと、人々のますます増大する高等教育需要と政府の低下する財政負担能力との間の鋭い矛盾を緩和することに対して、重要な意義がある。いくつかの国、例えばフィリピン、韓国、チリ、ブラジル、インドネシアなどでは、圧倒的多数の

学生が私立大学で勉強しており、その大学生総数に占める割合は急激に増大している。公平の角度から見れば、公立の高等教育システムで学ぶことができるのは選抜された学生だけなので、私立大学の発展はより多くの人たちに高等教育を受けることを保障する。私立大学の発展を制限することは、ある状況下では人材の流出を加速することにもなる。

以上の7種類のそれぞれの方法には、メリットもあればデメリットもある。各国は自己の具体的な状況にかんがみて、自国の需要に見合ったコスト回収政策を選択することができる。ただ、上述した分析によると、所得に基づいて返済する額を計算する貸付ローンが最も公平で効果的な方法かもしれない。

原注
1 この種の収入水準は高等教育システム内部のもの。
2 師範系大学は、コスト補償制度に一定の特殊性を有する。一般的に言って、師範系大学が徴収する学費はかなり低く、かつ師範系の学生は特別の補助も受けており、さらに一部の学生は学費の減免待遇も受けている。入学時間の推移に伴って、師範系大学の高等教育機会は低所得家庭に傾斜して呈示される傾向にあるので、師範系大学に来るのは低所得家庭出身者が年々増える傾向にある。この結果はある程度例証できる。中国では、学費及びその他個人支出は教育を受ける個人あるいは家庭が、高等教育の政策決定するとき考慮する要素の一つである。師範系大学の個人コストはその他の大学より低いことから、その他の大学の学費や個人の総コストが急速に上昇するとき、低所得家庭はより多く学費や個人の総支出が相対的に低く済む師範系大学を選択する傾向になる。（陈晓宇、关维方、1999）
3 McMahon（1982）の観点によれば、少なくとも3種類の公平がある。すなわち、水平的公平性（horizontal equity）、垂直的公平性（vertical equity）、世代間公平性（intergenerational equity）である。水平的公平性とは、どの人もすべて一律にみること、垂直的公平性とは、異なる人々に対し、区別をすること、世代間公平性とは、ある世代の人の不平等を次の世代へ継続しないことである。（陈彬 2001より引用）

5 発展途上国における高等教育財政の経験と示唆

　総合国力の増強と経済水準の発展に伴って、発展途上国における高等教育事業も日進月歩の進展を遂げている。1990年における発展途上国の人口の中で、何らかの高等教育を受けた人数は1975年より少なくとも約2.5倍に増加した。発展途上国の高等教育機関に通う学生人数は1980年には2,800万人に過ぎなかったが、1995年には4,700万に達した。例えば、インドの1999年における大学は229、準大学は9,274、また在学生は700余万人、教師は約35万に達し、世界でももっとも大きな高等教育規模を誇る国のひとつとなった。チリやブラジルなどの高等教育が比較的に進んでいる（発展途上）国における高等教育財政支出システム、経費調達、コスト回収、財政管理などはとくに特徴的なものがある。アメリカ・日本・イギリスなどの先進国よりも、このような発展途上国における高等教育の財政発展と改革問題の諸経験と教訓は同じ発展途上国である中国にとってより参考価値があるものである。

1　支出のシステム

　教育財政支出というのは財政予算内の教育への支出であり、中央及び地方の財政あるいは当該（中央）管理部門が国家予算支出科目の教育経費を計上し、当年度内でその予算を教育管理部門、各種学校や教育事業機関を管理するその他の部門に支給する事を指す。教育財政予算における支出は主に教育事業費支出、基本建設支出、科学研究経費支出とその他経費支出がある。合

理的、効率的、かつ効果的な支出システムは有限な高等教育資金を適時にそしてスムーズにそれを最も必要とする部門に配分する事を可能とし、よって高等教育の全体事業を迅速に発展させることができる。各発展途上国はそれぞれの国内事情と財政システムが違うので、高等教育財政支出システムが異なることもある。以下においては、財政支出の範囲、そのモデル及び支出の数量と構造という立場から具体的な分析を行うことによって、中国の実情に最も合理的かつ効果的な高等教育財政資金の分配や使用の経験を探る。

1.1 高等教育財政支出の範囲

発展途上国は一般にどこの国もが高等教育財政経費の不足問題に悩んでおり、有限な資金を最も必要とする部門にいかに投入し、資金の使用効率を高めるのかが教育財政ひっ迫の困難から脱却する鍵となる。各発展途上国はすべて高等教育財政支出の範囲に明確な規定をもっている。例えばインドにおいては、中央と地方の財政は別々に異なる大学に支出を行う。インドの高等教育機関は以下のような五つに分類できる。すなわち、中央大学とその付属高等教育機関、大学レベルに相当する研究所、地方大学、各種高等教育機関、放送大学である。中央と地方の二つの財政はお互いに関連しながら、独自の重点をもち、異なる高等教育機関、プロジェクトに支出を行う。1976年にインドでは高等教育を連邦と州とで共同管理するとの憲法修正案が通り、高等教育財政経費の主な支出機構「大学補助金委員会」(University Grants Commission, UGC)[1]が成立し、原則的に中央大学、地方大学及びそれらの付属高等教育機関を含むすべての高等教育学校へ経費を提供するようになった。地方大学とその他付属高等教育機関は大学補助金委員会の経費をもらう場合

表5-1 インドの高等教育財政支出のシステム

中央財政部—人的資源開発部—大学予算委員会	中央大学
	研究所
地方財政+大学補助金委員会	標準に達した地方大学
地方財政	その他の地方大学
地方財政+社会法人団体の援助	各種高等教育機関
人的資源開発部	放送大学

は必ずそれ以外の経費もついてくるようになっている。詳細は**表5-1**を参照してもらいたい。

1.2 高等教育財政支出の様式と手続き

　高等教育支出のモデルは支出システムの中で最も重要な部分であり、経費が合理的で適宜かつ順調に支給されるか否かを左右する。適切な支出モデルは発展途上国の有限な教育経費を最も有効に使用できるようにする。多くの発展途上国の支出モデルはそれぞれの特徴をもっている。

　インドでは、まず中央財政部が高等教育予算を人材開発省に配分し、人材開発省がその一部を再び大学補助金委員会に配分する。大学補助金委員会はまず、大学予算委員の権限の下で重点的に15の中央大学とその付属高等教育機関及び42の大学レベルの研究所に多額の経費を支出する。次に、大学補助金委員会に認められている167の地方大学の中で経費支出基準に達している116の地方大学（農林、医科大学等を除く）に大学補助金委員会と地方財政がともに経費を支出する。大学補助金委員会の支出金は学校の新築や改築、拡大、設備の添加・更新や図書の購入などに使われ、地方財政の支出金からは大学の経常経費が賄われる。その他の大学の経費は地方財政より支給される。他にも11,089カ所の準大学があるが、主に地方財政と社会法人団体からの支援により賄われている。その中で大学補助金委員会に認められている5,013の準大学には大学補助金委員会が特定項目への援助を行い、放送大学には人的資源部から直接援助がなされている。1976年に連邦と各州の共同管理を規定した憲法が通過した後、大学補助金委員会の経費は原則的にすべての高等教育機関に対するものとなり、地方大学と付属高等教育機関は大学補助金委員会の経費を受けるためには他からの経費も受けていなければならないことになっている。付属高等教育機関に対しては、より厳しくなり、上記以外にも、他の規定条件がつけられている。例えば、在学生の人数が一定の規模に達しなければならない。具体的には一つのカレッジにとっては4年制の在学生が300人を超えなければならないといったことである（于富増 1999）。また、大学補助金委員会は各専門分野の審査委員会を設け、定期的

に各大学に対して評価を行い、支出をするか、するならどれぐらいにするか等を決めている。このように、インドでは大学補助金委員会が高等教育の主な財政権と同時に管理権も握っている。このような財政権と業務管理権の統一的評価、分別支出を行う財政支出のモデルは、支出に当たり公平、適宜、かつ十分な経費を各大学に支給することを可能にする。これはインドの高等教育システムの発展を促進し、またインドならではの高等教育財政支出モデルの特徴を形成する。

また、インドの大学の科学研究費は連邦政府のさまざまな部門から支給される。大学補助金委員会以外にも、連邦レベルの「インド社会科学研究委員会」、「インド医学研究委員会」、「インド農業科学委員会」などがあり、それぞれインドの社会科学、医学と農業部門の科学研究費を提供する。これらの連邦レベルの非政府機関は連邦政府より科学研究費を取得し、科学研究基金を提供する形で自らの関連分野の科学研究活動を支援する。大学補助金委員会は社会科学、医学、農業部門を除くその他の科学研究活動に研究経費を提供する。インドはこのように分けて各重要分野の科学研究に対して支出機構の支出モデルを作り上げて、各重要分野の科学研究経費が必要なときに十分支給されるようしっかり保証し、各専門分野の飛躍的な発展を促進している。

メキシコでは、連邦政府が高等教育に対して財政支出を行うと同時に、通常予算外の追加的な補助政策を行い、高等教育と科学研究に必要な資金を確保し、さらに重点的な特殊分野には特別予算を設けている。例えば、第1に、1990年に「高等教育現代化基金」を設け、各高等教育機関が全国的な競争に参加することで通常の予算よりも高額な資金を獲得するよう奨励した。その後、基金の額は毎年増加したが、そのねらいは当時設定した10項目の優先プロジェクトの研究に集中することであった。第2に、1994年より通常予算外の追加的補助政策が開始されたが、それは大学の学術成果、特殊分野プロジェクトの完成状況や納税額などの評価に基づいて選抜された。その選抜では大学の教育が財政補助金の要求を満たしているかどうか、また教育、科学研究、サービスの三つの分野における効率や質、実用性がどうであるかの評価を重視している。第3に、政府は「全国研究者システム」(1984年から始めら

れた)を通じて研究者に個人経費(研究経費は2年か3年ごとに同業者での評価で改められる)を提供し、1994年までに5,879人の研究者が研究費用と生活補助金(月収の40％に相当する)を取得した。メキシコの各大学はこの追加的補助金を取得するために、重点分野と特殊分野の科学をとくに重視し、全国的な競争に積極的に参加した。メキシコにおけるこのような高等教育機関から研究者に至るまでの経費取得の全国的競争メカニズムは経費の効果的な使用を保証し、そしてメキシコの高等教育機関の教育の質、それに科学研究水準の発展を促した。このように高等教育の財政支出システムに競争を取り入れたメキシコのやり方は非常に良好な効果を得ており、高等教育経費の不足に悩んでいる発展途上国も採用する価値のあるものである。

1.3 高等教育財政支出の金額と構造

各国における高等教育の財政支出の総額は各国の高等教育水準の発展に直接影響を及ぼしている。財政支出は高等教育発展の経済的基礎である。現在各国において非財政的な教育経費の財源開拓が積極的に取り組まれているものの、高等教育は一種の準公共財なので、国家の財政投入は依然として世界各国の高等教育経費の主な源泉となっている。そして発展途上国の教育経費の投入額は、絶対額でも相対比でも明らかに先進国に比べて少なく(詳細は**表5-2**を参照)、それが発展途上国の高等教育事業の発展を一部制約している。同時に高等教育財政の支出の中身(構造)も支出システムの中において非常に重要であり、とくに財政に余裕のない途上国は、有限な資源をバランスよくまた重点的に確保しなければならない。合理的な構造は高等教育の資金効率を高め、高等教育の健全な発展を促進する。

表5-2　1970－1991年における世界の公的教育経費がGDPに占める割合

単位：％

地区	1970年	1975年	1980年	1985年	1990年	1991年
先進国	6	6.4	5.4	5.3	5.2	5.3
発展途上国	2.9	3.6	3.9	4	4.1	4.1
世界平均水準	5.5	5.8	5.1	5	5	5.1

資料出所：UNESO, Higher Education in the World: Statistics 1980-1985[2]

インドでは、教育を発展させるために、1951年の第一次五カ年計画の実施と同時に、第一次五カ年教育発展計画も施行し、教育経費は常に社会経済発展計画の中に組み込まれていた。そのため、先の四次の五カ年計画の間、教育経費がGDPに占める割合は不断に上昇し、1.27％から3％程度となり、その後も上昇の傾向にある。また、高等教育経費が全体の教育経費に占める割合も上昇し、9％から25％になった。が、その後の四度の五カ年計画の間は高等教育経費の絶対額は増加したものの、その割合は低下して22％から7％になっている。そのことは**図5-1**と**表5-3**を参照されたい。

図5-1と表5-3から分かるように、近年におけるインドの高等教育経費が全体の教育経費に占める割合はそれほど高いものではない。インドでは独立後、高等教育経費の増加率は国民経済の成長率より高く、また国民経済及び社会発展の五カ年計画においても高等教育経費の教育経費全体に占める割合は長期間高すぎるものとなっていたが、近年になって低くなってきている。

構造面においては、インドの各種大学が大学補助金委員会から受け取る資金はさまざまである。この問題に関する調査資料によると、1980～1981年

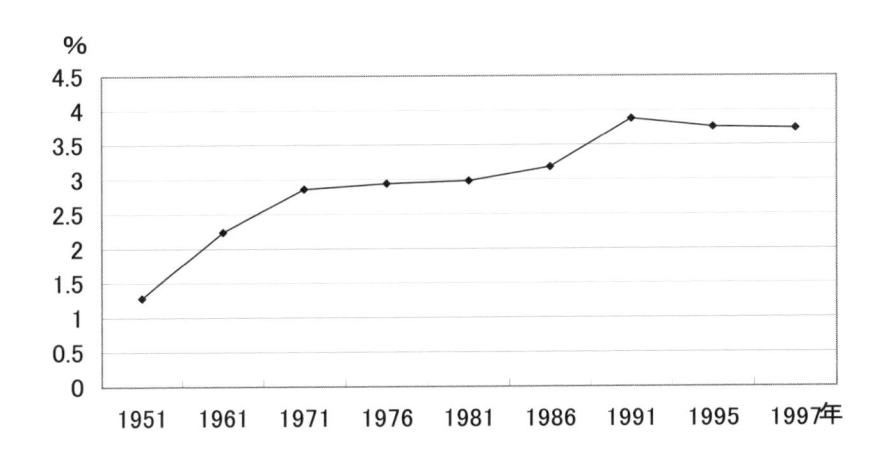

図5-1 1951－1997年インドの教育経費がGDPに占める割合

資料出所：(インド) Central Statistical Organization, National Accounts Statistics － 1998, Ministry of Human Resource Development

表5-3 1951-1997年インドにおける高等教育経費の変化

期間 \ データ	高等教育経費（億ルピー）	5ヵ年計画総経費予算に占める割合（%）	5ヵ年計画教育経費総額に占める割合（%）
第一次五カ年計画 (1951-1956)	1.4	0.71	9
第二次五カ年計画 (1956-1961)	4.8	1.02	18
第三次五カ年計画 (1961-1966)	8.7	1.01	15
三カ年計画 (1966-1969)	7.7	1.16	24
第四次五カ年計画 (1969-1974)	19.5	1.24	25
第五次五カ年計画 (1974-1979)	20.5	0.52	22
第六次五カ年計画 (1980-1985)	53.0	0.49	18
第七次五カ年計画 (1985-1990)	120.1	0.53	14
二カ年計画 (1990-1992)	59.5	0.48	11
第八次五カ年計画 (1992-1997)	151.6	0.35	7

資料出所：(インド) Jandhyala B.G. Tilak (1995)

と1983～1984年度に中央大学の一人当たり平均額はそれぞれ1,793ルピーと1,745ルピーであったのに対して、地方大学の一人当たり平均額はそれぞれ653ルピーと849ルピーであり、付属高等教育機関の一人当たり平均額はそれぞれ24ルピーと56ルピーであった。明らかにインドでは財政支出が中央大学に偏っており、中央大学が発展の中心となっていた。地方大学や付属大学も一定の経費は受け取っているが、明らかにインドの高等教育における中心的地位を得ていない。

2 経費の調達

経費の調達問題においては、多くの途上国は財政が厳しい状況下にあるのに加え、さらに高等教育規模の拡大という問題に直面していて、経費調達の多元化をはかっている。つまり、主に政府が教育の基礎投資を行い、その上で市場と個人が教育投資で連携するかたちをとっている。次第に政府と非政

府の共同投資による高等教育の多元的な経費調達モデルを形成して来ているが、ただこの両者の投資の比率は各国によって異なっている。とくに途上国の中ではチリやインド、ブラジルの経費調達方法が特徴的であり、以下ではそれを具体的に見てみたい。

2.1 チリの高等教育経費調達

　高等教育の民営化改革の典型的な例はチリである。チリの改革は1981年に始まり、その目標は高等教育と市場、個人投資を連携させることにあった。改革前のチリの高等教育の規模は小さく、形式は単一で、経費は政府が提供していた。実際は八つの大学しかなく、しかも二つの大学が63％の大学生を受け入れていた。学生の選抜は大学の入学試験と高校での成績によって、また大学の管理は国の厳しいコントロールの下で行われていた。チリの高等教育改革は相当広い範囲で行われたが、その主な目標は私的投資という考え方を高等教育に導入し、高等教育システムの多元化を促進し、国家投資から学生の自己投資に変え、高等教育の効率性と質を高めることであった。改革の主な特徴は、公共経費のみに依存する投資システムを改め、個人投資を促進し、高等教育経費に占める国の投資を減らすことであった。1985年までに大学は21（国立12、私立9）、専門学校は25（国立6、私立19）、技術養成センターは102（すべて私立）に増えた。そして1990年には大学が60（国立14、私立46）、専門学校が82（国立2、私立80）、技術養成センターが168（すべて私立）となった。1990年には310の高等教育機構の中で、私立が294となり、1981年に掲げた改革目標に到達した（王留栓 2001）。1994年には国は23の国立大学のみに経費を提供し、その他の私立高等教育機関の経費は基本的には学費と個人投資により賄っている。1995年には学費収入は高等教育経費全体の3分の1を占めている。授業料を支払う能力がない学生に対しては国からの財政補助が行われた。1990年のチリの高等教育総経費は46,500万ドルであったが、国家投資が30％、学費が36％であり、残りの34％は公共と個人の共同出資によるものであった。

2.2 インドの高等教育経費調達

インドの高等教育経費も同じく多元化された財源からの調達によるもので、政府の財政支出、学生の授業料、個人寄付、高等教育機関自らの自主的調達と国際援助によって成り立っている。**表5-4**をみられたい。

表5-4の近年における高等教育経費の源泉別比率から分かるように、インドの高等教育の主な源は中央と州政府の投資である。地方政府も多少は投資を行っており、しかも中央と州政府の投資の割合は毎年増加している。高等教育は社会に有益であり、また個人にも利益をもたらしているので、高等教育の経費も部分的には個人によって賄われなければならない。経費の源が限られており教育の平等の問題もあるから、高等教育の経費を財政税収にのみ頼ることは、長期的にみて理想的なものではない。近年においてインドの高等教育財政経費と各大学の教育経費の不足はこの点を証明している。このような政府の投資のみに依存する方法は中央政府の財政を強く圧迫し、またインドの高等教育規模の継続的な拡大を妨げており、さらに教育の質の充実にも大きなマイナスの影響を及ぼしている。高等教育の民営化は将来の一つの発展方向であるが、インドでは高等教育を福利事業とみなしていたので、それが高等教育の財政を困難に陥らせる主要な原因となっている。インドが政府の単一投資から方向転換し、総合的で多元的な経費調達様式を実現するには、まだ時間がかかりそうである。

表5-4 インドにおける高等教育経費の源泉

単位:%

源泉 年	中央及び連邦政府	地方政府	授業料	その他
1950	49.1	0.3	36.8	13.8
1960	53.1	0.4	34.8	11.7
1970	60.5	0.5	25.5	13.5
1980	(72.8)		17.4	10.8
1990	(75.9)		12.6	11.5

注:J.B.G.提拉克の《印度高等教育改革》とインド大学補助金委員会の《高等教育雑誌》[1999(1)]、及び《印度教育》(1980)によって整理されたもの

2.3 ブラジルの高等教育経費調達

　ブラジルの教育経費も同様に政府部門と個人部門の投資によって提供されている。その中でやはり政府資金が主要な部分を占めているが、しかし独特な経費調達方式も存在する。1961年に通過した教育関連法では、連邦政府の教育予算は連邦総予算の12％以上を占めなければならず、州、市政府の教育予算は予算の20％以上でなければならないと規定された。また、1967年の憲法の修正でそれぞれ13％と25％（所得税により賄われる）となった。1988年の憲法規定では、連邦政府は毎年教育を維持し発展させるために総税収の18％以上、各州と市政府は税収入の25％を支出しなければならなくなった。教育事業を発展させるために、教育資金は多様なルートが開拓されている。国家は直接あるいは間接に各級政府（連邦、州、市）、企業、各基金会、協会、教会、任意の団体あるいは家庭から教育基金を集めている。中でも基金会の役割が非常に大きい。例えば、社会投資基金会（FINSOCIAL）は財政機関、保険会社、社会団体などの企業から資金（税収入の総額の0.5％に相当）を集め、あるいは第三次産業グループからも募金活動で資金（税収入の総額の0.5％に相当）を集めて、主に学生への助成事業を行っている。その他にも社会発展基金（FAS）、教育促進基金会や州、市参与の基金（FPE）等が募金活動を行っている。

　具体的には、連邦、州、市政府の教育経費は大体以下のような三つの部分で構成されている。

1) 一般予算資金：財政部、連邦、州と市から支給されるもの。
2) 具体的な資金：給与と教育基金に分かれる（1964年に設立され、第1級教育に使われる）。連邦くじ特別基金（1968年に設立され、基金総額の20％が教育に使われる）。連邦体育くじ（1969年に設立され、純収入の30％が教育へ寄付される）。
3) その他資金：上記のもの以外にも、ブラジル政府は1968年に国家教育発展基金会（FNDE）を設立し、募金したり、資金調達したりして、様々な教育活動や科学研究活動を支援している。

FNDEが支配可能な資金は、給与と教育基金、20％の連邦くじ特別基金、体育くじ純収入の30％及び政府予算資金、各種類の寄付や遺産税などである。ブラジルの高等教育財政の多くは政府によって提供されているが、経費調達の多元化も多くの成果を上げている。とくに、各種類の基金会、教育くじなどは人々の資金を有効に集めて教育事業に大きな貢献をしており、発展途上国にとっては学ぶところが多い。

3　コストの回収

　高等教育の規模の絶え間ない拡大に伴って、ほとんどの発展途上国は高等教育財政の厳しい圧力に直面している。政府の投資能力の低下と経費の急速な膨張の間で大きなギャップが形成され、これは高等教育の健全な発展を妨げている要因となっている。このような状況の下で、政府が最大限に投資を行う一方、ほとんどの発展途上国は積極的に非政府財源の開発に努力している。現在、国際的な高等教育財政の重要な趨勢となっているのは、学生やその家族が高等教育のコストを負担するようにし、あるいはその負担の水準を上げることで、民間の個人的資金を動員することが高等教育を支えるというコスト回収政策を導入することである。**図5-2**を参照されたい。

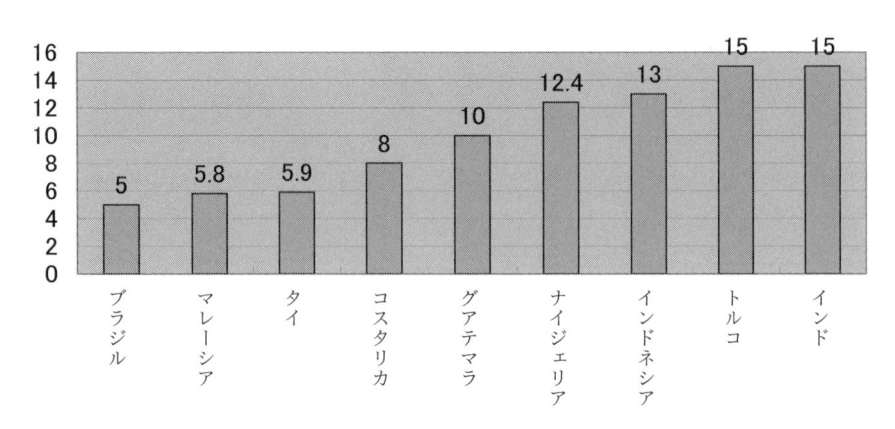

国	割合（%）
ブラジル	5
マレーシア	5.8
タイ	5.9
コスタリカ	8
グアテマラ	10
ナイジェリア	12.4
インドネシア	13
トルコ	15
インド	15

図5-2　発展途上国における高等教育のコストに学費が占める割合（％）

3.1 コスト回収政策

　コスト回収政策は各国の高等教育財政システムの主要な構成部分となっている。発展途上国も高等教育の日増しの膨張と財政的経費のますますの不足に直面して、次第にコスト回収政策を実施し始めている。コスト回収政策が合理的か否かは、高等教育経費が高等教育の発展要求を満たすことができるかどうか、また高等教育の社会的な公平性の問題と直接に関わっている。そのため、各国は高等教育コスト回収制度の改革と改善を非常に重要視している。以下では、インドを例として、高等教育コスト回収政策の試みとその改革を紹介する。

　インドの高等教育経費は主に政府の公共支出により負担される。授業料を取っているが、公立大学、学院、政府援助を受けている私立の高等教育機関の授業料は非常に低い（授業料は基本的に１人当たり学生にかかる経常的費用の10％。90年代から少数の学校が高い授業料を徴収し始めたが、附属高等教育機関の授業料の徴収基準は州政府の批准を必要とする）。そのため、インドにおけるコスト回収政策は不十分で、回収されたコストは教育コスト全体のわずか一部分に過ぎない。しかし、インドではそのコスト回収方式が絶えず改革され、いくつかの問題はインド国内で大きな論争を引き起こしている。主に問題となっているのは卒業生税、教育税及び学生納付金の差別化と学生ローンの利用である。

(1) 卒業生税

　卒業生税は、卒業生を雇った経営者から取る教育特別税であり、高等教育を受けたものを雇っている部門から専門的に徴収するものである。インドは国営と私営の経済が共存している国家であるが、高等教育は主に政府投資によって維持されている。しかし、すべての経済領域において高等教育によって生産された人的資本が使われている。高等教育を受けた専門的技術者の約3分の1が私企業に雇用され、そこで得られた利潤はこういった私企業に流れている。そのために、インドでは卒業生税の徴収を支持する人が増えている。大学卒業生を雇う雇用主は高度な熟練をもった「人的資本」を養成する

のに要した費用を負担しなければならない。私企業が固定資本投資のために利子を支払うのと同じように、私営部門が卒業生税のかたちで使っている人的資本の形成にかかった費用や利子を支払うのは公平であり合理的なものである。そのため、企業から卒業生税を取り、卒業生の教育費用を分担させるべきである。この税額は被雇用者の技術熟練度や学んだ専門、教育コスト及び被雇用者の数によって決められる。そしてその納税期間は投下した教育コストのすべてを回収するに足りるものであるべきである。もし雇い主がちゃんと卒業生税を支払うならば、これにより確保される高等教育の財源は一つの安定した長期的なものになりうる。しかし、卒業生税の主な弊害は、雇い主が卒業生の使用を避ける可能性があることである。実際にはレベルと専門によって人材の代替可能性が存在するために、雇い主が各種の学生の中で「使用コストが低い」卒業生を選ぶことが可能となり、さらにまったく大学生を雇わず、代わりに中等教育の卒業生を採用することも可能である。そうなると、大学卒業生の失業問題が激しくなる。各レベルの卒業生の間の代替性をなくさない限り、卒業生税は、大学生を卒業イコール失業、あるいは機能的失業という問題にさせるおそれがある。

(2) 教育税

教育税はある特定地域のすべての人々が納める教育目的に特定された税である。インドではすでにいくつかの州が教育税を実施している。しかし、これらの州の教育税は高等教育を専門とする税ではない。インドでは一部の専門家たちが教育税の徴税に賛成している。彼らは、教育を専門とする税科目を設置することで資金の使用効率を高めて教育経費にかかわる収入を増やすべきと主張し、教育税は教育資金を確保でき、教育経費の乱用や腐敗によって教育資金が侵害されることを防ぎ、最低限の財源を確保でき、一般財政の経費より安定的であることなどを指摘している。しかし、教育税に反対する経済学者も多数存在する。教育税による収入は補助的なものであり、その税収は限られているので、一般財政における教育財政の普遍的な性格と代替することはできないと主張する。そして、教育税の税率はそれほど高くないにも関わらず、徴収や管理のコストが非常にかかり、経済的には合理的ではな

いということも指摘されている。

(3) 学生納付金

インドでは、各家庭の高等教育への投資は非常に少なく、そのほとんどは政府による無償の提供となっている。学費は非常に安く、また長年にわたって変わっていない。1999年のある文科系の学費は100ルピーの映画チケットの値段と同じであった。しかし、教育コストは毎年増加し、コストと授業料との格差はますます広がっている。授業料は高等教育に対する個人資金の重要な源であり、コスト回収の最も直接的な方法である。それは政府の有効な収入であり、高等教育計画の有効な道具でもあり、そして人々の多様な高等教育に対する需要の評価基準でもある。そのために、学費を上げる必要があり、そして年々に合理的な増加水準を保っていかなければならない。しかし、インドでは授業料が有効に機能しておらず、他の多くの発展途上国の授業料がたえず上昇しているのと逆に、授業料が下がっている。また、インドでは貧富の格差が非常に激しく、半数の人々は貧しい生活をしており、同じ金額の授業料は金持ちにとっては何でもない金額ではあるが、貧しい人々にとっては相当厳しい数字となっている。そのため、インドの多くの有名学者はそれぞれの生活水準に応じた学生納付金を設定すべきであると主張している。こうして豊かな家庭に生まれた学生には貧しい学生より多く高等教育費を負担させる。このような収入に応じた徴収システムは公費が高等教育を補助するマイナスの影響を最小限にとどめることができる。インドの研究者バルギスは、異なる支払い能力を有する者は異なる額の学費を支払うべきだとする一つの学費納入制度を提案している。それは、収入が最も高いクラスの人々は高等教育コストの75％を負担し、比較的高いクラスの人々は50％、通常クラスの収入の人々の場合は25％を負担し、収入が最も低いクラスの人々は授業料を免除するというものである。学生納付金に高等教育収入に対して実質的な意義をもたせるためには、それを高等教育のコストと直接に関連づけなければならない。また、異なるレベルや専門が求める教育コストや未来に見込まれる社会的および個人的な収益率を測定し、その違いによって合理的な格差を設ける学費政策あるいはモデルをもつべきだとする。つまり、学

科や専攻によってコストが異なれば学生納付金も異ならなければならないとするのである。ただし、授業料に格差を設けるには以下のような点を考慮しなければならない。①コスト総額と授業料のバランス、②異なる学科間における一人当たり学生経費に対する授業料の比例、③学生家庭の所得水準、④特定種類の高等教育における学生の受ける収益の程度、などである。また、ある研究者は、入学成績によって授業料レベルを決めるべきであると主張している。成績の良かった者は学費は安く、悪かった者は高くする。他にも授業料をより多く納めた人々がより良い大学へ入れるべきであって、その逆は逆であると主張する人もいる。しかし、前者は教育の質を低める恐れがあり、後者は二重基準になってしまうとの批判を受けている。大学生の授業料の納付基準に関して、インドの教育政策を決定する人々の間の基本的意見は一致しておらず、彼らは授業料を上げても高等教育の機会均等に影響を与えないような方法を模索している。

(4) 学生ローン

　インドの中央及び地方政府による学生への融資制度は1963年に始まった。大学の入学率を高めつつ同時に政府に経費負担を増やさないために、インド政府は無利子の国家融資計画 (National Loan Scholarship) を実施した。インド政府は回収性の融資基金を設立し、学生がそのローンを5～10年で返済し、それによって資金が循環的に独立採算で運用できるようにしようとした。この計画は社会から大きな支持を得た。その理由はそれが資金の無駄をなくし、また貧しい学生のみがその融資を受けられ、学生自身も一定の債務を抱えることで勉学や仕事にもっと熱心になれると考えられたからである。学生向けの融資計画は、教育を受ける者に教育の価値を認識させることができるので、学生達に高等教育の経費を理解させ、自らが社会から多大な高等教育資金を受けていることを理解させることができると人々は考えている。こうして、高等教育における内部効率を高める。しかし、30余年間の実践の中で、高等教育の融資計画の実施状況は決して満足できるものではなかった。インフレの影響を除いても、融資基金の運用においていくつかの壁にぶつかり、学生融資は有効な役割を果たすことができなかった。まず心理的な面で、イ

ンドでは融資を受けて大学に通うことを歓迎しないという社会的雰囲気がある。人々は融資を受けて「目に見えない」人的資本に投資するというようなことには抵抗があった。教育の収益は長期間の後にようやく分かるものなので、数字で計算するのは難しく、その投資が必ず帰ってくる保証もない。卒業生も大きな借金を抱えて仕事に就きたくなく、とくに女子学生は負債を「嫁入り道具」にしたくない。また、インドでは金融市場からの学生への教育融資は順調に発展していない。金融機関は学生に融資を行う際に、担保物件を要求するが、貧困な学生はそのような書類を整えることができず、政府の保証によってやっとできる。すなわち、資本市場の未成熟が教育投資の不足をもたらしている。インドの学生融資の最大の問題は融資が返済されていないことである。過度な債務負担とそれに伴う返済不履行が一般的となっている。1963〜1988年の間の学生への融資額は8.69億ルピーであったが、そのうちわずか5.9％しか回収されていない。1990年代初めの回収率が最も高かったときでもわずか15％ほどであった。したがって、理論と実践の両方からこの問題を解決しない限り、学生融資は有効に機能しない。

　インドと比べて、チリはコスト回収に比較的成功している。1981年の高等教育改革を通じて、チリの高等教育コスト回収の状況は明らかに変化した。1980年以前のチリの公立高等教育機構は完全に国家支給に頼っており、私立の高等教育機構もその草創期を除いて、多くは政府支出（国の年度予算中の高等教育資金と学生数に合わせて各大学に分配される資金）に頼っていた。1981年の改革を通じて、私立大学の新築建設費用の財源は主に学生からの授業料となった。公立大学の財源に占める政府支出の割合は1990年には62％まで下がっている。1990年におけるチリの高等教育経費は46,500万ドルで、この中で政府の投資比率は30％、授業料収入が36％、残りの34％は公共及び個人の混合投資によるものであった。1995年には授業料収入は高等教育経費の3分の1にまで達している。チリは高等教育コストの回収問題を比較的うまく解決しており、発展途上国にとっては参考にすべきものが多い。

3.2 コスト回収が発展途上国の高等教育に与える影響

(1) コスト回収が高等教育を受ける機会に与える影響

　高等教育の供給不足は高等教育を受ける機会の不均等を助長するので、供給を増やすのがこの問題を改善する一つの有効な方法である。しかし、高等教育の供給増がコスト回収の方法に依存すると、その改善にはならず、もっと悪化させる可能性がある。コスト回収政策を実行すると、全体の入学水準に影響を与える恐れは少ないが、貧困層の人々はそれにより教育機会を失い、より高い学費を払おうとする人にとって代わられる可能性が出てくる。こうなれば学生の社会経済的地位は構造的に変化し、高等教育の機会不均等という社会問題を引き起こす。とくに発展途上国では貧富の格差が非常に大きく、この不均等問題は先進諸国よりも相当厳しい。発展途上国において高等教育コストの回収政策が行われると、貧困家庭の家計に占める授業料の負担割合はきわめて高くなる。したがって、発展途上国においては、一般家庭の高等教育需要の学費弾力性は先進諸国に比べて高いといえる。コスト回収政策を実行すると、発展途上国では先進諸国よりもさらに深刻な高等教育の機会不均等問題が生じうるのである。したがって、高等教育のコスト回収政策を実行しなければならない現状では、一般家庭の高等教育需要の学費弾力性を低くさせる必要があり、学生融資制度や就学助成金制度の充実が必要になる。

(2) コスト回収が高等教育の公的資源分配の公平性に与える影響

　20世紀の60、70年代に、多くの発展途上国は低所得層の学生の高等教育への参入を支援するために、無償の高等教育制度を実施した。しかし、無償で公的な援助による高等教育システムは、低所得層の学生たちの高等教育への参入を著しく改善することができなかった。80年代にいくつかの発展途上国でなされた研究によると、公的支援による高等教育システムにおいて実は高所得家庭の学生が話にならないほど高い割合を占め、彼らも最多の利益を享受しているという事実が明らかになった。例えば、インドネシアの大学入学者の92％が人口の20％しか占めていない高所得層からきており、その学生らが高等教育の公的助成の83％を享受しており、人口の40％を占める

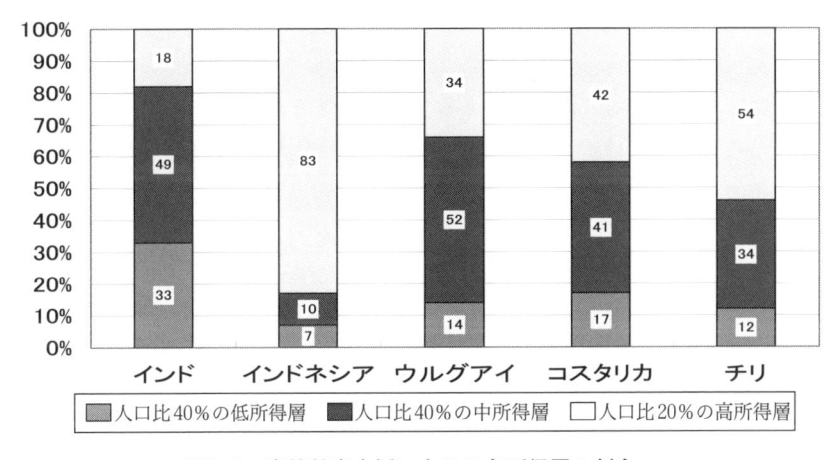

5 発展途上国における高等教育財政の経験と示唆　205

図5-3　高等教育支援に占める各所得層の割合

注：Tilak (1997), World Bank (1995) による。ここで、インド、インドネシアは1978年のデータ、その他の三カ国は1982年のデータ。なお、インドネシアの所得三階層の分数はそれぞれ40％、30％、30％となっている。

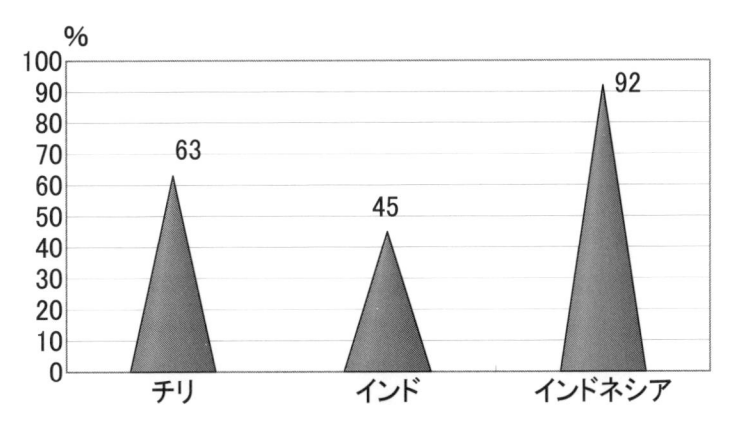

図5-4　高所得家庭からの学生の割合
（上位20％の高所得学生層が学生数に占める割合）

注：Tilak (1997), World Bank (1995) による。ここで、チリ、インドは1987年のデータ、インドネシアは1989年のデータである。

低所得層の学生たちはわずか7％しか享受していなかった。詳細は、**図5-3**と**図5-4**を参照されたい。これらの統計数字は、高等教育システムのなかで、

非常に高い水準の公的資金助成は高等教育の機会を均等にするのではなく、逆に人々の期待に反する結果をもたらす可能性が高いことを示唆している。すなわち、所得の流れが貧者から富者に移転するのである。このような結果をもたらした原因は、貧者が集住している貧困地域の基礎的な教育水準が低く、そのため貧困層の学生の大学進学率が富裕層の学生に比べて低いためである。このような状況は、とくに発展途上国において著しい。このため、ある学者たちはコスト回収のほうがより公平な高等教育の財政手段であると考えている。高所得層の学生には彼らの高等教育のためにより高い割合で私的コストを分担させる必要があり、それによって浮いてくる一部の公的資金で奨学金や就学助成金の制度を設立して低所得の学生の助成に用いるならば、税収メカニズムによって貧者が上・中所得層家庭の学生のために高等教育費用を支払うというような不公平な現象は部分的に改善され、所得分配の公平に対して積極的な影響を生み出す。中国においても、公的教育資源の配分に不公平の問題が存在する。中国の大量の農民はほとんどが低所得者であり、農村における貧弱な基礎教育のために農村学生が高等教育を受ける機会は都市よりはるかに少ない。そのため、中国においても富裕層が高等教育の公的資源を過大に享受していることとなる。しかも、中国の高等教育の不公平には現在の地区による選別状況が関係し、地区によって大学入学試験の合格点数ラインが違い、その格差は総点数の15％に達するところもあり、地区選別の試験に落ちた受験生が政府の教育部に訴えるといった状況も発生している。しかし、コスト回収政策を行えば「受益者が負担者となる」という原則が実現されることとなり、公的資源配分の不公平現象が部分的に緩和解消できる。

(3) 教育全体での公的資源の公平な配分に対するコスト回収政策の影響

発展途上国においては、社会経済的地位が異なる学生の間における公的教育資源の不公平配分の現象が存在するだけではなく、初等教育、中等教育と高等教育の間においても、公的資源の不公平問題が存在する。というのは、全体の教育のなかで高等教育に資源配分が偏り、また高等教育において経済的地位の高い学生に資源配分が偏ると、公的教育資源配分の不公平の程度は

さらに大きくなるからである。教育部門全体の中で、公的資源配分の公平性の問題状況は、初等、中等、高等教育の一人当たり単位コストと入学率で評価することができる。

世界的なレベルからみても、教育単位の公的なコストは教育水準の発達に伴って、非常に早いスピードで増加している。その増加率は発展途上国のほうがより高い。そして公的教育への資源配分は、発展途上国は高等教育に明らかに偏っている。1980年の発展途上国の高等教育の一人当たり公共コストの一人当たりGNPに対する比率は370%に達しており、先進諸国の49%をはるかに上回っていた。そして、発展途上国の高等教育の一人当たりコストは初等教育の26倍以上、中等教育の9倍以上であった。1990年には発展途上国の上記の比率は84.9%と低くなったが、依然として先進諸国の29.4%より高い。また、全体的にいえば、先進国でも発展途上国でも入学率が三級の教育水準（初等、中等、高等）にそって次第に下がっていくが、この現象が発展途上国においてより明らかである。また、1980年の発展途上国の高等教育入学率は6%であったものの、先進諸国の入学率は21%であった。1991年の上記の値はそれぞれ8%と50%であった。詳細は、**表5-5**を参照されたい。

1980年においては、発展途上国の（同年齢の）71%を占める初等及びそれ以下の教育を受けるものが享受する資金は公的教育資源の22%に過ぎなかったが、（同年齢の）6%を占める高等教育を受ける者が享受する資金は公的教育資源の39%にも達していた。教育部門における公的資源のこのような分配構造のジニ係数は0.6に達していた。**表5-6**、**表5-7**をみられたい。1992年まで、初等中等教育への公共投資が多くなされたことによって、発

表5-5 発展途上国と先進国の各級教育の公的な単位コストと入学率

地区	公的な単位コストが一人当たりGNPに占める割合（%）						入学率（%）					
	初等		中等		高等		初等		中等		高等	
	1980年	1992年	1980年	1992年	1980年	1992年	1980年	1992年	1980年	1992年	1980年	1992年
発展途上国	14	13[a]	41	—	370	84.9	47	102[b]	22	45[b]	6	8[b]
先進国	22	17.7[a]	24	—	49	29.4	20	104[b]	59	93[b]	21	50[b]

a 入学年齢前、中学校及び中等教育水準の平均数を含む
b 1992年のデータが不備のため、ここでbの数字では1991年の低所得国、中等所得国、及び高所得国のデータを利用している。

資料出所：1980: Mingat and Tan (1985); 1992: World Bank (1994, 1995), UNESCO (1995)

表5-6　発展途上国と先進国における教育を受ける者の享受する公的教育資源

地区	初等教育及びそれ以下の教育を受ける者				高等教育				ジニ係数	
	人口に占める割合（％）		享受する公的資源の割合（％）		人口に占める割合（％）		享受する公的資源の割合（％）			
	1980年	1992年	1980年	1992年	1980年	1992年	1980年	1992年	1980年	1992年
発展途上国	71	55	22	32.1	6	8	39	24.7	0.60	0.29
先進国	20	7	8	3	21	50	37	60.3	0.22	0.12

表5-7　発展途上国と先進国における高等教育資源が初等中等教育へと移転する前後のジニ係数の変化

地区	ジニ係数			
	1980年		1992年	
	コスト回収前	コスト回収後	コスト回収前	コスト回収後
発展途上国	0.60	0.27	0.29	0.12
先進国	0.22	0.04	0.12	0.27

展途上国と先進諸国の教育部門における資源配分構造の公平性は全体的に改善されている。

　1980年に高等教育では完全なコスト回収政策が実施され、公的教育資源の配分構造に対して公平性を改善できたが、1992年段階でも発展途上国では実行された完全なコスト回収は依然として公的教育資源の配分構造に公平化をもたらす効果があった。このことは、高等教育の公共コストをすべて個人が負担し、そしてそこから節約される公的教育資源をすべて初等中等教育に投入すれば、明らかに公的教育資源の配分構造の公平性の問題が改善されることを示している。ただし、高等教育の回収された資金をどこに投入するかも非常に重要な問題である。一方では、初等中等教育に投入すべきであるが、他方では、公的投資の少ない貧困地区や農村地区の初等中等教育に投入すべきである。

　総じていえば、コスト回収政策は個人から資源を調達して、高等教育の発展を支持する一つの方法であり、社会効率はもちろん公平の角度からみても、その潜在価値は非常に大きい。社会効率の点では、発展途上国の政府が資源制約という条件下にあるとき、人々の高等教育に対する支払い意志を適度に利用し、コスト回収の方法を通じて高等教育の供給を拡大することを可能に

する。つまり、コスト回収の方法は高等教育を発展させる資金の調達のために可能な一つの方法となる。公平の点では、コスト回収政策を行うことは、社会の福利を増進させることが可能であると同時に、発展途上国の社会的な公平の程度を改善することもできる。

4 財政管理

教育財政の管理というのは教育予算の編成と審査・許可、及び教育経費の管理と監督・評価を包括するものである。教育財政管理が有効か否かは、直接に教育経費の使用効率と関わっているが、教育経費が全般的に逼迫している発展途上国にとって、教育財政管理を強化することは非常に重要である。インドは高等教育が比較的発達している発展途上国の典型として、その教育財政管理の経験と教訓はわれわれにとってたいへん参考になる。

4.1 予算の編成と審査・許可

各国の教育財政の予算編成と審査許可は、各国の財政予算の基本手順に従って行われ、各国の教育財政も主に各国の財政予算の方法に従っている。予算の編成と審査・許可は、高等教育の経費の額の確定及び経費の使用構造に重要な影響を与える。現在発展途上国を含んだ世界各国の財政予算編成の基本方法には二種類がある。一つは増分主義予算制で、もう一つはゼロベース予算制である。増分主義予算というのは、国家の財政収支計画の指標を前の財政年度を基礎として、新しい財政年度の経済発展計画と状況に応じて調整し確定する方法である。ゼロベース予算制というのは、以前の財政収支とは関係なく、社会経済の発展予測と事業項目のコストと実績、効果に基づいて、すべての新旧計画の事業項目を評価し、その優先順位を決定し、そして詳細な予算執行表を作成する方法である。現在途上国諸国はゼロベース予算を導入しつつあるが、それは「コスト－便益」の管理原則を利用し、収益と関係なく行われていた伝統的な「収入を無視した支出だけの計上」の予算管理モデルを打破し、予算資金の利用効率を高めるためである。しかし、実際

の実行段階においては、ゼロベース予算制度は多くの困難を伴っているため、多くの発展途上国は依然として主に増分主義予算制度を実施している。

　世界各国の具体的な財政予算形式は三つある。一つは、政府が大学との協議を通じて予算を作成し、大学に資金配分を行う方法である。この場合、政府は各大学との協議で共同に予算を作成する。二つ目は国の投入を基礎とする経費管理方法であり、大学の経費管理はこの基礎的投入に基づいて計算される。すなわち、大学の各部署の経費と大学全体の教育水準(在学生と卒業生)に基づいてその予算を決定する。三つ目は国が実績と効率に基づいて評価を行い予算を決定する方法である。例えば学生の卒業実績に基づいて測るなどがある。この三つの中で、多くの発展途上国は一つ目の方式を採用しているが、このような協議による予算配分は多くの不確定性を伴っている。とくに、国家財政が逼迫しているときには、業務の効率を高め教育の質の改善などを進めることができない。しかも確定された予算が教育のコストや教育投入のもたらす効果と関連がないので、非常に盲目的であり、資金の効率的な利用を妨げて、経費が不足しがちな発展途上国にとってはとくに厳しい問題となる。他方、いくつかの発展途上国では第二の方式の採用を試み、有限な教育経費の使用効率を上げようとしている。そして、第3の方法が今の段階では最も科学的で先進的な方法であり、教育資金を有効に使用できる。ただ、その方式を採用している国はオーストラリア、デンマーク、オランダ、イスラエルなどのごくわずかの比較的発達した諸国家だけである。以上から分かるように、発展途上国の教育財政予算方式は先進諸国とまだ一定の距離があるので、現在の財政管理システムを積極的に改革して、有限な教育経費を教育事業の発展のために最大限有効に使用しなければならない。

　各国の財政予算は一般に各国の計画部門と財政部門が作成し、各国の議会が最終的に審議する。一般に計画部門と財政部門が教育の発展計画と財政収支状況に応じて予算を編制し、それを議会に提出しそこで審議し、予算の採否を決定する。通常は予算の編制と審議は一回ないし数回の提出、審議、修正を行い、最終的に決定される。インドの教育財政の編成と審議を例としてみてみよう。その過程は以下の通りである。まず、国家計画委員会が新しい

五カ年発展計画を制定する際、教育への投資を決め、それが議会で審議され通過した後、それを基礎として財務省が総合的に年度の教育予算を編成し、再び議会に提出する。そして、10数回ないしそれ以上の提出と審議を繰り返し、調整された後、最終的に決定される。その後、財務省がその予算を人材開発省と地方財政に交付する。そして、人材開発省が総合的に調整した後、教育経費を人材開発省と大学補助金委員会に交付する。通常インドの議会では論争が長く、なかなか結論が出ないので、かなり時間を費やす。明らかに、インドの高等教育財政予算の編成と審議は慎重になされているが、時間がかかり過ぎて、効率的ではない。

4.2 教育財政の監督と評価

　教育財政の監督と評価というのは、教育財政資金の運用の全過程及びそれによる効果そしてそれに関連するすべての活動を監督し、評価することを指している。教育財政の監督と評価の目的は教育資源の配分と使用をより合法的合理的科学的に、また有効かつ公平にするためであり、各国における教育財政管理の重要な部分となっている。しかし、現在多くの発展途上国の教育資源配置と使用には科学性や公平性が欠けており、違法性などの問題が存在する。また、教育財政力が不足する一方で、多くの浪費や無駄が生じており、そのため、教育財政の監督と評価は非常に重要な作業となっている。

　世界各国の教育財政の監督と管理は各国の議会、教育管理機構及び各学校自身の監督部門によって行われているが、それぞれの部門はそれぞれの異なるレベルの教育経費に対して監督管理を行う。議会は主にマクロレベルの全体の教育経費について監督を行い、各国の教育財政の実施状況は議会に報告されなければならず、議会は一定数の専門家を選出し、教育財政の実行状況を検査し、評価を行っている。各国は通常専門的な教育財政の管理監督部門を設けている。例えば、インドの高等教育財政の主要な管理監督評価機構は大学補助金委員会と人材開発省である。大学補助金委員会には監督、検査、評価などの専門的なメンバーが存在し、科学研究教育経費などを個人的に使用するなどの違法行為を監督し、指導を行っている。また、教育予算委員会

は自身の専門的なメンバーによって各大学の評価を行い、それに基づいて次の予算交付を行うので、各大学に対して非常に強い監督機能をもっており、高等教育財政の有効な運用を促している。大学補助金委員会の監督業務はそれ自身の利益と関係がなく、財務省より得られた予算を人材開発省を通じて各大学に交付するので、客観的かつ公正な評価を行い、競争を促し、効率的な財政管理を行っている。また、各国の大学自身もそのような制度の下で自己監督を行い、インドにおいても高等教育機関は一定の経費使用の自主権をもっている。基本建設費用が厳しく管理され、特定プロジェクトで使われる以外、教育経費と科学研究経費に関しては厳しい規定はない。もし大学が長期に科学研究経費を別目的で使用すれば、短期的には利益になるかもしれないが、長期的には損をする。すなわち、学校の科学研究のレベルが落ち、大学の評価が下がり、それにより大学委員会からの予算配分が少なくなるからである。インドでは、大学補助金委員会がある決められた公式に基づいて予算配分を行っている。すなわち、まず前年に大学が得た資金が大学補助金委員会の総支給額に占める割合の3分の2に今年の大学補助金委員会の総支給額をかけた資金を各大学に支給する。次に大学補助金委員会が作成した調査表を各大学に記入してもらい、その真偽を専門委員が調査した後、評価を行って残りの3分の1の配分を決める。教育や科学研究の成績が良好な大学はそれを獲得できるが、成績が良くない大学はその資金がカットされる。このように各大学間の良い競争を引き起こし、教育や科学研究への積極的な投入を促し、教育経費の使用効率を高めているのである。

　教育経費の監督と評価の主な内容は、以下の通りである。

　一つは、教育経費の源泉と構造である。各国の教育経費監督機構は通常経費の源とその構造について管理監督を行っている。その中で、各国の教育経費の財源は主に次のようになっている。国の財政的教育経費、学生納付金、社会団体と個人の学校設立運営資金、社会の寄付とその他の教育経費である。教育経費構造というのは、上記のそれぞれの経費が全体の教育経費に占める割合である。財政の監督と評価の主な対象は国の予算内の教育経費とそれが教育全体の経費に占める割合である。もう一つは、政府の教育経費の投入量

である。主な指標は国の財政的教育経費がGDPに占める割合と各地区の財政支出に占める教育経費の割合である。国の教育経費がGDPに占める割合は国際的にも通用する一つの評価指標である。財政評価の重要な内容の一つはその目標が達成されているか、その目標が達成可能であったかどうかである。発展途上国の各地区は通常経済発展状況が不均衡であり、財政収入と支出の規模にかなりの差がみられる。しかし、財政支出に占める教育経費の割合がどうなっているのかを強調することで、数ある財政支出費目における教育経費の支出を保証させることができ、そのために、この指標は監督と評価の重要な指標の一つとなっている。

原注

1 大学補助金委員会は1953年に成立し、主要な職責としては全国規模で大学教育の促進、調整、あるいは大学教育、試験、研究標準の確定、及び大学経費需要の調査と大学への財政支出の配分を行うものである。
2 国家教育発展研究中心《2000年中国教育绿皮书》p.52 北京 教育科学出版社 2000。

6 中国における高等教育財政改革推進の戦略的選択

1 中国における高等教育の財政体制の推移

　総合的にみて、新中国成立後の高等教育の財政体制は主に以下のような三つの段階に分けることができる。

1.1 中央統一財政と分割管理（1949－1980年）

　1949年の新中国成立以後、中央政府は高度に集権的な計画経済体制を実行したが、それに応じて高度に集権的な財政体制も確立されている。当時は教育経費を含めた各種の経費は国家が統一的に管理しており、教育経費は国家予算に入れられ、中央、省（直轄市、自治区）、市、県などの四つのレベルで管理する分割システムが実行されていた。また、各地方政府は現地の需要に応じて教育発展計画を立て、一段階上級の管理部門に報告し、最終的には中央政府が統一的な調整をし、バランスを取っていた。高等教育は「縦割り管理方式」（原語では「条块結合」。用語解説参照）という方法で実行され、中央の各省庁と各省（直轄市、自治区）は各自の高等教育発展計画と経費予算を決め、中央に報告して審査許可を受けるようになっていた。

　このように高度に集中化された教育財政の管理体制は当時の高度に集中化された政治体制に符合するもので、当時の経済発展にしかるべき役割を果たした。高等教育部門の所有制は新中国の工業建設の発展を加速させるために確定されたもので、中央が計画を統一し、そして高等教育経費を統一分配し

たのは新中国の高等教育の発展のために、また各分野への専門的な人材を配置する上で必要なものであった。しかし、このように過度に集中した教育財政管理システムは地方政府の教育発展の積極性を阻害し、地方の高等教育発展を遅らせることとなった。

1.2 地方担当と分割管理（1980-1993年）

　1980年に中国の財政体制の重大な改革が行われ、国家予算の管理は以前の「統一収支」から「収支の分割管理、責任の請負い管理」という体制に変わった。すなわち、過去の中央政府が国家のすべての財政収支を統一管理する中央体制から、中央と地方が財政収入と支出を分割管理する新財政体制に変わったのである。また、それに応じて、高等教育に支出される財政は、それぞれの学校がどの行政に所属しているかにより、中央財政と地方財政がそれぞれ負担することとなった。

　1980年以前には、高等教育経費の投入は中央財政計画により地方に対して行われ、地方財政部門が管理し、地方の関連管理部門が分配するという原則で行われていた。ただし、1980年以後は中央に直属する高等教育機関（用語解説参照）の経費は中央政府が負担するが、全国各省の地方高等教育機関に必要な経費は各省の財政部門が計画と調達を行い、中央はもはや高等教育の財政に関与しないこととなった。高等教育機関の経営資金も政府の単独支出から次第に政府の支出をメインとしつつもさまざまな方法で資金を集めるという体制に転換した。1985年に公表された中国共産党中央による『教育体制改革に関する決定』（用語解説参照）によると、高等教育機関は「計画以外に少数の私費学生を受け入れることができるし、それらの学生は一定の「培養費」といわれる一種の追加入学金（用語解説参照）を払わなければならない」こととなった。また、その前後に、すでに一部の高等教育機関は試験の合格成績ラインを若干低くして少数の私費学生を受け入れる試みを始め、徐々に委託教育、代理教育、私費制度（それぞれ原語では「委培」、「代培」、「自費」。用語解説参照）を広げていた。1987年に国は非義務教育のコスト分担と回収制度を開始し、それ以前の「助学金」といわれる生活補助金を奨学金、生活補

助金、貸与金制度に変え、大学自身が財源を開拓するよう奨励した。このように地方における高等教育の管理権と責任を同時に地方政府に任せた。地方政府は当該地域の社会経済発展に必要な人材を養成するために、適切に当該地域の教育機構を調整することが可能となり、各省、自治区、直轄市が高等教育に積極的に投資することを奨励した。1989年には当時の国家教育委員会（現教育部）などの三部門は合同で『普通大学における学費と寮費の受け取りに関する規定』を発表し、高等教育は政策的にコスト分担とコスト回収の制度を設けるべきとした。そしてその年より、全国のほとんどの高等教育機関は毎年100～300元の学費を徴収し始めた。もちろん、学生が毎年納める学費は一人当たり教育事業費のわずかな部分ではあるが、それは高等教育費用のすべてを国が負担する旧体制から国と個人が同時に負担する新しい体制への改革過程を表している。1992年から中国の高等教育は比較的広い範囲で学生から学費を取る制度への改革をはじめ、私費学生の割合も高くなり、学費水準も高くなった。同時に高等教育を社会主義市場経済の必要に主体的に適応させるために、また教育の公平性原則をより徹底させるために、高等教育機関の教育メカニズムを変え、学生がより学習に勤め、教育の質量を高めるよう当時の国家教育委員会は徐々に公費と私費の一本化（原語は「并轨」。用語解説参照）を方針とするようになった。

1.3　教育財政の新体制（1993年以後）

改革開放以前、中国の教育は学生に対して無償教育の制度で行われ、教育経費はすべて政府が負担していた。高等教育と中等職業技術教育の段階においては、政府は学生に生活補助金も提供し、医療、宿舎、及び交通費の一部を無償で提供した。このような教育財政制度は改革開放後、とくに20世紀80年代の後半期において、理論上からの疑問が出されるようになった。

市場経済の下では、教育を受けることで経済的非経済的な収益が得られることが期待される。そのため、教育を受ける者やその家庭は一定の代価を負担して一定の学費を支払い、見返りを得るための投資としなければならない。同時に非義務教育段階、とくに高等教育は現時点においてはまだ選択的で普

及していないので、もし部分的に少数の人たちだけが非義務教育を無償で受けるのであれば、多数者が納税負担して少数者が収益を得ることになるので、公平性に欠けることになる。そのため市場経済において、非義務教育に対して学費を徴収するということは合理的な制度選択であり、同時に教育経費の不足を解決する有効な方法でもある。また、80年代以降、中国の国民所得水準は明らかに高くなっており、非義務教育段階の学費を支払うことも徐々に可能となってきた。

　このような認識に基づいて、中国は1989年から高等教育を受ける者を対象に学費を象徴的なかたちで徴収するようになり、90年代中期にはそれを一般化して、非義務教育段階では学費をとるという制度を実行した。1993年2月、中国共産党中央と国務院は「中国教育改革発展綱要」（用語解説参照）を発表し、当時上海外国語大学と東南大学の二つの大学を学費徴収のテストケースとして設定し、当該年度の新入生から学費をとり、その後一本化のモデルケースの大学を次々と拡大していった。当時の学費は非常に低いものではあったが、その実践は客観的に中国の高等教育のコスト分担の割合を高めるものであった。1995年9月の全国人民代表大会おいて「中華人民共和国教育法」が正式に公布された。この両者は共に中国は国家財政支出を主として、同時に教育用途の税、校営企業（大学ベンチャー企業）からの収入、社会からの募金及び教育基金の設立など多元的に教育経費を調達できるシステムにすべきであると提起したものである。すなわち法律において、教育経費の多元化投資システムを確立し、同時に多元化投資システムの中における財政経費の主導的な地位を明らかにしたのである。このような数年の一本化の過渡期を経て、1997年には中国の高等教育において全面的な学費徴収が始まった。1999年に公表された『21世紀に向けての教育振興行動計画』（用語解説参照）は上記の考え方を表したものである。

　この種の規定は新中国の教育史上でも最初のものであり、それは教育と経済発展の関係を体現し、中央・地方政府間の行動を規制し、教育経費の財政的増加と教育財政の支出増加が経済を発展・安定成長させるための法律的保証を提供した。

2 中国の高等教育財政をめぐる諸問題

中国の高等教育財政の改革は相当な成果を収めてはいるものの、いまだ以下のようないくつかの重要な問題点が存在しており、高等教育財政のもつ特殊な役割や政策手段としての効率と効果に直接に影響を及ぼしている。

2.1 財政圧力が大きく高等教育経費が大幅に不足

現在、中国の高等教育経費が大幅に不足している理由は、中国における教育経費全体の不足によるものである。中国の高等教育の規模が絶えず拡大しているにもかかわらず、教育経費の不足により、高等教育事業の発展に大きな支障をきたしている。ある国の教育経費の水準を表す指標として、教育経費が国内総生産(GDP)に占める割合がある。長期にわたって、中国における上記の指標は2％前後であった。先進国における上記の指標の値は大体5％～7％であり、中国経済と同等なレベルにある発展途上国における上記の指標の値は4％前後である。例えば、2002年における数値は、アメリカが5.6％、フランスが5.7％、オーストラリアが4.6％、ノルウェーが6.2％、ポルトガルが5.8％、インドが4.1％、ブラジルが6.2％であった(データソース：http://www.unesco.orgより。なお、インドとブラジルは2001年データ)。また、教育経費の国家財政予算における比率からみても、中国は非常に低い。1970年から2002年まで日本の教育経費の国家財政予算における比率は19.6％～20.4％、中東と北アフリカの平均は15.9％～21.1％、ラテンアメリカ・カリブ海地域の平均は13.6％～17.8％であるのに対して中国は4.3％～12.8％に過ぎなかった。さらに一人当たり教育経費でみても中国は一層低くなる。1998年のアメリカの一人当たりの高等教育経費は19,802ドル、オーストラリアは11,539ドル、チリは5,897ドル、日本は9,871ドルである。それに対して、中国は2,100ドルに過ぎなかった(データソース：http://www.unesco.orgより。なお、中国は2001年データであり、『中国財政年鑑』より算出)。

中国の教育への投入がこのように低い理由はもちろん人口が多く負担が大

きく、また国の経済力が弱いこととの関連があるが、しかし決してそれだけではない。主な原因は国が教育を重視せず、投資戦略が間違っていたことによる。建国後、中国が工業発展を重視したのは正しかったが、教育の地位と役割を軽視し、教育の発展を非生産性投資とみなし、「工業と交通が第1、貿易が第2、残りの一部を教育に」という投資政策を行った。このような剰余原則の下で、教育への投資は非常に少なかった。中国は過去の20年間(1978～1998年)、国内総生産(GDP)は毎年平均9.8％の速度で伸び、経済力は明らかに強化されたが、国家財政からの教育への投資はそれほど大幅な増加はなかった。通常、国家の国内総生産(GDP)の成長率が5％を超えるときには、教育への投資もそれに応じて大幅に増加する。しかし、中国においては、教育への投資が経済の発展速度に比例して増えず、財政からの教育経費支出が国内総生産(GDP)に占める割合は常に高くはなかったのである。

ここ数年、政府の教育への投入の総量から見ると、教育財政支出は当然大幅に増加している。統計によると、2002年の全国の教育経費は5,480.32億元で前の年より18.17％増加している。そのうち、国家財政からの教育経費は3,600.84億元で前の年より17.79％増えている。しかし、GDPにおける割合は依然として非常に低く、長年2.5％程度にとどまっており、**図6-1**のようにようやく1998年以降徐々に上昇するようになった程度である。しかし、

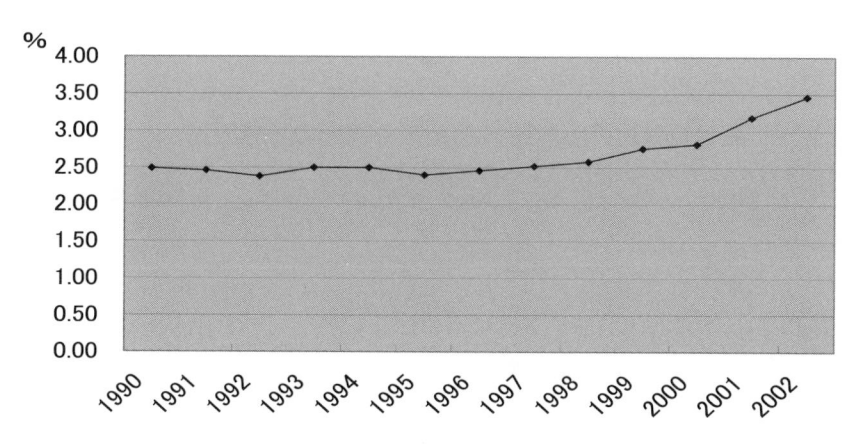

図6-1　教育に対する財政支出のGDPに占める割合

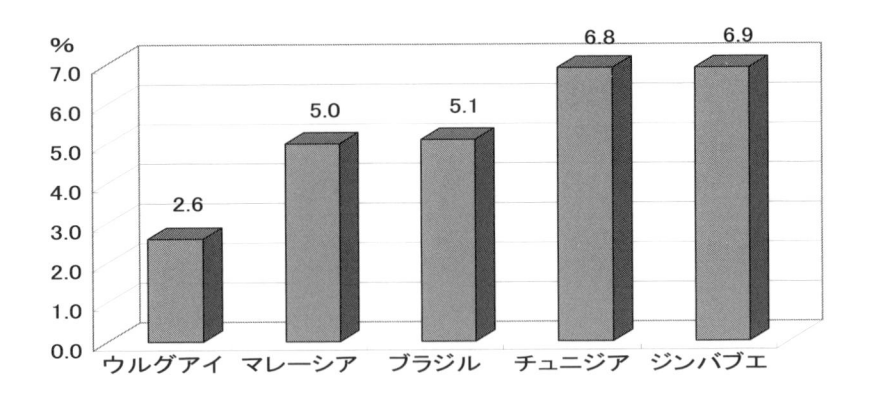

```
%                              6.8    6.9
7.0
6.0           5.0    5.1
5.0
4.0
3.0   2.6
2.0
1.0
0.0
   ウルグアイ マレーシア ブラジル チュニジア ジンバブエ
```

図6-2 各国における教育に対する財政支出のGDPに占める割合（1999年）

図6-2をみれば分かるように、発展途上国の多くの国では教育への投資は中国より多い。『中国教育改革発展綱要』では、2000年までに国家財政からの教育経費がGDPに占める割合を4％にまで引き上げる目標を掲げているが、今のところその目標は達成されていない。これは中国の教育に対する財政的投入が国の経済の発展とともに増加してこなかったことを意味している。しかし、以上のことは教育経費全体に関することであるが、高等教育経費は教育財政投入のまだ約20％に過ぎず、その割合も非常に低い。そのため、中国の高等教育経費は全体的に教育経費が不足している中、また教育経費における割合も低く、明らかに非常に不足している状況にある。

2.2 高等教育経費の財源不足とその構造の不合理性

上で述べたように、中国の高等教育経費は中央政府の全面負担・統一分配から国家財政支出をメインとしつつも多様なルートで教育経費を調達するシステムに移行している段階にある。1978年以前には中国の高等教育の98％が国家財政支出によるものであったが、1985年に高等教育の生活補助金制度を改革して以降、高等教育経費の中にはすでに少額ながら学生納付金と培養費（用語解説参照）といわれる一種の追加入学金などが含まれるようになった。1987年には政府が義務教育でない分野にコスト分担と回収の制度を導

入し、これまでの生活補助金制度を奨学金、生活補助金、貸付金制度に変え、高等教育機関自身が自ら教育経費を調達するのを奨励するようになった。1993年以降には『中国教育改革発展綱要』に従い、国家財政支出を主な柱として、同時に教育用途税、義務教育段階でない学生からの学校納付金徴収、大学発のベンチャー企業からの収益、社会からの募金及び教育基金の設立などの多元的な教育経費調達システムが本格的に動き出した。この改革は教育向け投資主体の多元化、投資形式の多様化をより明確にし、国家財政の教育経費における主要な役割を強調した。

しかし前に述べたように、中国の高等教育財政経費は厳しい圧力を受けており、GDPに占める割合も低く、また高等教育経費が全体の教育経費の20％しか占めていないため、高等教育経費の主要な財源はかなり限られており、それが中国の高等教育財政経費を逼迫させる主な原因となっている。また、中国の高等教育はすでに多元化投資の様式にはなっているものの、そこで調達される資金は高等教育事業の発展を求める強い要求をはるかに下回るものに過ぎない。高等教育経費の財源は相当多くなっているが、社会主義市場経済の下での高等教育経費の財源は主に国家の財政予算支出、学生が納める学費、社会が高等教育に対して行う投資及びその他の四つで構成される。図6-3から分かるように、国家財政支出が教育経費の主な源泉であり、近年

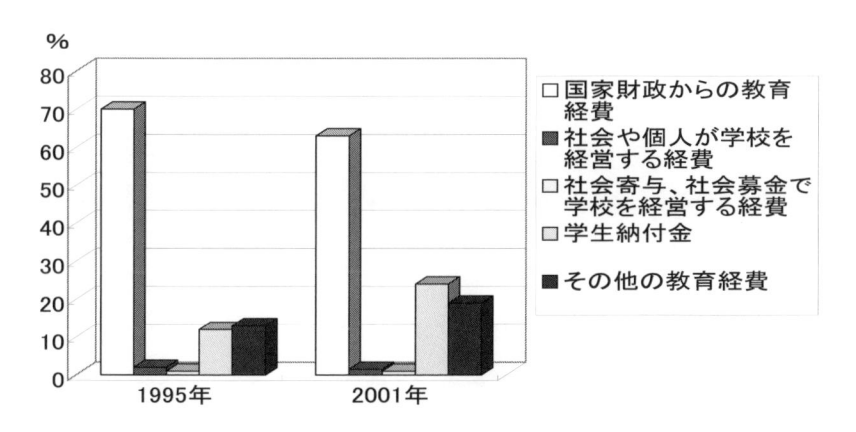

図6-3　1995年と2001年における中国高等教育投資の源泉

その傾向は下がりつつあるものの、依然として中国の教育総投資の半分以上を占めている。これは依然として、中国の高等教育経費が厳しい状況にある国家の財政支出に過度に依存していることを物語っている。すなわち、中国の高等教育経費のほとんどは政府投入によるものであり、それにより高等教育経費に厳しい圧力がもたらされ、社会の不公平の問題が引き起こされている。周知のように中国において高等教育は義務教育ではなく、選択的で普及が不十分な状況にあり、限られた少人数の人しか高等教育を受けることができない。そのため、政府による直接投資が多すぎると、教育を受ける者は無償ないしかなり少ない費用で高等教育を受けることができるが、それは多くの人々が税負担によって少人数しか利益を得ることができないという意味で公平性を欠くこととなる。近年、政府の財政支出は次第に減ってきているが、依然としてその比重は高く、中国の高等教育の市場化という基本路線に沿わず、多元化もそのしかるべき役割を十分に果たしていない。このほか、中国の社会や個人が学校を作ったり、社会的募金で学校を作ったりする際の経費は非常に少なく、近年には両者を足しても教育経費の1%に満たなくなっている。この二つのルートで教育経費を調達する方法は十分に開拓されていない。

　高等教育を受ける学生が納める学生納付金は高等教育経費の主要な源になるべきであり、それがまた高等教育の市場化に向けての基礎ともなる。近年になり中国の高等教育の学生納付金は上昇しているものの、依然として非常に安く、また相当数の学生（大学院の場合）は無償で授業を受けており、しかも生活補助金も受けている。いわゆるかつての「公費学生」である。これは高等教育財政経費を厳しく圧迫し中国の高等教育の長期的な発展と規模の拡大を妨げている。将来の中国の高等教育のさらなる発展を予想すると、学生数の増加と一人当たりコストの増加により、高等教育経費需要の伸び率が国家財政収入の伸び率をはるかに上回る事は明らかである。このような状況の下で、高等教育経費の教育経費における割合を保とうとすると、国家の財政に巨大な負担をかける事となる。こうなると高等教育経費における財政支出の割合は下がらざるを得ない。そして財政以外の経費源の中で明らかに学費

収入が主な役割を果たすこととなる。高等教育機関の学費収入は、高等教育の諸経費源の中で唯一直接に学生の人数と関わりをもつものであり、在学生の増加に伴って増加することを見込める。コスト水準は学費を決めるのに重要な拠りどころであるため、学費収入も学生一人当たりコストの増加に従って容易に増える。しかし現時点において、中国の高等教育経費源における高等教育学生納付金は限られており、その少なさが中国の高等教育経費を圧迫する主な原因となっている。

2.3 国家財政からの教育経費の「管轄権と財産権の分離」

中国の財政的教育経費の予算管理は長期において管轄権と財産権が分離された状態にあり、教育経費の予算は単独項目として扱われてこなかった。政府の教育行政部門が教育事業を管理してきたが、教育事業の経費予算とその基本建設投資は政府の財政部門と計画部門が担当してきた。そして教育経費予算は国家予算項目の中で二級レベルの「款」級に属しており、文化、科学、衛生部門の予算と合わせて、財政事業費予算全体における「類」級と財政基本建設費予算の「類」級とみなされている。1999年に教育事業費が「類」級に昇格したが、教育基本建設費は依然として「款」級に属していた。このような管轄権と財産権の分離及び教育経費予算の等級の低さにより、以下のような諸問題が存在している。すなわち、①教育経費予算は変動幅が大きく、透明性が欠けている。政府予算の科目においては級が低くなるにつれ、数量弾力性はより大きく透明度も低くなる。政府と議会における予算決定においては大体「類」級レベルの予算の議論にとどまっていて教育経費予算は明らかにならないため教育部門も教育経費の予算、予算の法案や執行を具体的に把握する事ができず、財政部門のフィードバックによるしかなかったこと。②教育部門の教育発展計画と政府の教育への予算支出が分離されていたこと。教育発展計画は教育部門が企画した後に最終的に同レベルの経済社会発展計画に編成されるのに対して、教育経費予算は財政部門と計画部門が予算を立てるという政府部門間の分業関係のために教育部門における需要と供給のアンバランスが必然的にもたらされた。③教育部門に教育事業に関するマ

クロ管理の権利がないので、教育資源の浪費が存在すること。財産権は管轄権の物質的基礎となるものであり、教育部門に財産権がない、あるいはその範囲が限られていたりすると有効にその役割を果たすことができず、現在その矛盾が最も明らかになっている。

このように、教育行政部門が教育経費予算の実際上の決定に直接参与できず、また、許可された教育経費予算の直接分配と管理ができないのは、明らかに「教育法」の関連規定に符合していない。政府の財政部門が国の財政状況によって教育経費予算を組み立てるのは教育財政の維持を目的としたものであって、決して教育の発展をめざしたものではなく、そのようなシステムは教育経費の有効な支出や利用を保証する事が出来ない。このような管轄権と財産権の分離は中国の教育財政予算管理の重要な問題であり、改革が期待される。

2.4 高等教育予算の支出根拠と徴収基準の非合理性及び非科学性

中国の高等教育財政支出は長期にわたって、教育コストなどの相関指標と関連づけられていなかった。1949年から1985年まで高等教育財政支出の根拠は「基数プラス発展（基数加発展）」にあり、政府は大学規模の大きさや日常の支出需要に基づいて一つの支出指数を策定している。前年度の経費支出額を基本としつつ財政状況に応じて当該年度の経費を多少増減するかたちとなっていた。1985年から現在までは、高等教育財政体制における大きな改革に伴い予算の支出メカニズムもかなりの変化がみられるようになった。「基数プラス発展」から「総合定額プラス特定項目への補助金」となる。「総合定額」は前年度の一人当たり学生のコストと当該年度の在校生規模に基づいて算出される。「特定項目への補助金」は大学自身の独自の発展計画に基づいて大学より申請し、（中央）教育管理部門の審査後に採否が決まる。1985年までの予算支出システムは実施するには便利であったが、一人当たりの学生のコストと規模効果については考慮されていなかった。そのため、予算支出の盲目性を克服できず、不正の濫用を止めることができなかった。また、新システムが採用されたが、その根拠である「一人当たり学生コスト指標」は前年度

の数字であり当該年度の実際コストとは違うため、当該年度の物価変動が一人当たり学生コストに及ぼす影響を反映することができない。現在中国の高等教育経費はかなり逼迫しており、教育資金を合理的に運用し、その使用効率を高めることが非常に重要となり、さらなる科学的な高等教育予算の支出根拠算出の改革が求められている。

また、中国の現行教育法と関連行政規則には依然として学費の基準についての明確な規定がない。『高等教育法』(用語解説参照)には国家規定により学費を納めるということは決まっているが、具体的に学費を決める原則、手順、基本根拠などの重要な問題については明確な規定がなく、そのため実際の実施においては主観性や恣意性を排除できないという問題が存在する。それに対し多くの国では高等教育の学費徴収基準には明確な規定が存在する。例えば、オーストラリアにおける徴収基準は直接的な教育コストの20％と決められている。アメリカの大学生の一人当たり授業料は住民の一人当たり所得に比例しており、1960年代から1980年代の半ばまでずっと20％程度であった。その中で、公立大学は10％程度で、私立は45％～50％程度であった（丁小浩(1996)）。インドにおいては、学費は学生の直接コストの18％となっている。ケニアの公立と私立においてはそれぞれ11％と42％となっており、インドネシアにおいてはそれぞれ11％と20％であった（钟宇平、陆根书(1997)）。しかも中国の授業料徴収政策において、かなり大きな非市場的要素が存在する。例えば、大学の「本科」(四年制)と「専科」(二、三年制)の授業料は政府が統一的に決め、質的格差や地域間格差がなく、コストと授業料収入が分裂している。また、大学院教育と本科生教育には「二重制度」が存在しており、教育の公平性に欠けており、コスト回収原則にも符合していない。高等教育で学費徴収をしている国では、コスト回収は市場化原則に基づいて実行されており、個人の収益率とコスト回収率が比例関係にある。教育レベルや学校の優良さに伴って、学費も高くなっている。中国においては学費徴収基準が非市場的であるため、価格メカニズムが高等教育という特殊な商品に対する需給バランスを調整できなくなっているのである。需給の不均衡の下で、資源の利用効率が低下し、資源の浪費が生じている。

2.5 教育資金の多元的調達に対する政府サポートの弱さ

　政府の投入が教育経費の主な柱であるという前提の下で、非政府的な財源が開拓できるかどうかは政府の政策と深く関わっている。中部アメリカの教育経費財源の構成シェアから見れば、中国の高等教育機関における社会投資、寄付、社会へのサービスの対価等として資本調達できる余地はまだまだ十分にある。個人寄付は海外の名門大学の重要な収入源となっており、例えば、ハーバード大学は1997年まで110億ドル、マサチューセッツ工科大学は1998年まで36.781億ドル、エール大学は1999年まで72億ドルを受け取っている。そのように寄付が多くなされるには、もちろん文化や伝統の影響もあるが、より重要な理由は政府の寄付に対する奨励政策にある。アメリカ合衆国の所得税法によれば寄付金は所得から控除できるだけでなく、一定の免税待遇を受けることができる。例えば、短期収益所得からの寄付の免税額は個人所得の5％を限度に、長期収益所得からの寄付の免税額は個人所得の30％を限度に、そして限度額を超えた寄付は将来5年までに延ばして申告することができる。また、学校への財産寄付は相続税を免除するなどの政策がある。中国でも寄付法が公布されているが、具体的な税収政策には明確な規定がない。今は寄付金を控除した所得に課税しているのみであり、その他の優遇政策は存在しない。企業投資も大学の経費のとくに科学研究費の重要な源の一つとなっている。大学は契約研究、特許売却、受託研究、受託教育などの方式で企業から経費を取得できる。これらの投資当事者にも税制において優遇政策が取られるべきである。

　また、中国の高等教育への社会からの投資も不十分である。国務院によって『社会的力量による学校設置に関する条例』（原文は『社会力量办学条例』。用語解説参照）が公布されてから、近年民間で大学を創設する動きが著しくなっている。統計によると1997年における省（直轄市、自治区）レベルで許可が下りた民営大学及び民営教育施設が1,095校、在校生は119万人であった。2001年末には民営大学が1,240校存在するようになり、その中で学歴証書が発行できる大学は89大学、在校生が1万人を超える民営大学は10近くとなっ

ている。2003年までに、学歴証書が発行できる民営大学は1,277、登録学生数は206.4万人に達している。このように、民間の力で大学を作る動きが勢いを見せているものの、民営大学の学生数が全体の学生数に占める割合は他の国と比べて依然として低い。タイの私立高等教育学生数は全高等教育学生数の50％ほどで増加傾向にある以外は、韓国、台湾、フィリピン、日本などでは70％ないし80％以上となっている。中国において民間が大学を創設する動きは長い間政府の政策により制限されていた。『中華人民共和国教育法』(用語解説参照)には「いかなる組織や個人も営利目的で学校及び教育施設を創設してはならない」という規定があり、『中華人民共和国高等教育法』にも「高等教育機関の設立は、国の高等教育発展計画に基づいて、国家利益と社会的公共利益に合致しなければならず、営利を目的としてはならない」と規定されている。しかし、多くの市場調査と予測によると、教育産業は現在及び未来の一つの有望なビジネスになり得る。そのため、多くのチャレンジングな企業家はこの産業に注目して、投資を行おうとしており、その投資が回収できることを望んでいる。「営利を目的としてはならない」という条文をどのように解釈し、どのように解決するかが焦点となっており、それの合理的合法的な解決なしに教育への投資、資金調達、融資及び請負い制などの問題は本質的に解決できない。

3 中国高等教育財政改革の枠組み設計

現在世界的な規模で高等教育財政と管理に関する改革が行われている状況の下、中国の特殊な現実から出発し、公共財政を基礎として高等教育財政改革の基本的枠組みを研究し、中国の高等教育財政システムを改革することは、高等教育財政の多様化とその協調性の役割を十分に果たすことによって非常に重要かつ緊急の課題となっている。

3.1 高等教育に対する中央財政と地方財政の分権制の再構築

中央財政と地方財政の分権規定をみると、中央政府の管轄範囲は「全国性

サービス」あるいは全国に及ぼす公共財の提供であり、地方政府の管轄範囲は「地方性サービス」あるいは地域内の公共財の提供にあった。高等教育はかなり強く地方性サービスとしての性質をもっており、その受益範囲は主にその地域に限られている。そのため、地方政府がその地域内の高等教育機関の財政に責任をもつことは相対的に合理的である。他方、中央政府が少数の中央直属の一部の学校の財政にしか責任をもたないというのは合理的な根拠がない。理論的にはどの高等教育機関の具体的な発展も所在地域によって「地方事務」とみなすことができ、大学は中央直属であるからとして地方を超えた「国家事務」とすることはできない。したがって、中央政府が直接に財政的に支援するのは合理性と必然性に欠ける。そのため、将来の改革方向についていえば、すべての大学を地方に任せるのならば、それらの「地方サービス」としての性質は疑うべくもなく、地方政府が財政を支えるのはより合理的である。もし高等教育というサービスの提供に主に地方政府が責任を持つのであれば、高等教育機関の経費も主に地方財政が提供すべきである。現在行われている「省クラスの政府をメインとする」高等教育体制の改革は事実上高等教育サービスの「地方性」を認めたものである。このような流れの中で、中央財政と地方財政の分権内容についても改めて確定する必要がある。ここで注意すべきことは、高等教育が主に地方的なサービスだといっても、その中には地方的な業務を超える場合もあり、例えば、地域間の格差の調整、高等教育の公平性の保証などは「全国性サービス」の範疇に属するものであり、中央財政が負担すべきである。このように、中央政府と地方政府の財政責任は大学の行政的な所属によって区分してはならず、高等教育サービスの具体的な特徴によるべきである。「地方性サービス」に属するものは地方財政により負担され、「全国性サービス」に属するか、あるいは地方が履行しがたいものは中央財政により担われるべきである。具体的には、高等教育の経常経費は地方政府により賄われ、また中央政府は地方高等教育の移転的支出や学生に対する援助などの経費を支出すべきである。

　高等教育管理体制の改革において、中央財政と地方財政の管轄範囲の新しい区分は非常に重要である。現在は過渡期にあり、大学経費はいまだ中央政

府が負担しているものの、それは過渡期の一時的な現象であり、そうでなければ今後も管轄権と財産権が分離されたままになって地方政府の資金調達をメインとするという構造的目標が意義を失ってしまう。新しい区分により、中央政府がごくわずかの（中央直属）大学の経費を負担するやり方から、全国のすべての大学に視野を向けさせることができる。この問題に関してわれわれはアメリカの経験を参考にすることができる。アメリカの高等教育の管理権は各州政府にあり、州政府の高等教育に対する財政支出が政府の高等教育財政支出の主要な部分になっている。高等教育管理体制の改革に伴って、従来の省庁や委員会所属となっていた大学の管理権が明確となり、高等教育の財政負担が徐々に中央から地方に移り、地方政府が主たる高等教育公共経費支出の担い手となることが予想される。

このように、すべての大学が地方大学になると、明らかに地方財政は大きな財政負担を抱えることになり、元々有利な位置になかった大学の経費はさらに悪化して公的教育資源の受益分布がさらに不平等化する可能性が出てくる。そのため、中央政府のマクロコントロールが重要になっており、その主な役割は格差のないバランスと公平性を保証するところにある。一方、高等教育財政において移転支出を通して地域間における高等教育資源の格差を是正するのは中央財政としては回避できない責任である。中央政府の移転支出を利用して、財政力の弱い地域の高等教育に対する公的資金の需要を補うのは、経済未発達地域における高等教育を支えるための重要な措置であり、また公的教育資源の偏在を是正する上でも重要である。もう一方において、中央財政が高等教育の学生の援助制度の主な負担者となることで、地方に比べて相対的に豊かな経費を大学生に提供し、高等教育の公平がより確実に保証され、不利な状況にある団体や個人に対する補償がより有効に行われ得る。

3.2 高等教育基金制度の実施

教育基金は社会の寄付によって設立され、専門機構が投資活動を行い、そこから得られた収益は新しい教育支援基金として用いられる。教育基金は短期間に社会の余剰資金を集めて、専門機構を通じて投資活動を行って収益

を生み出し、教育への投入不足を補うことができる。1993年に中央と国務院によって公表された「中国教育改革発展綱要」にはすでに以下のようなものが指摘されている。すなわち、「高等学校の経費支出メカニズムを改革し、経費支出手段のマクロコントロールの役割を十分に果たす。異なる種類とレベルの学校に対して、異なる経費支出基準と方法を採る。学生数基準による経費支出の方法を改革し、徐々に基金制度を導入すべきである」というものである。中国においてはすでに「希望工程」(用語解説参照)の商標の専有権を有する中国青年基金や曾憲梓教育基金などが以前から設置されており、教育事業に大きな貢献をしている。その役割と効果は非常に大きく、教育事業の発展を大きく促している。しかし、全国的な範囲からみれば、基金は依然として非常に不足しており、全面的で最大限度の展開にはなっていない。また、高等教育経費が不足している状況の下で、しかるべき高等教育基金は設置されていない。しかし、長期的にみればこれは必然的なものであり、中国における市場経済体制の確立と進化とともに、大学の財政支出システムに対する政府の改革が行われ、高等教育基金制度を導入すべき時期はすでに到来しつつある。

　そして、教育基金制度を徐々に設立・実施しながら、政府の高等教育機関への経費支出、科研費支出や学生に対する生活補助金などを基金制に移行すべきである。現在国家教育委員会（現教育部）直属大学、中央の各省庁・委員会所属の大学と地方の大学はすべて段階的に経費支出体制の改革を行っており、高等教育基金制の管理方法を確立する方向にある。具体的には、「普通基金に専門基金を加える」という方式で高等教育事業費を分配し、機が熟せば専門的な高等教育基金委員会を設立して高等教育の経費分配の責任を負わせるというものである。また教育基金の増殖機能は他の教育経費に及ばないという優位性があるので、これを高等教育財政体制の改革の核心とすることで、徐々に中国の高等教育経費の不足を解消したいとしている。

3.3　高等教育財政予算管理制度の改善

　『教育予算施行条例』を確実に実施しながら、同時にいくつかの教育予算

管理の基礎的な作業をより早く仕上げなければならない。例えば教育予算の収支分類の確定し直しなどである。将来の予算改革においては、教育予算の支出分類について細かく分類して教育における各種活動の性質と機能に合致したものとし、教育サービスが提供する機能体制の改革と一致させなければならない。

現在行われている国家予算の中で、予算レベルは「類」、「款」、「項」、「目」などの4種類に分けられているが、教育事業費は文化教育科学衛生事業費「類」級の中の「款」級に属し、教育基本建設費は基本建設「類」級のなかの社会文教費「款」級に属している。予算の支出過程における公平性と透明性を強化するために、各級の財政における教育経費を単独の項目に設定すべきである。すなわち、国と地方の予算の中の「款」級の教育経費を「類」級に昇格させ、教育事業費と教育基本建設費を「類」級で分配した後、統一して教育管理部門が管理できるように教育経費の管轄権と財産権を一緒にすべきである。このようにしてこそ、以下のことが可能になる。すなわち、①政府の教育に対する十分な投入が可能となり、教育の発展と政府の予算支出の分離状況を克服することができ、教育投資の使用効率を高めることができる。②教育の経費配分における主観的な恣意性を軽減させることができる。③教育の発展における軽重と緩急、またそれ自身のルールに基づいて、経費を支給し、公平性と重要性のバランスのとれた教育資源のより適した配分が可能になる。④教育管理部門の有効な財政的マクロコントロールが可能となる。

3.4 高等教育経費財政支出様式の改革

中国において現在大学の経費は「総合定額に特別補助金を加える」という方式で分配されている。国家教育部直属の高等教育機関と中央各部委所属の高等教育機関の予算は財政部より国家教育部と各部委に分配され、そこから再び各大学に分配されている。地方所属の大学の予算は省級財政部から支出され、その中の一部の大学には地区あるいは県級財政部から支出される。このような教育の財産権と管轄権の分離、政府の教育投資の『縦割り分割方式』（用語解説参照）と部門分割された高等教育の経費配分システムは実際上一種

の資源束縛型体制といえる。その最も大きな問題点は総合定額制の非科学性と学校に投入された資金の使用効率が社会の需要に応えた学校運営と無関係であるところにある。そのため、教育の需給関係を政府の財政支出を通じて調整することができず、資金の使用効率を高めることができない。現在国際的な範囲で高等教育財政の管理改革が行われているという状況の下で、中国の高等教育財政支出システムも必ず改革されなければならない。高等教育支出方式の効率、公平と公開という基本原則に基づいて、そして世界の高等教育支出方式の発展のトレンドと経験を積極的に取り入れながら、効率と実績に基づく評価と財政支出とのつながりを強化し、予算の科学性と透明性を高めて、公平性と効率性を改善し、進歩と革新を促進し、盲目性と固定観念を少なくして有限な資源を最も効率的に使わなければならない。具体的には以下のようなものを変えるべきである。

1) 政策変数としての説明変数の多い予算支出方程式を確立すべきである。すなわち、学校の特徴（例えば学生規模や人員配置構造）を表す算式によって基準予算額を決定するという方法である。そしてそれに一定の政策的説明変数を加えることで、最終的な予算額が決まるようにすれば、人為的な要素の影響を軽減し、予算の効率的な配分を実現できる。そして各類、各地区の大学の実際のコストに基づいて予算が配分されるようになって平均主義を防ぐことができる。

2) 高等教育機関の品質評価制度と評価指標を確立し、それに基づいて評価を行う。評価の結果は財政支出の大きさに直接関わり、効率と実績に基づいて高等教育機関のすべての投入の使用収益、効率、及び品質を測る。そして次の年度の支出の額や方向、形式や方法などを決める。それにより、各大学が有限な資源を有効に使うように監督し、大学間の競争を高め、教育資源が最適、有効に利用できるようにする。また同時に政府の関連部門も中国の国情に合った指標システムを制定することで予算と評価を適正に結びつけ、大学間の資源の合理的な競争を促進し、資源の最適分配を行い、高等教育を活性化し、高等教育全体の水準を高めることができる。

3) 授業を保証する日常的支出と教学のレベルを上げる特別支出を分けることで、教育支出の透明性と適合性を高めて教育資金の使用効率を最大限に発揮しなければならない。また同時に大学の契約型支出であるというメリットを生かした科学研究や特定項目への資金分配を行い、教育経費の使用効率と品質を保証し、科学研究水準を高める。高等教育機関の間では協力と競争の良き環境を作り上げ、また各高等教育機関の自主性をより発揮させ、わが国高等教育の水準を総体として向上させる。また、そのような契約型予算支出は政府と社会の専門的な需要のためにも、また大学の社会的機能を十分に果たすためにも有効である。
4) 政府の役割は転換され、政府の全体的な管理と高等教育機関の自主管理、社会における評価、の三つを結びつけた効果的なコントロールが必要となる。そして、高等教育機関が「社会に面し法律に基づいて自主的に大学を経営する法人実体」となるように促す。政府と高等教育機関との関係は、以前のようにすべてが政府の命令などで高等教育を管理する方式から、各高等教育機関が自らこの市場経済に相応しい新管理方式に変えられねばならない。また、政府が予算支出の方向、様式、金額などで高等教育機関の発展を指導する。実際、それは以前の直接的行政管理よりモチベーションの効果的なインセンティブ・管理メカニズムとなる。

3.5 高等教育経費の多元的調達様式

　中国の高等教育財政改革の根本的な方向は高等教育経費のボトルネックを解決するというところにある。それには「源を増やす」ことと「経費を節約する」という二つの方法がある。その中で、明らかに前者が問題解決の根本である。そして多元的資金調達がその核心となる。先進諸国の成功例からすれば、高等教育の経費調達方法の共通点とその発展傾向は明らかであり、財政的教育経費をメインとしながらも多元的に調達する教育経費に依存するということである。

　財政的予算支出をメインとする前提の下で、非財政的教育経費の割合と財源を積極的に開拓すべきである。貧しい国が大きな教育事業を行う場合に

は、高等教育の多元的な経費調達は非常に有効であることが実践の中で明らかになり、政府も高等教育への巨額の投資という負担から次第に解放されつつある。中国の高等教育財源の中で、財政からの教育経費の支出は90年代の70％以上から2001年には53％となり低下傾向にあるが、依然として高等教育の主な財源である。教育経費に対する社会と個人からの投資を拡大することは客観的にみて政府の教育投資への負担を軽減するだけでなく、社会全体及びすべての民族に中国高等教育の発展に関心をもたせ、それを促進させることができる。しかし、先進諸国の高等教育経費の財源に比べると、中国の政府財政支出が高等教育総投資に占める割合は非常に高い。そのため、高等教育の投資体制改革をさらに深化させ、高等教育への社会や個人からの投資をもっと増やすべきである。多くの非財政的財源の中で、授業料収入は教育経費を拡大する重要な部分である。80年代から中国は学生から授業料を取る制度を取り入れ、現在は一本化を実行しており、公費であれ私費であれ、すべて授業料を払わなければならなくなっている。それ以外にも、その他の経費財源を開拓すべきである。具体的には、

1) 高等教育機関自身の起業、あるいは外部の企業との共同開発によって十分な資金を獲得する。最近では、高等教育機関発の校営企業が相当な勢いで出てきており、自分自身の力量で企業を起こし、その多くは初期の生産型から技術集約型に移行し、あるいはハイテク型の技術開発グループをつくり、科学研究と生産経営が結合した新型工業基地を形成して学校に多くの利益をもたらしている。また、多くの高等教育機関は外部の企業と連合して特許開発、技術アドバイス、共同開発研究などの形で高等教育機関と企業が連携した開発センターを設立し、大学教員の才能を十分に発揮して学校と社会の交流を拡大し、その結果として学校にも相当大きな予算外収入をもたらしている。

2) 民間からの寄付を促す。寄付は学校の発展及び学校の経費構造の改善に大きな役割を果たしており、無視してはならない。高等教育機関は寄付所得を教育経費の中で特殊かつ重要な地位に置くべきである。同時に国は政策的に企業、社会団体、個人の学校への寄付を支持し、寄付者の

利益を保護して、寄付金額に応じた減税などの優遇政策を設けるべきである。また、寄付金を管理する専門的な組織を設立し、専門人員を配置して継続寄付と特定寄付という二つのことを進める。継続寄付は、教育事業に貢献しようとする者に対して特別に提供するサービスであり、こういう人たちに教育事業に貢献できるチャンスを提供して、よりやりやすくすることである。また、寄付者の利益はしっかりと保護されなければならない。この利益は物質的利益でもあれば精神的利益でもあり、中でも精神的利益がより重要である。

3) 教育くじを発行する。くじは政府が社会の余剰資金を集めるために発行する一種の賞金付きの有価証券であり、一定の投機性はあるものの、リスクが少ない。それに、社会の安定と家庭財産の安全への悪影響もわずかしかない。現在のところ、中国のくじは社会福利と体育事業に限っており、くじを買ったことがあるのは中国の13億人の人口のわずか6％に過ぎない。そのため、中国のくじ市場は巨大な潜在力があり、教育くじを発行することは可能であり、教育資金獲得のために試す価値は十分にある。

4) 民営大学を発展させ、株式を発行し資金を集める。社会的条件の成熟に伴って、早急に関連施策、法的規定を策定して、管理を強化すると同時に、徐々に民営大学を強力に発展させなければならない。新しい民営大学を作る一方、現在の国立の高等教育機関も条件付きで民営大学に転換させることも可能である。また、一定の経済的実力を持っている民営大学は株式を発行し、さらなる資金を確保して、高等教育機関の発展を促進させることも可能である。

5) 国際的な金融機関の融資を受けて高等教育を発展させる。中国は世界銀行のメンバーであり、長期融資を受けて、高等教育の発展資金に当てるべきである。

3.6 高等教育財政コスト回収政策の科学的確定

公平な立場あるいは効率的な立場からしても、高等教育がコスト回収政策

を取るのはきわめて当然のことである。高等教育のコスト回収は教育機会の均等、公平や高等教育資源の効率的な配分において積極的な意義をもっている。適度の費用を徴収することは、ある程度公的財政の逼迫を緩和し、大学の収入を増やし、高等教育を受けようとする学生の規模を拡大することができ、社会と個人の高等教育に対する需要を最大限に満足させることができる。そのため、高等教育財政の一つの長期戦略にならなければならない。高等教育のコスト回収政策を科学的に策定していくためには以下のような事柄を考慮しなければならない。

1) コスト回収のレベルを科学的に決めなければならない。高等教育コストの回収レベルを決める際に重要なことは、学生とその家庭の支払い能力と高等教育の需要の価格弾力性である。学費を高くしても入学者の総数に大きな影響があるわけではないが、平均所得以下の学生に対しては影響を及ぼす可能性が高い。そのため、学費の引き上げは高等教育にとってメリットがあるものの、平均所得以下の学生には配慮する必要がある。中国の高等教育機関がどれぐらいの学費を取るべきかについてはこれからも議論を深めなければならない。しかし、各地区や各収入階級毎に異なる状況を考慮しながら、コストの回収レベルを比較的合理的なある水準に確定する必要がある。

2) コスト回収は適度の費用の徴収と生活補助金制度と結合して行わなければならない。コスト回収政策は必然的に低所得層の学生が学費問題で大学に通えなくなるという問題を引き起こす。最近中国ではこの問題がしばしば発生している。これはコスト回収政策のマイナスの効果である。この矛盾を解決し、貧困学生を助け、そして有能な学生が大学に通えるように生活補助金、奨学金制度を充実することを通して、このマイナス効果を抑えなければならない。

3) 民営大学を積極的に発展させ、民間資金を吸収する。国の財力に限界がある限り、有限な資源を選択的に重点的な公立大学に投入し、国の学術的地位を保つ一方、そうでない公立大学には民間資金を投入して私立化し、その発展の可能性を広げ、高等教育全体の規模の拡大を促す。一

方では、ある公立大学では従来通り入学点数による選抜制度をそのまま保持しつつも、十分な国の奨学金を提供することで優秀な人材が家計の関係で大学に行けないという問題を解決できる。他方では民間のあるいは民営の大学は経済的な支払能力によって学生を選抜するメカニズムをある程度導入し、学生の教育需要に応えている。このように民営大学が公立大学の圧力を解消し、ますます高まる人々の教育に対する需要と政府の絶えず弱まる財政的支出能力との不均衡を解消することができる。

4) 学費の支払い延期措置を講じて、コスト回収の障害を減少させる。この措置は主に所得に応じて返済額を変えるローン、担保ローン、及び卒業税などの形で回収をはかる。中国の融資計画は10年間行われているが、その状況は決して思わしくはない。その原因は、現在の学生への融資は各高等教育機関が国の支給する教育経費の一部を学生に融資するもので、各学校はそれを責任をもって回収しなければならないため多くの学校は学生が大学卒業後に給与から返還するのでなく卒業時に返還するよう求めるために、学生への融資率や回収率が非常に低く、その融資は本当の融資の意義を失っているからである。そのため、融資目的を効果的に設定して、融資の金額を下げると共に学生の債務負担を軽減させる、そのような効果的な回収メカニズムを設計して、回収率を高める必要がある。

3.7 高等教育管理体制の委託民営化

中国の教育経費は非常に不足している一方、教育経費の浪費現象が存在し、教育経費の効率を悪くしている。そのため、内側から「経費節約」を心掛け、教育管理制度を改善する必要がある。まず、全体的な経費支出制度を改善し、実績評価に支出を連動させるという原則によって支出制度の科学性と透明性を改善して公平性と効率性を高め、進歩と革新を奨励し、また盲目性と固定観念を排除して有限な資源を最も効率的に使わなければならない。ミクロ的には、学校の管理人員を整理し、人員を削減して効率を高める。そしてコンピューター管理システムを導入し、学校事務の自動化によってより効率を上

げる。管理行政部門を削減し、行政人員を他のポストに、とくに教育や実験といった部署に移動する。いわゆる減員によって効率を高める。同時に福利厚生などのサービスの外部委託を求める。学生寮管理を含む雑務も外部委託化する。一日も早くこうしたサービス、とくに学生寮管理の外部委託化により、学校を学生寮管理にかかる巨額の投資から解放させ、主なエネルギーを教育と科学研究に集中させることに力を入れる必要がある。またこうした諸サービスと学生寮管理の外部委託化により、競争意識は高まり、内在的な誘因も強まって、それをより高水準、高品質にするだろう。とくに学生の寮に対する要求が日増しに強まる中で、学生寮の改造、拡張、新築を可能にする。その他にも、学校の安全管理を強化する前提で、開放式の学生管理モデルを構築して、学校が不動産ディベロッパーと連携して校舎の周辺に学生寮やマンションを作り、部屋代を統一することは学生の管理面でも便宜がある。このように内部は教育規則に符合した、外部は市場メカニズムに適応した競争システムを確立し、高等教育機関を高い水準、高い品質を備えたものにし、高等教育を社会のニーズとともに発展させなければならない。

3.8 制度と環境を適応させる措置

　高等教育の財政改革措置がさらに充実して順調に行われるよう、上記の改革措置を着実に行うと同時に、政府はそれに適応したいくつかの措置を講じて、関連施策の安定性を保証しなければならない。

　まず、政府は高等教育を受ける利点を大いに広報しなければならない。政府は高等教育を普及させ、全民族の文化的資質を高め、「科教興国」(用語解説参照) という大方針を実施するためには、子どもたちが高等教育を受けるのは国や民族、自分自身のすべてに有益であることを大いに広報しなければならない。教育の要求と収入の格差は必然的に相関している。先進諸国においては高等教育を受けた人々とそうでない人々との間には明らかな所得格差があり、その格差は生涯にわたって存在する。中国の状況も同様である。中国の13億人の人口の中では農民が大半を占めており、その中の多くの人々は教育の重要性を認識していない。そのため、政府は高等教育の重要性を広報

し、人々の高等教育への関心を引き出して中国人の全体的な資質を高め、高等教育事業を発展させなければならない。

　また、法制度の整備も重要である。国の法整備は高等教育改革とも大きく関わっており、高等教育財政の改革措置と政策が実行できる法的保証である。一方では、中華人民共和国高等教育法と関連規定制度を改善し、学費に関する原則、手続き、基本根拠などについて明確に規定し、その実施の場での主観性や恣意性を克服しなければならない。同時に民間の高等教育の投資、資金調達、融資や請負い制の合法性は中華人民共和国高等教育法や中華人民共和国教育法の中で明確な説明がなされなければならない。他方では、教育予算施行条例を改善し、高等教育予算と決算の「級（ランク）」を高め、そして教育経費支出と実績に応じた評価システムを関連づけるなどの改善を行い、中華人民共和国予算法を高等教育予算の編成と実施の具体的な根拠にしなければならない。それ以外にも、法的概念を広く認識させ、間接的に高等教育財政リスクを軽減しなければならない。現実には、法的概念の認識不足が高等教育財政の具体的な実施に悪影響を及ぼしている。例えば、国家が高等教育機関に対する学生融資政策を実行しているにも関わらず法的認識の不足により、一部の企業や個人が信用を守らず、債務を履行しないといった現象が多くある。加えて、銀行自身が厳しい社会競争の中で多くの不良資産を形成している下で返済可能性と生存可能性を配慮すると、この政策に対して非常に慎重になって政策の実施の困難化、事実上の機能停止ということになってしまっているのである。そのために、各金融機関が自ら有効な措置を取って融資を行い、学校は道徳的なレベルで学生のこのような行為を指導する外、重要になってくるのは遵法教育である。また、ハードの面では、全国的な個人の信用登録システムを作って、学生向けの信用記録を保存し、システム内におけるネットワークの完備により、卒業生に対しても情報追跡を行う。高等教育財政のリスクを低下するため、このような経済的ないし法的手段、あるいは社会による監督が共に機能するような監督システムを構築しなければならない。

(原著) 参考文献

1　Common Wealth of Australia, Setting Firm Foundation—Financing Australian Higher Education, 2002.
2　Cowley W.D. & Willianms. D., International and Historical Roots of American Higher Education, New York: Garland Publishing, 1991.
3　Cunningham J., Sources of Finance for Higher Education in America, Washington D.C.: University Press of American, 1980.
4　HEFCE, Funding Higher Education in England—How HEFCE Allocates Its Funds, 2003.
5　Hines E.R., Appropriations of State Tax Funds for Operating Expenses of Higher Education 1986-1987, Washington D.C.: National Association of State Universities and Land –Grant Colleges, 1986.
6　Hossler D., Lund J.P., Ramin J., Westfall S., & Irish S., State Funding for Higher Education: The Sisyphean Task, *Journal of Higher Education*, 1997.
7　Johnes J. & Taylor J., Performance Indicators in Higher Education, Open University Press, 1990.
8　Shattock M. & Berdahl R., The British University Grants Committee 1919-1983: Changing Relationships with Government and the Universities, *Higher Education*, 1984 (13).
9　V. Lynn Meek & Fiona Q. Wood, Managing Higher Education Diversity in a Climate of Public Sector Reform,1998.
10　Williams G, Changing Patterns of Finance in Higher Education, Open University Press, 1992.
11　[荷] 弗兰斯·F·范富格特 (Frans Van Vught):《国际高等教育政策比较研究》、王承绪等译、杭州、浙江教育出版社、2001。
12　[美] 伯顿·克兰克 (Burton R.Clark):《高等教育新论》、王承绪等译、杭州、浙江教育出版社、2001。
13　安双宏:《论印度高等教育的财政问题》、载《外国教育研究》、1997 (4)、pp. 26-28。
14　安双宏:《印度高等教育的经费紧缺及其对策》、载《外国教育研究》、2001 (3)、pp. 47-51。
15　北京师范大学教育改革与发展研究中心:《2000年中国教育发展报告——教育体制的变革与创新》、北京、北京师范大学出版社、2000。
16　毕诚:《略论我国教育制度变革与发展》、载《教育史研究》、1995 (2)。

17　陈彬：《论高等教育成本补偿政策对社会公平的促进作用》、载《汕头大学学报》、2001（1）、pp.81-86。
18　陈国良：《教育财政的国际比较》、p.111、北京、高等教育出版社、2000。
19　陈列：《市场经济与高等教育——一个世界性的课题》、pp.31-39、北京、人民教育出版社、1998。
20　陈珉：《日本高等教育经费统计》、载《统计研究》、1998（1）、p.77。
21　陈武元：《日本高等教育大发展时的政策》、载《上海教育科研信息港》、2002（7）。
22　陈晓宇、闵维方：《成本补偿对高等教育机会均等的影响》、载《教育与经济》、1999（3）、pp.1-6。
23　陈中原、刘微：《一道难解的算术题——瞭望高等教育成本分担的国际状况》、载《中国教育报》、2003-01-26（1）。
24　丁钢：《中国教育：研究与评论》、北京、教育科学出版社、2001。
25　丁小浩：《高等教育规模效益的实证研究》、北京、教育科学出版社、2000。
26　丁小浩：《中日高等教育成本补偿相关问题的比较研究》、载《中国高等教育》、2002（13）、pp.33-35。
27　范先佐、周文良：《论教育成本的分担与补偿》、载《华中师范大学学报》、1998（1）、pp.21-28。
28　高建民：《美国今年联邦教育资助述评》、载《比较教育研究》、2003（8）。
29　高益民：《战后日本高等教育发展的阶段性特征》、载《比较教育研究》、2003（12）。
30　顾明远、孟繁华：《国际教育新概念》、海口、海南出版社、2003。
31　郭福昌等：《中国教育改革发展评论》、北京、教育科学出版社、1993。
32　国家教委办公厅：《中国教育六大改革》、载《人民政协报》、1994-06-25。
33　国家教委教育体制专题调研组：《社会主义市场经济与教育体制改革》、载《教育研究》、1994（1）。
34　国家教委政策法规司：《关于"教育市场"问题》、载《中国教育报》、1994-04-03。
35　国家教育发展研究中心：《2000年中国教育绿皮书》、教育科学出版社、2001。
36　国家教育发展研究中心：《2001年中国教育绿皮书》、教育科学出版社、2002。
37　国家教育发展研究中心：《印度高等教育拨款体制》、载《发展中心研究动态》、2001（10）。
38　哈巍：《谁来为高等教育付费——高等教育成本补偿的国际比较》、载《教育发展研究》、2002（3）、pp.69-73。
39　郝克明等：《对21世纪我国教育事业发展若干问题的初步探讨》、载《中国教育发展的宏观背景、现状及展望》、北京、中国卓越出版社、1990。
40　何佑祥：《中国高等教育投资体制存在的问题及其对策》、载《青岛化工学院学报》、1999（4）、pp.19-21。
41　洪成文：《国外大学经费筹措的主要方式》、载《高等教育研究》、2000（3）、

pp.107-111。
42 扈中平、陈东升:《中国教育两难问题》、长沙、湖南教育出版社、1995。
43 教育部教育发展研究中心课题组:《英格兰高等教育的拨款体制》、载《中国高等教育》、2002 (5)。
44 经合组织:《重新定义第三级教育》、谢维和等编译、北京、高等教育出版社、2002。
45 柯佑祥:《日本高等教育财政研究》、载《江苏高教》、1998 (2)。
46 李福华:《我国高等教育拨款体制制度改革探讨》、载《青岛科技大学学报(社会科学版)》、2002 (2)、pp.13-14。
47 李莉:《英美高等教育财政拨款体制的比较》、载《北京航空航天大学学报(社会科学版)》、2003 (3)。
48 李永生:《个人该分担多少高等教育成本》、载《新华文摘》、2000 (3)。
49 李祖超:《教育经费筹措方法的比较与借鉴》、载《教育理论与实践》、2002 (3)、pp.18-22。
50 刘承波:《刍议高等教育经费的现状及解决的措施》、载《石油教育》、2001 (1)、pp.26-28。
51 刘佛年:《中国教育的未来》、合肥、安徽教育出版社、1995。
52 刘茗:《英法德三国高等教育经费来源透视》、载《中国教育报》、2003-07-19。
53 刘忠学:《美国高校学生资助体系的目标分析》、载《比较教育研究》、2002 (10)。
54 柳海民:《近十年来美国教育经费投入的研究》、载《比较教育研究》、1994 (6)。
55 卢昌崇、高良谋:《当代西方劳动经济学》、大连、东北财经大学出版社、1997。
56 陆根书:《高等教育成本回收对公平影响的国际比较分析》、载《现代大学教育》、2001 (2)、pp.82-88。
57 吕炜:《体制性约束、经济转轨与财政政策》、载《中国社会科学》、2004 (2)。
58 吕炜:《论财政发展的创新》、载《财贸经济》、2004 (2)。
59 吕炜:《市场化进程中的公共财政》、载《经济社会体制比较》、2004 (1)。
60 吕炜:《关于渐进改革进程中财政体制演进原理的思考》、载《管理世界》、2003 (10)。
61 马忠虎:《撒切尔主义对当代英国教育改革的影响》、载《上海市教育科研信息港》、2002 (7)。
62 闵维方:《高等教育成本补偿政策的决策依据》、载《科学决策》、1997 (6)、pp.3-7。
63 闵维方:《论高等教育成本补偿政策的理论基础》、载《北京大学学报》、1998 (2)、pp.179-183。
64 钱民辉:《当代中国教育改革的三次浪潮及未来走向》、载《教育史研究》、1995 (4)。
65 乔玉全:《21世纪美国高等教育》、pp.52-55、pp.143-157、北京、高等教育出

版社、2000。
66　曲恒昌、曾晓东:《西方教育经济学研究》、北京、北京师范大学出版社、2000。
67　申培轩:《高等教育经费的筹措和配置》、载《山东财政学院学报》、2002 (9)。
68　史朝:《现代日本高等教育的发展过程及特质》、北京师范大学博士学位论文、1995。
69　世界银行:《1997年世界发展报告：变革世界中的政府》、p.26、北京、中国财政经济出版社、1997。
70　司劲松:《澳大利亚现行高等教育资助政策》、载《宏观经济管理》、2002 (4)。
71　宋秋蓉:《世界高等教育经费来源多元化趋势》、载《教育与经济》、2003 (3)。
72　宋小平:《社会转型期教育管理体制的模式建构》、载《辽宁高等教育研究》、1994 (3)。
73　孙国英:《教育财政：制度创新与发展趋势》、北京、社会科学文献出版社、2002。
74　田恩舜:《澳大利亚高等教育投资体制改革综述》、载《比较教育研究》、2002 (2)、pp.28-32。
75　田恩舜:《试论高等教育的成本分担与补偿机制》、载《山西财经大学学报》、2003 (1)、pp.22-27。
76　汪利兵:《中英高等教育拨款机制比较研究》、杭州大学博士学位论文、1994。
77　王春:《20世纪90年代美国高等教育经费发展趋势分析》、载《教育与经济》、2000 (1)、pp.57-61。
78　王春:《美国州政府高等教育财政研究》、北京师范大学博士学位论文、2000。
79　王利光:《试论日本教育经费的分担与分配——兼谈日本的经验对我们的启示》、中国教育和科研计算机网 (http://www.edu.cn)、2001-10-11。
80　王留栓:《亚非拉十国高等教育》、上海、学林出版社、2001。
81　王善迈:《教育投入与产出研究》、石家庄、河北教育出版社、1999。
82　王善迈:《论高等教育的学费》、载《北京师范大学学报（社会科学版）》、2000 (10)。
83　王晓辉:《国际高等教育私有改革及其借鉴意义》、载《现代大学教育》、2001 (1)、pp.65-70。
84　王序坤:《教育成本的分担原则及其选择》、载《教育发展研究》、1999 (5)、pp.57-60。
85　王迎君:《战后日本教育体制改革的基本特征》、载《日本研究》、2003 (4)。
86　魏新:《教育财政学简明教程》、北京、高等教育出版社、2000。
87　吴仁华:《对办学主体界定的思考》、载《教育评论（福州）》、1993 (6)。
88　吴忠伦等:《当今美国教育概览》、郑州、河南教育出版社、1994。
89　武毅英:《我国高等教育财政改革的理论思考》、载《厦门大学学报》、1997 (3)、pp.48-53。

90　夏建刚:《美国高等教育拨款模式的启示》、载《上海市教育科研信息港》、2002 (8)、。

91　谢春宁:《发达国家高等教育经费构成及启示》、载《广西高教研究》、1999 (2)、pp.91-92。

92　徐玉斌:《美国高等教育经费来源浅析》、载《教育与经济》、2000 (2)、p.63。

93　许明:《近年来澳大利亚高等教育政策的走向》、载《吉林教育科学》、1997 (5)、pp.31-33。

94　杨洪:《试析印度高等教育经费筹措模式》、载《贵州教育学院学报》、2001 (1)、pp.17-21。

95　杨晓波:《美国联邦政府的高等教育政策》、在《外国教育研究》、2003（10）。

96　姚冰:《美国多元化筹措高等教育经费》、载《中国教育报》、2003-06-07。

97　于富增:《国际高等教育发展与改革比较》、北京、北京师范大学出版社、2001。

98　于富增:《国际高等教育发展与改革比较》、pp.51-56, pp.61-113, pp.165-213、北京、北京师范大学出版社、1999。

99　于光辉:《大学收费政策的实行与学生资助体系的完善》、载《江苏高教》、1999 (4)、pp.103-104。

100　袁绍莹:《当代日本高等教育》、长春、吉林教育出版社、1993。

101　曾践言:《论高等教育成本分担与补偿的主体》、载《建材高教理论与实践》、2000 (6)。

102　詹喜玲:《对进一步改革高等教育收费制度的思考》、载《广东财经职业学院学报》、2002 (3)、pp.84-85。

103　张斌贤:《现代国家教育管理体制》、上海、上海教育出版社、1996。

104　张民选:《理想与抉择——大学生资助政策的国际比较》、北京、人民教育出版社、1998。

105　张铁明:《教育产业论》、广州、广州教育出版社、1998。

106　张文和:《日本国立、私立大学学费研究》、载《比较教育研究》、2000 (5)、pp.34-37。

107　张新平:《加强教育宏观调控深化教育行政体制改革》、载《湖北大学学报（哲社版）》、1994 (5)。

108　张学敏:《教育经济学》、重庆、西南师范大学出版社、2001。

109　中国人民共和国财政部、教育部:《高等学校会计制度》、北京、中国财政经济出版社、1997。

110　钟宇平、陆根书:《成本回收:中国高等教育财政的另类选择》、载《教育发展研究》、1997 (12)、pp.40-44。

111　钟宇平、陆根书:《高等教育成本回收的理论与实证分析》、pp.170-190、北京、北京师范大学出版社、2002。

112 钟宇平、陆根书:《论中国公共教育资源配置的公平问题——兼谈高等教育成本回收的影响》、载《西安交通大学学报》、1999 (6)、pp.56-61。
113 钟宇平、陆根书:《西方学者论高等教育成本回收对公平的影响》、载《西安交通大学学报》、2001 (1)、pp.86-91。
114 卓晴君:《社会主义市场经济与教育关系的思考》、载《教育研究》、1993 (12)。

執筆者一覧

○ 編者

○ 呂　　煒　1969年生まれ
　　　　　　経済学博士　東北財経大学教授
　　　　　　東北財経大学経済・社会発展研究院長、公共政策研究センター主任
　　　　　　中国財政学会理事、北京大学中国教育財政科学研究所学術委員
　　　　　　専門分野：財政理論と政策、公共経済と公共政策、変換型経済

　肖　興志　1973年生まれ
　　　　　　経済学博士　東北財経大学教授　同経済・社会発展研究院副院長
　　　　　　東北経済研究センター主任
　　　　　　専門分野：産業経済学、政府規制（監督）理論と政策など

　李　宏林　1970年生まれ
　　　　　　東北財経大学助教授　同経済・社会発展研究院副院長
　　　　　　企業経営と戦略研究センター主任
　　　　　　専門分野：企業戦略管理、人的資源管理

　陳　艶利　1972年生まれ
　　　　　　経済学修士　東北財経大学助教授　産業経済学博士課程
　　　　　　専門分野：産業経済学、政府規制（監督）理論と政策など

　王　斌斌　1980年生まれ
　　　　　　経営学修士　東北財経大学経済・社会発展研究院実習研究員
　　　　　　専門分野：公共経済と公共政策

　朱　昌発　1974年生まれ
　　　　　　経済学修士

　張　　芳　1979年生まれ
　　　　　　経営学修士　東北財経大学産業経済学博士課程

　張　妍彦　1981年生まれ
　　　　　　経済学修士

　王　偉同　1980生まれ
　　　　　　経済学修士　東北財経大学経済・社会発展研究院実習研究員
　　　　　　専門分野：公共経済と公共政策

翻訳者一覧　　　　　　　　　　　　○ 監訳者　　　　（執筆順）
（担当　吉村1・4章　　成瀬2章　　斎藤3章　　大西5・6章）

吉村澄代（よしむらすみよ）
　　1943年生まれ
　　京都大学大学院教育学研究科博士後期課程研究指導認定退学
　　元中国国際放送局日本人専門家
　　現在「人民日報」翻訳スタッフ　京都女子大学講師（非常勤）
　　専門　中国の教育政策

○ 成瀬龍夫（なるせたつお）
　　1944年生まれ
　　京都大学大学院経済学研究科博士後期課程単位修得退学
　　経済学博士（京都大学）
　　滋賀大学経済学部教授　同学部長
　　現在　滋賀大学長
　　専門　社会施策

斎藤敏康（さいとうとしやす）
　　1950年生まれ
　　立命館大学大学院文学研究科修士課程修了
　　現在　立命館大学経済学部教授
　　専門　中国現代文学

大西　広（おおにしひろし）
　　1956年生まれ
　　京都大学大学院経済学研究科博士後期課程修了　経済学博士（京都大学）
　　現在　京都大学大学院経済学研究科教授　京都大学上海センター副センター長
　　専門　経済学

（翻訳協力）
呉　博（ごはく WuBo）
　　1979年生まれ
　　中国浙江師範大学外国語学部日本語学科学士
　　現在　滋賀大学大学院経済学研究科院生

索　引

特定国に関する事項で国名の付記が必要と思われるものは（　）内に国名を記した。

〔ア〕

アクション・プラン（アメリカ）　29, 36
アメリカ教育使節団報告（日本）　65
アンダーソン報告（イギリス）　55
ETS (Educational Testing Service)　6
応益原則　63, 152, 154
応能原則　154, 156, 157

〔カ〕

科教興国（中国）　i , ii , 238
カリフォルニア州高等教育発展トータルプラン　98
韓国教育指標　23
韓国奨学基金　24
学生援助資金償還方式の
　——混合資金援助モデル　19, 21
　——学生ローンモデル　19, 20
　——無償就学援助金モデル　19, 20
学制（日本）　65
学生納付金　17-19, 142, 174, 199, 201, 202, 220-223
学校教育法（日本）　66, 68, 69, 121, 126, 131
学費　6, 16, 34, 79, 102-106, 119, 131-133, 136, 141-144, 180-184, 201, 202
学費の
　——前納制　22, 23, 173, 174, 182
　——即時納付制　22-24, 173, 180, 182
　——延納制　22-24, 173, 175, 178, 180, 182
　——減免制度　179
　——徴収制度　19

寄付　108-111, 119, 133, 146
希望工程（中国）　230
教育改革法（イギリス）　53
教育基本法（日本）　66, 68, 126, 178
「教育体制改革に関する決定」（中国）　215
教育経済学　161
教育税　x , 199, 200
共有財 (common-pool goods)　4
くじ　27, 111, 112, 197, 198, 235
クーポン制度　16
クラブ財 (club goods)　4
限界混雑コスト (MCC: Marginal Congestion Cost)　5
限界サービスコスト (MSC: Marginal Service Cost)　5
憲法第十条修正（アメリカ）　27, 36
公共財 (public goods)　4, 5, 7, 153, 155, 228
高等教育機会法（イギリス）　97, 175
高等教育公平計画（オーストラリア）　77
高等教育財政審議会 (HEFC：イギリス)　54, 57-59, 61, 62, 64, 85, 88, 89, 113
高等教育資源の配分方式　9-11
高等教育施設法（アメリカ）　95
高等教育費用負担制度 (HECS：オーストラリア)　24, 180-182
高等教育法（アメリカ）　29, 36, 95
高等教育の二元制　116
公立高等教育　30, 53, 84, 92, 126, 203
国家教育発展基金会 (FNDE：ブラジル)　197
国防教育法（アメリカ）　36, 95
国立学校特別会計（日本）　125, 126
国立大学の法人化　iv , v , vi , x , xii, 72
コスト回収　161-173, 185, 186,

250

	198-209, 235-237
コスト―便益	209
コスト分担	14, 22, 151, 154, 164, 216, 220
コスト補償	150, 174, 176, 180, 182
コミュニティ・カレッジ	30, 32, 33, 37, 98, 99, 106, 143, 169

〔サ〕

サイエンス・パーク	107, 118
支出方式の	
――計算式モデル	15, 45
――増分主義モデル	15, 45, 89
――契約モデル	15, 16, 46
――学費助成モデル	16
社会的	
――間接コスト	21, 152
――直接コスト	21, 152
社会投資基金会（FINSOCIAL：ブラジル）	197
社会力量弁学条例（中国）	226
準公共財（quasi-public goods）	i, 4, 5, 7, 87, 152, 155-158, 192
助学金制度（中国）	215
市場メカニズム	10, 11, 53, 73, 148
私的財（private goods）	4, 7
私立学校振興助成法（日本）	67, 69, 128
私立学校法（日本）	66, 69, 127, 128
私立高等教育	127
人的資本	5, 166, 199, 203
成人教育法（アメリカ）	95
ゼロベース予算	209, 210
卒業税／卒業生税	22, 136, 173, 174, 180, 186, 199, 200

〔タ〕

大学財政審議会（UFC：イギリス）	53, 54, 60, 61
大学土地贈与法（アメリカ）	28

大学補助金委員会（UGC：イギリス）	11, 49-52, 59, 113, 114
大学補助金委員会（UGC：インド）	58, 60, 86, 189-191, 193, 211, 212
第二モリル法（アメリカ）	28, 36
知識経済	i, 3, 4, 8, 62, 153
中華人民共和国教育法	x, 217, 227, 239
中華人民共和国高等教育法	x, 227, 239
「中国教育改革発展綱要」	x, 217, 220, 221, 230
中所得家庭学生助成法（アメリカ）	31
デアリング報告（イギリス）	62, 143
帝国大学令（日本）	65
特許収入	108

〔ナ〕

「21世紀に向けての教育振興行動計画」（中国）	x, 217
日本育英会（日本学生支援機構）	20, 24, 71, 178
日本私立大学連盟	177

〔ハ〕

ポリテクニック	52, 115, 116
ボーウェン報告（アメリカ）	29

〔マ〕

マーティン報告（オーストラリア）	74
民営化	47, 48, 195, 196, 237
文部省（文部科学省）	v, xiii, 12, 69-71, 73, 122, 124, 125, 128, 176, 180

〔ヤ〕

ユネスコ	3, 7, 9, 92, 96, 148, 163, 172

〔ラ〕

リサーチ・パーク	107, 108
ロビンズ報告（イギリス）	51, 52, 62

大学財政――世界の経験と中国の選択	定価はカバーに表示してあります。
2007年5月25日　　初　版第1刷発行	〔検印省略〕

監訳者ⓒ成瀬龍夫／発行者　下田勝司　　　　　　　　　　印刷・製本／中央精版印刷

東京都文京区向丘1-20-6　　郵便振替00110-6-37828

〒113-0023　TEL(03)3818-5521　FAX(03)3818-5514

Published by TOSHINDO PUBLISHING CO., LTD.

1-20-6, Mukougaoka, Bunkyo-ku, Tokyo, 113-0023 Japan

E-mail : tk203444@fsinet.or.jp　http://www.toshindo-pub.com

発行所　㈱東信堂

ISBN978-4-88713-749-3　　C3037　　ⓒ Tatsuo Naruse

東信堂

大学再生への具体像	潮木守一	二五〇〇円
大学行政論 I	川本八郎編	二三〇〇円
大学行政論 II	伊藤昇編	二三〇〇円
もうひとつの教養教育——職員による教育プログラムの開発	近森節子編著	二三〇〇円
大学の管理運営改革——日本の行方と諸外国の動向	江原武一編著	三六〇〇円
新時代を切り拓く大学評価——日本とイギリス	杉江均一編著	三六〇〇円
模索されるeラーニング——事例と調査データにみる大学の未来	秦由美子編著	三六〇〇円
私立大学の経営と教育	吉田真奈文編著	三六〇〇円
校長の資格・養成と大学院の役割	田口真奈	
原点に立ち返っての大学改革	丸山文裕	三六〇〇円
短大からコミュニティ・カレッジへ——飛躍する世界の短期高等教育と日本の課題	小島弘道編著	六八〇〇円
現代アメリカのコミュニティ・カレッジ——その実像と変革の軌跡	舘昭	一〇〇〇円
日本のティーチング・アシスタント制度——大学教育の改善と人的資源の活用	舘昭編著	二五〇〇円
アメリカ連邦政府による大学生経済支援政策	宇佐見忠雄	二三八一円
大学財政——世界の経験と中国の選択	北野秋男編著	二八〇〇円
アジア・太平洋高等教育の未来像	犬塚典子	三八〇〇円
戦後オーストラリアの高等教育改革研究	呂燁編訳 静岡県総合研究機構 馬越徹監修	三四〇〇円
大学教育とジェンダー——ジェンダーはアメリカの大学をどう変革したか	成瀬龍夫監訳	二五〇〇円
アメリカの女性大学：危機の構造	杉本和弘	五八〇〇円
〔講座「21世紀の大学・高等教育を考える」〕	ホーン川嶋瑤子	三六〇〇円
大学改革の現在〔第1巻〕	坂本辰朗	二四〇〇円
大学評価の展開〔第2巻〕	有本章編著	三二〇〇円
学士課程教育の改革〔第3巻〕	山本眞一編著	三二〇〇円
大学院の改革〔第4巻〕	山野井敦徳編著 清水一彦編著	三二〇〇円
	舘絹吉編著	三二〇〇円
	江原武一編著 馬越徹編著	三三〇〇円

〒113-0023　東京都文京区向丘1-20-6
TEL 03-3818-5521　FAX 03-3818-5514　振替 00110-6-37828
Email tk203444@fsinet.or.jp　URL:http://www.toshindo-pub.com/

※定価：表示価格（本体）＋税

東信堂

大学の自己変革とオートノミー—点検から創造へ	寺﨑昌男	二五〇〇円
大学教育の創造—歴史・システム	寺﨑昌男	二五〇〇円
大学教育の可能性—カリキュラム・教養教育・評価・FD・私学	寺﨑昌男	二五〇〇円
大学は歴史の思想で変わる—評価・FD・評価・実践	寺﨑昌男	二八〇〇円
大学の授業	宇佐美寛	二五〇〇円
大学授業の病理—FD批判	宇佐美寛	二五〇〇円
授業研究の病理	宇佐美寛	二五〇〇円
大学授業入門	宇佐美寛	一六〇〇円
作文の論理—〈わかる文章〉の仕組み	宇佐美寛編著	一九〇〇円
大学教育の思想—学士課程教育のデザイン	絹川正吉	二八〇〇円
あたらしい教養教育をめざして—大学教育学会25年の歩み：未来への提言	大学教育学会25年史編纂委員会編	二九〇〇円
現代大学教育論—学生・授業・実施組織	山内乾史	二八〇〇円
大学の指導法—学生の自己発見のために	児玉・別府・川島編	二八〇〇円
大学授業研究の構想—過去から未来へ	京都大学高等教育教授システム開発センター編	二四〇〇円
一年次（導入）教育の日米比較	山田礼子	二八〇〇円
学生の学びを支援する大学教育	溝上慎一編	二四〇〇円
大学教授職とFD—アメリカと日本	有本章	三二〇〇円
大学教授の職業倫理	別府昭郎	二三八一円
〈シリーズ大学改革ドキュメント・監修寺﨑昌男・絹川正吉〉		
立教大学〈全カリ〉のすべて—全カリの記録	編集委員会編	二一〇〇円
ICU〈リベラル・アーツ〉のすべて—リベラル・アーツの再構築	絹川正吉編著	二三八一円

〒 113-0023 東京都文京区向丘 1-20-6　TEL 03-3818-5521　FAX03-3818-5514　振替 00110-6-37828
Email tk203444@fsinet.or.jp　URL:http://www.toshindo-pub.com/

※定価：表示価格（本体）＋税

東信堂

比較・国際教育学（補正版）	石附実編	三五〇〇円
教育における比較と旅	石附実	二〇〇〇円
比較教育学の理論と方法	J・シュリーバー／石附・今井重孝監訳	二八〇〇円
比較教育学——伝統・挑戦・新しいパラダイムを求めて	M・ブレイ編著／馬越徹・大塚豊監訳	三八〇〇円
世界の公教育と宗教	馬越徹・大塚豊編著	五四二九円
世界の外国人学校	江原武一編著	三八〇〇円
近代日本の外国語教育政策——日本の外国語教育の再構築にむけて	福田誠治編著	三八〇〇円
世界の外国語教育史——職業諸学校による英語教育の大衆化過程	末藤美津子他編著	六五七一円
日本の教育経験——途上国の教育開発を考える	林桂子他編著	三八〇〇円
アメリカの才能教育——多様なニーズに応える特別支援	大谷泰照他編著	三八〇〇円
アメリカのバイリンガル教育——新しい社会の構築をめざして	国際協力機構編著	二八〇〇円
多様社会カナダの「国語」教育（カナダの教育3）	松村暢隆	二五〇〇円
21世紀にはばたくカナダの教育（カナダの教育2）	末藤美津子	三二〇〇円
ドイツの教育のすべて	小林・関口・浪田他編著	二八〇〇円
	関口礼子編著／浪田克之介	三八〇〇円
	マックス・プランク教育研究所研究者グループ／天野・木戸・長島監訳編	一〇〇〇〇円
市民性教育の研究——日本とタイの比較	平田利文編著	四二〇〇円
マレーシアにおける国際教育関係——教育へのグローバル・インパクト	杉本均	五七〇〇円
「改革・開放」下中国教育の動態	阿部洋編著	五四〇〇円
中国の職業教育拡大政策——背景・実現過程・帰結——江蘇省の場合を中心に	劉文君	五〇四八円
中国の後期中等教育の拡大と経済発展パターン——江蘇省と広東省の比較	呉琦来	三八二七円
中国の民営高等教育機関——社会ニーズとの対応	鮑威	四六〇〇円
陶行知の芸術教育論——生活教育と芸術との結合	李燕	三六〇〇円
東南アジア諸国の国民統合と教育——多民族社会における葛藤	村田翼夫編著	四四〇〇円
オーストラリア・ニュージーランドの教育	笹附石森健実編著	二八〇〇円

〒113-0023 東京都文京区向丘1-20-6
TEL 03-3818-5521 FAX03-3818-5514 振替 00110-6-37828
Email tk203444@fsinet.or.jp URL:http://www.toshindo-pub.com/

※定価：表示価格（本体）＋税

東信堂

教育の平等と正義	大桃敏行・中村雅子K・ノイマンK・ハウ著	三二〇〇円
大学教育の改革と教育学	後藤武俊訳	三二〇〇円
ドイツ教育思想の源流	小笠原道雄・坂越正樹監訳	二六〇〇円
教育哲学入門	平野智美・佐藤直之・R・ラサーン著 上野正道訳	二八〇〇円
経験の意味世界をひらく——教育にとって経験とは何か	平野智美・佐藤直之編	三八〇〇円
洞察＝想像力——知の解放とポストモダンの教育	市村尚久・早川操監訳著	三八〇〇円
文化変容のなかの子ども——経験・他者・関係・性	市村・早川・松浦・広石編 D・スローン著	三八〇〇円
教育の共生体へ——ボディ・エデュケーショナルの思想圏	高橋勝	二三〇〇円
人格形成概念の誕生——近代アメリカの教育概念史	田中智志編	三五〇〇円
サウンド・バイト——思考と感性が止まるとき	田中智志 小田玲子	三六〇〇円／二五〇〇円
体験的活動の理論と展開——「生きる力」を育む教育実践のために	林忠幸	二三八一円
新世紀・道徳教育の創造	林忠幸編	二八〇〇円
学ぶに値すること——複雑な問いで授業を作る	小田勝己	二二〇〇円
再生産論を読む——バーンスティン、ブルデュー、ボールズ＝ギンティス、ウィリスの再生産論	橋本健二	三二〇〇円
教育と不平等の社会理論——再生産論をこえて	小内透	三二〇〇円
情報・メディア・教育の社会学——カルチュラル・スタディーズしてみませんか？	小内透	三二〇〇円
オフィシャル・ノレッジ批判	井口博充	二三〇〇円
新版 昭和教育史——天皇制と教育の史的展開	野崎・井口・小暮・池田監訳 M・W・アップル著	三八〇〇円
地上の迷宮と心の楽園【コメニウス セレクション】——保守復権の時代における民主主義教育	久保義三	一八〇〇円
修道女が見聞した17世紀のカナダ——ヌーヴェル・フランスからの手紙	J・コメニウス 藤田輝夫訳	三六〇〇円
	門脇輝夫訳	九八〇〇円

〒113-0023 東京都文京区向丘1-20-6　TEL 03-3818-5521　FAX 03-3818-5514　振替 00110-6-37828
Email tk203444@fsinet.or.jp　URL http://www.toshindo-pub.com/

※定価：表示価格（本体）＋税

東信堂

責任という原理——科学技術文明のための倫理学の試み 『責任という原理』へら	H・ヨナス 加藤尚武監訳	四八〇〇円
主観性の復権——心身問題から「責任という原理」へ	H・ヨナス 宇佐美公生・滝口クク他訳	二〇〇〇円
テクノシステム時代の人間の責任と良心——新しい哲学への出発	H・レンク 山本・盛永訳	三五〇〇円
空間と身体	桑子敏雄	二五〇〇円
環境と国土の価値構造——南方熊楠と近代日本	桑子敏雄編	三五〇〇円
森と建築の空間史——近代日本	千田智子	四三八一円
地球時代を生きる感性——EU知識人による日本への示唆	A・チェザーナ 代表訳者 沼田裕之	二四〇〇円
感性哲学1〜6	日本感性工学会感性哲学部会編	一六〇〇〜二〇〇〇円
メルロ＝ポンティとレヴィナス——他者への覚醒	屋良朝彦	三八〇〇円
堕天使の倫理——スピノザとサド	佐藤拓司	二八〇〇円
精神科医島崎敏樹——人間の学の誕生	井原裕	二六〇〇円
バイオエシックス入門（第三版）	今井道夫・香川知晶編	二三八一円
バイオエシックスの展望	坂井昭宏・松岡悦子編著	三二〇〇円
今問い直す脳死と臓器移植（第二版）	澤田愛子	二〇〇〇円
動物実験の生命倫理——個体倫理から分子倫理へ	大上泰弘	四〇〇〇円
生命の神聖性説批判	H・クーゼ 代表訳者 飯田亘之	四六〇〇円
生命の淵——バイオエシックスの歴史・哲学・課題	大林雅之	二〇〇〇円
カンデライオ〈ブルーノ著作集1巻〉	ジョルダーノ・ブルーノ 加藤守通訳	三二〇〇円
原因・原理・一者について〈ブルーノ著作集3巻〉	ジョルダーノ・ブルーノ 加藤守通訳	三二〇〇円
英雄的狂気〈ブルーノ著作集7巻〉	ジョルダーノ・ブルーノ 加藤守通訳	三六〇〇円
言葉の力——における文学と哲学的考察	N・オルディネ 加藤守通訳	三六〇〇円
食を料理する——哲学的考察	松永澄夫	二〇〇〇円
ロバのカバラー	松永澄夫	二五〇〇円
音の経験〈音の経験・言葉の力第I部〉	松永澄夫	二八〇〇円
言葉の力〈音の経験・言葉の力第II部〉——言葉はどのようにして可能となるのか	松永澄夫	二八〇〇円
環境　安全という価値は…	松永澄夫編	二〇〇〇円
イタリア・ルネサンス事典	J・R・ヘイル編 中森義宗監訳	七八〇〇円

〒113-0023　東京都文京区向丘1-20-6
TEL 03-3818-5521　FAX 03-3818-5514　振替 00110-6-37828
Email tk203444@fsinet.or.jp　URL:http://www.toshindo-pub.com/

※定価：表示価格（本体）＋税